TRAITÉ DES CONTRATS

RELATIFS A

L'HYPOTHÈQUE LÉGALE

DE LA FEMME MARIÉE

PAR

Alexandre MÉRIGNHAC

AVOCAT A LA COUR D'APPEL DE TOULOUSE,

DOCTEUR EN DROIT

Οὐ τὰ πράγματα πρὸς τοὺς νόμους, ἀλλ' οἱ νόμοι πρὸς τὰ πράγματα τίθενται.

Les affaires ne se font pas en vue des lois, mais les lois se font en vue des affaires.

(THÉOPHRASTE, *édition Didot*, frag. CVI.)

PARIS

LIBRAIRIE NOUVELLE DE DROIT ET DE JURISPRUDENCE

ARTHUR ROUSSEAU, ÉDITEUR

14, RUE SOUFFLOT ET RUE TOULLIER, 13

1882

TRAITÉ DES CONTRATS

RELATIFS

A L'HYPOTHÈQUE LÉGALE

DE LA FEMME MARIÉE

TRAITÉ DES CONTRATS

RELATIFS A

L'HYPOTHÈQUE LÉGALE

DE LA FEMME MARIÉE

PAR

Alexandre MÉRIGNHAC

AVOCAT A LA COUR D'APPEL DE TOULOUSE,

DOCTEUR EN DROIT

Οὐ τὰ πράγματα πρὸς τοὺς νόμους, ἀλλ' οἱ νόμοι
πρὸς τὰ πράγματα τίθενται.

Les affaires ne se font pas en vue des lois,
mais les lois se font en vue des affaires.

(THÉOPHRASTE, *édition Didot*, frag. CVI.)

PARIS

LIBRAIRIE NOUVELLE DE DROIT ET DE JURISPRUDENCE

ARTHUR ROUSSEAU, ÉDITEUR

14, RUE SOUFFLOT ET RUE TOULLIER, 13

1882

A

Monsieur Paul PONT,

MEMBRE DE L'INSTITUT, CONSEILLER A LA COUR DE CASSATION,

RESPECTUEUX HOMMAGE DE L'AUTEUR

PRÉFACE

Les institutions des peuples ne sont durables que si elles se transforment avec leurs mœurs et leurs idées, dont elles doivent toujours être le reflet. Elles sont abrogées ou tombent en désuétude, dès qu'elles ne correspondent plus à leurs nécessités actuelles. Aussi arrive-t-il parfois que, sous l'empire de nécessités nouvelles, elles se détournent de leur but primitif, au point d'aboutir à un résultat opposé à celui qu'elles étaient destinées à produire. La matière à l'étude de laquelle nous allons nous livrer nous fournit une preuve frappante de cette vérité. Au moyen de l'hypothèque légale, on veut protéger la femme contre les agissements du mari ; mais on s'aperçoit bientôt que cette garantie n'est souvent qu'une fâcheuse entrave. Alors une idée nouvelle et féconde surgit : l'hypothèque légale, transformée en instrument de crédit, facili-

tera désormais le développement des intérêts de la
famille, auxquels elle opposait quelquefois un obstacle
invincible ; et cette nouvelle manière de l'envisager
deviendra la source de stipulations diverses, qui con-
stitueront autant d'applications pratiques de la transformation que nous venons de signaler.

Ces stipulations peuvent toutes se rattacher à deux
données principales : ou la femme cèdera à un tiers les
avantages qui découlent de l'hypothèque légale, ou elle
s'engagera à ne point s'en prévaloir à son préjudice.
Tous les contrats qui seront par elle consentis, relativement à cette hypothèque, devront nécessairement
produire l'un ou l'autre de ces deux résultats.

Ces contrats, nombreux en pratique et dont le plus
important est la subrogation, offrent des difficultés
sérieuses, sur lesquelles on est loin de s'être mis
d'accord dans la doctrine et dans la jurisprudence.
L'une et l'autre hésitent en présence de ces stipulations diverses, incertaines, peu définies, et sur la
nature même desquelles elles n'ont point une opinion
bien arrêtée. Aussi, bien rares sont les clauses, in-
sérées dans un acte relativement à l'hypothèque
légale, qui ne contiennent pas un germe de procès !

Quelle est la cause de ces incertitudes ? Elles proviennent de ce que l'on n'a point suffisamment mis
en lumière les principes généraux qui dominent la
matière ; de ce que l'on n'a point soigneusement
distingué les divers contrats relatifs à l'hypothèque

légale, qui, s'ils procèdent d'une source commune, ont, le plus souvent, des caractères et des effets différents ; elles proviennent encore de ce que l'on a voulu trop étendre, dans certains cas, les règles édictées par l'article 9 de la loi du 23 mars 1855 sur la transcription en matière hypothécaire, règles qu'il faut, comme on le verra, strictement restreindre à la subrogation véritable, destinée à transmettre les droits de la femme qui subroge. Elles proviennent, enfin, de ce que l'on ne s'est point fait une opinion bien nette et bien déterminée sur la nature de cette subrogation, nature d'où découlent les conséquences pratiques les plus importantes. Ces écueils, aujourd'hui bien connus, doivent donc être évités avec soin, si l'on ne veut pas retomber dans les erreurs qui ont été déjà commises.

C'est dans la pratique des affaires qu'a pris naissance l'idée de transformer l'hypothèque légale en instrument de crédit ; ce sont les praticiens qui ont imaginé les stipulations qui en sont la conséquence. La tradition historique ne peut donc nous offrir, en ce qui les concerne, ces règles d'interprétation fermes et sûres, que l'on a l'habitude de rechercher soit dans les écrits des jurisconsultes romains, soit dans ceux des auteurs de notre ancien droit ; et, peut-être, pourrait-on trouver là encore une autre raison de la difficulté du sujet.

Cependant, ne faut-il pas supposer qu'on essaya.

dès que l'hypothèque légale de la femme mariée apparut, indéterminée dans ses causes, d'empêcher, dans la mesure du possible, qu'un patrimoine souvent considérable ne fût, par cette hypothèque, frappé tout entier de discrédit à raison de droits, peut-être minimes, mais à coup sûr incertains, et, comme tels, non susceptibles d'évaluation ? L'affirmative ne nous paraît pas douteuse, car nous trouverons, épars dans la législation romaine et dans notre ancien droit, quelques vestiges des stipulations que nous allons étudier. Mais, si l'idée fut entrevue, sa réalisation resta à l'état d'ébauche ; et c'est avec raison qu'il convient d'attribuer, comme nous l'avons fait, à la pratique moderne, le mérite presque exclusif de l'invention.

S'il est vrai de dire qu'il est périlleux d'écrire sur un sujet juridique, on peut, semble-t-il, l'affirmer ici avec plus de raison encore, à cause des difficultés que nous venons de signaler. Notre seul mérite consistera dans la volonté ferme, que nous avons, de faire une œuvre utile, en facilitant, au moyen des principes posés, la solution des problèmes arides et multiples que soulève la matière. Nous avons surtout été encouragé vers le but que nous nous proposons, par la flatteuse distinction que nos maîtres ont bien voulu accorder à l'esquisse première de cette étude. L'intention qui nous a guidé nous servira d'excuse suffisante, nous l'espérons, auprès de ceux qui jugeraient que nous sommes resté au-dessous de notre tâche.

Nous sommes heureux, obéissant à un sentiment de reconnaissance pour le bienveillant intérêt qu'il nous a témoigné, de dédier nos premiers travaux au magistrat et au jurisconsulte éminent qui a bien voulu nous faire l'honneur d'en accepter l'hommage. Nous ne pouvions les placer sous la protection d'un nom ni plus recommandable ni plus autorisé.

INTRODUCTION

I. Les contrats concernant l'hypothèque légale de la femme mariée se produisent, avons-nous dit, sous la forme ou d'une *subrogation* ou d'une *renonciation extinctive*.

Pris dans son sens le plus large, le mot *subrogation* signifie la substitution d'une chose ou d'une personne à une autre chose ou à une autre personne. On distingue donc, en droit, deux sortes de subrogations : la *subrogation réelle* et la *subrogation personnelle*. La subrogation réelle se produit quand une chose prend la place d'une autre : ainsi, pendant le mariage, le remplacement d'un propre par un autre prend le nom de *remploi* ou de *subrogation de propre*. La subrogation personnelle s'opère, d'une manière générale, par la substitution d'une personne à une autre, eu égard à certains avantages ou à certaines garanties. C'est du droit canonique que nous vient le mot subrogation, dans ce dernier sens[1]; on se servait, à Rome, de l'expression *successio in jus*, pour désigner notre subrogation personnelle.

Appliquée à la matière hypothécaire, la subrogation s'effectue par le transport, au profit d'une tierce personne, de la garantie qui protège la créance du cédant. Plus spécialement, la subrogation à l'hypothèque légale consiste, de la part de la femme mariée, à se dépouiller en faveur d'autrui de la sûreté attachée à ses reprises.

La renonciation extinctive a pour but, au contraire, comme son nom l'indique, non de transmettre l'hypothèque légale, mais de la faire disparaître dans la mesure de l'intérêt de celui qui a obtenu cette renonciation.

La subrogation et la renonciation extinctive supposent dès lors, chez la femme, un droit garanti par une hypothèque et la faculté de se dessaisir de cette hypothèque.

Ces conditions n'ont pas existé de tout temps; elles se relient, d'une façon intime, aux transformations successives de la situation sociale de la femme mariée, à travers les siècles. Aussi, alors qu'on s'attendait à de simples difficultés juridiques, est-on surpris de se trouver en présence d'une question qui intéresse la société entière : celle de la condition civile de la femme!

Il est donc indispensable de rechercher, en un aperçu rapide, ce qui avait été statué à cet égard, dans les législations qui ont précédé la nôtre.

---

1. Renusson, *Traité de la subrogation*, chap. i, n° 8.

II. En Grèce, les lois civiles condamnaient d'abord la femme à une minorité perpétuelle. Tout contrat lui était interdit; un tuteur veillait sur ses intérêts; et ce tuteur, appelé κύριος (maître), était, suivant les cas, le père, l'héritier légitime ou le mari. Reléguée, au point de vue social, dans un état d'infériorité absolue à l'égard de l'homme, par la polygamie, la femme comptait encore moins au point de vue juridique. Trois classes de personnes, disait Aristote, ne peuvent agir par elles-mêmes et doivent être gouvernées par autrui; ce sont les esclaves, les enfants et les femmes : « l'esclave n'a pas de volonté; l'enfant en a une, mais incomplète; la femme en a une, mais impuissante[1]. » Ainsi, la faiblesse de la femme la faisait considérer, par les Grecs, comme dénuée de toute capacité juridique. On n'a point à rechercher quels actes lui étaient ou non permis dans la vie civile, car on ne la consultait même point pour celui qui devait enchaîner son existence entière, pour son mariage. Elle devait, sans murmure, recevoir tel époux qu'il plaisait à son tuteur ou à la loi de lui imposer!

Plus tard, la monogamie et l'institution de la dot vinrent lui assurer une situation plus indépendante au sein de la famille. Le mari, responsable désormais, devant l'assemblée des citoyens, de sa conduite à l'égard de sa femme, put être condamné aux peines les plus graves, si sa manière d'agir vis-à-vis d'elle était jugée répréhensible[2]. En ce qui concerne la dot, il en devenait proprié-

---

1. Aristote, *Polit.*, I, 5 (13).
2. Isée, *De pyrrh. herd.*, 47.

taire et maître, mais à la condition d'en employer les
revenus à l'entretien du ménage, et d'en restituer le
capital à la dissolution du mariage. La restitution était
garantie par des actions privilégiées et par une véritable hypothèque; elle était exigée soit par les héritiers,
en cas de prédécès de la femme, soit par le tuteur de
celle-ci, lorsque le mariage se dissolvait par le divorce
ou le prédécès du mari; le tuteur était comptable de la
dot reçue, quand la femme contractait une seconde
union[1].

Mais, si la dot eut ainsi pour effet de relever la condition privée de la femme au sein de la société grecque,
au point de devenir le signe nécessaire et la preuve du
mariage légitime[2], si la monogamie assura désormais
à l'épouse une place digne d'elle au foyer domestique,
elles furent impuissantes à lui donner l'indépendance
nécessaire pour gérer elle-même ses propres affaires.
Cette liberté civile, que finit par atteindre, dans une
certaine mesure, la femme romaine, la femme grecque
ne la posséda jamais à aucun degré ; on n'a donc pas à
se préoccuper, à un point de vue quelconque, de sa
capacité juridique[3].

III. Par rapport à la loi domestique, les mœurs primitives de Rome plaçaient la femme dans une situation
sociale égale à celle de son mari. Elle participait à ses
honneurs et à sa considération ; comme lui, elle était

---

1. Démosthène, *C. Bœot.*, II, 7 ; *c. Neær.*, 52.
2. Isée, *loc. cit.*, 28 et suiv.
3. Voir, sur tout ce qui précède, l'excellent ouvrage de M. Gide, sur
la Condition de la femme, livre I, ch. III.

chargée du culte des dieux du foyer ; mais cette égalité disparaissait, d'une façon absolue, quand il s'agissait de régler sa condition civile et juridique. Qu'on en doive rechercher la cause dans l'intérêt de la famille légitime, des agnats, ou dans cette faiblesse de la femme si souvent mise en avant par les jurisconsultes [1], la femme mariée se trouvait, à cet égard, frappée d'une incapacité complète. Soumise, en effet, à la puissance maritale ou paternelle, ou à l'autorité d'un tuteur, elle était, d'une manière générale, privée de toute indépendance personnelle [2].

Mais bientôt on voit cette situation changer, et la dot servir, comme en Grèce, de palliatif à l'omnipotence du mari. Cette dot est livrée à ce dernier d'abord en pleine propriété, comme indemnité de l'abandon de sa puissance absolue sur sa femme [3]. Plus tard, il en reste bien propriétaire tant que dure le mariage ; mais il est obligé, dans certains cas, de la restituer à sa dissolution, notamment en cas de divorce ; ses héritiers, quand il décède avant la femme, sont tenus de la même obligation. C'est qu'en effet, au fur et à mesure que le divorce entrait dans les mœurs romaines, il fallait se préoccuper de faciliter d'autres unions à la femme, en lui rendant sa dot. Enfin, la faveur des secondes noces fut poussée

---

1. Voir notamment Ulpien, L. 2, § 1, Dig., *ad senatusconsultum Velleianum*, XVI, I.

2. Voir Gaius, com. I, §§ 55, 108 et suiv., et 144 et suiv.

3. Les poètes comiques de l'époque tournaient en ridicule cette situation du mari vendant son autorité maritale pour de l'argent. On connaît les fameux vers de Plaute : « *de dote imperium vendidi*............ *dotatæ mactant et dolo et damno viros...* ! »

à l'excès sous Auguste. La loi Julia *De fundo dotali*, qui appartient au système des fameuses *lois caducaires*, défendait au mari d'aliéner la partie la plus précieuse de la dot, le fonds dotal, sans l'assentiment de sa femme et, suivant Justinien, de l'hypothéquer, même avec le consentement de cette dernière. Cette loi n'aurait été faite que pour les immeubles situés en Italie, toujours suivant Justinien, qui prétendit l'avoir étendue, par une de ses constitutions, aux fonds provinciaux (Institutes, II, VII, *principium*). Mais il est certain que la loi Julia ne s'expliquait pas sur ce dernier point, puisque Gaius atteste, au § 63 de son commentaire II, que la question était controversée de son temps. On a fait observer, avec raison, que cette première erreur de Justinien pouvait bien laisser croire qu'il en avait commis une autre, en attribuant à la loi Julia l'interdiction d'hypothéquer le fonds dotal, alors que les jurisconsultes ne mentionnent nulle part cette interdiction. En admettant, en effet, ce qui est contesté, que l'hypothèque fût connue à Rome, à l'époque d'Auguste, il est probable qu'elle y était encore trop peu répandue, en pratique, pour avoir fixé l'attention du législateur. Il faut donc, croyons-nous, rattacher la prohibition d'hypothéquer à une autre institution romaine dont il sera question ultérieurement, au sénatus-consulte Velléien [1].

IV. L'obligation de restituer la dot devait nécessairement être garantie par un recours concédé à cet effet à

---

1. Accarias, *Précis de droit romain*, tome I, pages 708 et 709.— *Contra*, Labbé, *France judiciaire*, VI, I, 95 et 96, et Machelard cité, *ibid.*

la femme, contre le mari ou ses héritiers. Ce recours consistait, en règle générale, dans une action personnelle dite *rei uxoriæ*. Dans le cas spécial où le constituant de la dot en avait fait promettre la restitution au mari, la femme était investie, en vertu de la stipulation, d'une action *ex stipulatu* plus avantageuse que la précédente. Justinien fondit ces deux actions en une, sous le nom d'action *ex stipulatu*, et il attribua à sa création nouvelle les avantages des deux actions primitives (Institutes, IV, VI, § 29) [1].

A l'action personnelle concédée à la femme vint bientôt s'ajouter un privilège, ou droit de préférence, en vertu duquel elle primait tous les créanciers chirographaires du mari, eu égard à la restitution de sa dot. Ce privilège était vu avec la plus grande faveur ; on l'étendait même au mariage putatif [2]. Les auteurs se divisent, aujourd'hui, sur le point de savoir s'il était transmissible par voie de cession, durant le mariage. D'après les uns, il aurait été incessible, comme exclusivement attaché à la personne de la femme, ce qui l'empêchait aussi de passer à ses héritiers, selon la constitution unique au Code, *De priv. dotis*, VII, LXXIV [3]. D'autres, au contraire, déclarent qu'il pouvait faire l'objet d'une cession, attendu que la femme était autorisée à s'en prévaloir par mandataire, et que la cession n'était autre chose qu'un mandat n'obligeant pas le man-

---

1. Voir, sur ces points, Accarias, *Précis*, II, pages 1028 et suiv.
2. Loi 17, § 1 ; lois 18 et 19, Dig., *De rebus auct. jud.*, XLII, V.
3. Demangeat, *Fonds dotal*, pages 26 et 29.

dataire à rendre compte (*procuratio in rem suam*) [1].

Quand la dot consistait en immeubles ne pouvant être ni aliénés ni hypothéqués, conformément à ce qui a été dit plus haut, la femme était suffisamment garantie par l'action en revendication, dont elle pouvait exiger la cession de la part de son mari, et qu'elle était même autorisée à intenter, sans cession, contre les tiers, à titre d'action utile. Le fonds dotal rentrait, en tout cas, franc et libre entre ses mains. Si, au contraire, la dot consistait en biens susceptibles d'aliénation ou d'hypothèque, le privilège, simple droit de préférence à l'encontre des créanciers chirographaires du mari, était insuffisant pour la protéger. On remédia à cette insuffisance, en exigeant que le mari fournît à la femme des cautions lui assurant la restitution de sa dot ; mais ce genre de garantie, vu avec défaveur, fut bientôt abrogé [2].

L'insuffisance du privilège, l'abrogation rapide du cautionnement amenèrent les stipulations d'hypothèque. Enfin, la loi elle-même conféra, de plein droit, une hypothèque à la femme. Ce fut d'abord une hypothèque légale tacite, portant sur tous les biens du mari, pour la restitution de la dot. La constitution du 1er novembre 530, qui la consacre, repose sur cette idée, base de la nouvelle action *ex stipulatu* créée par Justinien, que la femme est, en tout cas, censée avoir stipulé la restitu-

---

1. Jourdan, *Hypothèque*, p. 652. Toutes les raisons données eu égard à l'hypothèque privilégiée, s'appliquent à la cession du privilège primitif, simple droit de préférence.

2. Const. I, Code, *Ne fidejussor. vel mand. dot.* . . . , V, XX.

tion de sa dot avec les garanties les plus étendues [1]. A la date précitée, l'empereur établit encore une autre hypothèque générale, pour la restitution des créances paraphernales de la femme qui auraient été perçues par le mari [2]. Enfin, le 5 septembre 531, par la fameuse loi *Assiduis*, un privilège, à l'encontre de tous les créanciers du mari, vint s'ajouter à l'hypothèque légale [3]. La restitution de la dot était ainsi assurée, même contre des créanciers antérieurs à l'époque où sa cause avait pris naissance !

Outre ces garanties portant toutes sur les biens du mari, Justinien confirma, en faveur de la femme, le bénéfice résultant de la loi Julia, sans qu'il y eût, du reste, à rechercher désormais si le fonds dotal était ou non situé en Italie. Ce fonds ne pouvait être ni aliéné ni hypothéqué [4], et la femme, pour en obtenir la restitution, était investie d'une garantie appelée *prérogative (præ-rogativa)* par l'empereur. Elle consistait soit dans une action réelle, soit dans une hypothèque, selon que l'on estimait que le mari était ou non resté, à cette époque, propriétaire des biens dotaux. En tout cas, cette préro-gative, qui grevait les biens dotaux eux-mêmes, con-férait un droit privilégié vis-à-vis de tous créanciers [5].

V. Examinons, maintenant, si la femme mariée avait une capacité suffisante pour se dessaisir des diverses

---

1. Const. unique, Code, *De rei uxor. . . . act...*, V, XIII.
2. Const. 11, Code, *De pactis conv. . . tam. . sup. . . dot. . .*V, XIV.
3. Const. 12, Code, *Qui pot. . . in pign. . .*, VIII, XVIII.
4. Code, *De rei uxoriæ act. . .*, const. unique, § 15, V, XIII.
5. Const. 30, Code, *De jure dotium*, V, XII.

garanties hypothécaires que nous venons d'énumérer, et, en supposant ce dessaisissement possible, recherchons dans quelle mesure il pouvait être effectué.

La femme avait-elle le droit de céder sa créance dotale à un tiers, et de lui transmettre ainsi l'hypothèque qui la garantissait? On sera amené à répondre affirmativement, si l'on remarque que la loi, qui interdisait toute donation entre époux [1], autorisait la femme à faire remise à son mari de la créance dotale, quand elle pouvait y parvenir par un moyen autre qu'une libéralité [2]. Cette créance étant dès lors disponible entre ses mains, elle était libre de la transférer à un tiers, par un des modes de cession du droit commun. Elle arrivait à ce résultat, en constituant son cessionnaire *procurator in rem suam*, ou en lui déléguant le mari débiteur de la dot.

Elle pouvait aussi la donner en gage à son propre créancier et lui transmettre, par ce moyen, outre l'action personnelle, l'action hypothécaire contre le mari; c'était là le *pignus nominis* [3]. Elle pouvait encore, sous forme de *subpignus* ou *pignus pignoris*, concéder une hypothèque sur sa propre hypothèque, ce qui revenait à affecter hypothécairement les biens du mari, au profit du créancier, dans la mesure du droit qu'elle avait elle-même sur ces biens [4]. Des controverses se sont élevées, entre les interprètes, sur le point de savoir si ces deux

---

1. Loi 3, § 10, Dig., *De donat. inter vir. et ux.* . . . , XXIV, I. Il est bien entendu que nous nous plaçons dans la période antérieure au sénatus-consulte de Caracalla (loi 32, § 1, *ibid.*).

2. Lois 62, 63 et 64, *princ.* Dig., *Soluto matrim.* . . ., XXIV, III.

3. Loi 18, *princ.* Dig., *De pign. act.*, XIII, VII.

4. Loi 13, § 2, Dig., *De pign. et hypoth.* . . . , XX, I.

opérations juridiques différaient ou non entre elles [1]; mais la discussion théorique importe peu, car, en fait, le résultat était le même dans les deux cas. A dater de sa notification au débiteur, la convention créait au profit du créancier, dans la mesure qu'elle indiquait, un droit direct et exclusif sur l'émolument de la créance hypothécaire. Ce droit était ramené à effet au moyen de l'action hypothécaire, que le sous-gagiste exerçait sur les biens affectés, conformément aux règles générales, comme l'aurait exercée le créancier primitif [2].

Enfin le transport des droits hypothécaires de la femme se produisait encore au profit de celui dont les deniers avaient servi à la désintéresser [3].

Nous venons de voir, dans les hypothèses qui précèdent, la transmission de l'hypothèque de la femme s'effectuer comme suite de la cession de la créance, ou entraîner elle-même cette cession par voie de conséquence, car, ainsi que nous l'avons indiqué, le *pignus nominis* et le *pignus pignoris* transféraient un droit direct et exclusif sur l'émolument de la créance. Il faut rechercher maintenant si la femme, tout en demeurant investie de sa créance, pouvait abdiquer ses sûretés hypothécaires, d'une façon directe et principale; c'est là, en effet, le véritable terrain de la subrogation à l'hypothèque légale du

---

1. Voir sur ce point: Schilling, *Gage et hypothèque*, traduction Pellat, page 18. — Beudant, *Revue critique*, 1866, p. 38.

2. Loi 13, § 2, Dig., *De pign. et hypoth.*, XX, I et constitution 4, Code, *Quæ res pign.* . . . , VIII, XVII. — Voir Jourdan, chap. XXX et XXXI du *Traité de l'hypothèque.*

3. Voir, sur les divers cas où cette *successio in pignus* se produisait, Jourdan, *Hypothèques*, pages 463 et suivantes.

droit moderne ; et il importe, dès lors, d'examiner ce qui avait été décidé, à cet égard, par la législation romaine.

En pratique, l'abandon de l'hypothèque (*remissio pignoris*) résultait moins d'une volonté expresse et nettement accusée, que de certains actes tels que : la restitution de l'objet hypothéqué, le consentement du créancier à son aliénation ou à la constitution d'une nouvelle hypothèque. La loi 158 au Digeste, *De reg. juris*, L, XVII, est conçue en ces termes : « *creditor qui permittit rem venire pignus demittit* », celui qui consent à l'aliénation de l'objet hypothéqué renonce à son hypothèque. En effet, ainsi que le fait remarquer Pothier, le consentement du créancier à la vente de la chose hypothéquée « ne peut paraître intervenu pour autre fin que pour la décharge de son hypothèque, puisque le débiteur n'a pas besoin de ce consentement pour vendre la chose [1]. » De même, le jurisconsulte Paul, dans la loi 12, § 1, au Digeste, *Quibus modis pignus...*, XX, VI, estime que le fait, de la part d'un créancier, de consentir à ce que le débiteur hypothèque la chose à un autre équivaut à une renonciation à son hypothèque.

Ces textes sont généraux ; mais, dans la loi 11, § 1, au Digeste (*eod. tit.*), nous trouvons une disposition qui s'applique directement et spécialement à la femme. Cette dernière, y est-il dit, est censée faire remise de son hypothèque sur le bien donné en dot par son mari à leur fille, quand elle comparaît dans l'acte contenant la constitution de dot. Cette décision spéciale indique qu'il faut généraliser, en ce qui concerne la femme

1. Pothier ; édition Bugnet, t. I, p. 659.

mariée, les solutions des lois 158 et 12, § 1, précitées, et décider, en principe, qu'elle était parfaitement capable de renoncer à son hypothèque, selon le droit commun.

VI. Mais la capacité de la femme mariée fut considérablement amoindrie par le sénatus-consulte Velléien, dont nous devons maintenant déterminer les effets eu égard à l'ordre d'idées qui nous occupe.

Déjà, sous Auguste et sous Claude, des édits avaient défendu aux femmes d'*intercéder* (s'obliger) pour leurs maris. Le sénatus-consulte Velléien étendit cette prohibition à toute espèce d'*intercession* pour autrui [1]; le Sénat donnait de sa décision ce motif : que l'intercession est un office viril auquel est inhabile la faiblesse de la femme. Pour qu'il y eût intercession, il fallait que la femme obligeât sa personne ou sa chose, afin de cautionner la dette d'un tiers ou de le libérer en s'engageant à son lieu et place. Il semble, dès lors, que la prohibition du sénatus-consulte dût s'appliquer tant à son intercession réelle, au profit de son mari, par l'abdication de sa garantie hypothécaire, qu'à l'intercession résultant de son engagement personnel ; il fallait cependant faire des distinctions.

Il n'y avait point intercession dans la renonciation consentie par la femme, relativement à son hypothèque, d'une manière purement extinctive, au profit du débiteur du gage, car ici, comme au cas de donation, elle comprenait la portée de ce dessaisissement immédiat [2].

---

1. Loi 8, pr. Dig., *Ad senat.-cons. Velleian.*, XVI, I, et Loi 4, *ibid.*
2. Const. 21, Code, *Ad senat.-cons. Velleian.* . . . . IV, XXIX.

Ce principe général reçut une application toute spéciale dans la Constitution 11, au Code, *Ad senat.-cons. Velleian.*, **IV**, **XXIX**, ainsi conçue : « *etiam constante matrimonio jus hypothecarum seu pignorum marito remitti posse explorati juris est.* » Au contraire, s'il s'agissait de l'abdication de l'hypothèque en faveur d'un tiers vis-à-vis de qui le mari se trouvait obligé, l'acte était prohibé comme contenant une intercession.

VII. Mais, la renonciation générale étant permise, on prit bientôt l'habitude de la faire toujours accorder par la femme, sans que celle-ci se rendît un compte bien exact de l'acte qu'elle accomplissait. Pour obvier à cet inconvénient, l'empereur Anastase décida que la renonciation de la femme à son hypothèque ne serait désormais permise que si son consentement avait été exprimé d'une façon certaine ; et l'on présumait qu'il en avait été ainsi, seulement quand elle avait renoncé dans un contrat déterminé et en faveur de personnes déterminées. Dès lors, contrairement à la législation antérieure, la renonciation générale fut seule prohibée [1].

Justinien décréta que l'intercession de la femme serait valable, lorsque celle-ci, ayant une juste cause pour s'obliger, aurait manifesté une intention sérieuse à cet égard, en renouvelant son intercession à deux ans d'intervalle, par acte public ; à défaut, son intercession était radicalement nulle, à moins qu'il ne fût prouvé qu'elle en avait retiré un bénéfice. Mais, eu égard aux

---

1. Constitution 23, Code, *ibid.*

immeubles apportés en dot sans estimation, seuls biens réputés par lui véritablement dotaux, il décida, dans sa constitution unique au Code, *De rei uxoriæ act.*, V, XIII, § 15, qu'elle ne pouvait renoncer aux diverses garanties qui lui en assuraient la restitution : « *in fundo non æstimato qui et dotalis proprie nuncupatur, maneat jus intactum.* » Dès lors, la décision d'Anastase continua de s'appliquer, comme le dit Justinien lui-même, en ce qui concernait le fonds dotal estimé. Il faut en dire autant, croyons-nous, pour les meubles dotaux, bien que non visés par sa constitution. En effet, la maxime : *dotis causa pacto deterior fieri non potest*, qu'on a invoquée en sens contraire, prouverait trop, si l'on devait l'admettre, car il faudrait évidemment l'étendre, à raison de sa généralité, au fonds dotal estimé, pour lequel, nous venons de le voir, Justinien consacre la solution opposée [1].

VIII. Après la chute de l'empire grec, tombé sous le coup des invasions, il est à peu près impossible, au milieu du chaos des lois barbares qui succèdent à la civilisation antique, de rechercher ce que devint une institution qui suppose une civilisation éclairée et judicieuse. L'idée même d'une investigation à cet égard ne peut se présenter, si l'on envisage la situation de la femme à cette époque. Une loi rigoureuse la plaçait, en effet, sous la complète dépendance soit du père, soit de l'époux, qui exerçaient sur elle un droit de puissance familiale absolu, appelé *mundium*.

---

1. En ce sens, Demangeat, *Fonds dotal*, pages 37 et 38.

Dans le cours des douzième et treizième siècles, tandis que régnait au Nord la communauté coutumière, le régime dotal étendait son empire dans le Midi. A cette époque, la femme mariée était investie, pour ses reprises, d'une hypothèque légale, que notre ancien droit lui reconnut bientôt d'une façon unanime. Cette hypothèque portant sur les biens du mari ne conférait point de privilège, car l'ancien droit n'avait pas admis, en principe, la constitution *Assiduis* [1]. Elle dérivait soit du contrat de mariage passé devant notaire, conformément à cette règle générale que tout acte notarié emportait hypothèque, soit, à défaut d'acte public, de la loi elle-même. Elle prenait rang du jour de la rédaction de l'acte dans le premier cas, de celui de la célébration du mariage, dans le second.

Introduit dans le Midi, à la suite du régime dotal dont on l'a longtemps cru inséparable, le sénatus-consulte Velléien fut aussi admis dans le Nord, ainsi que le rapporte Roussilhe [2]. Mais son application rencontra des difficultés telles que la renonciation à son bénéfice devint bientôt de style dans les transactions [3]. Nous trouvons, dans les ouvrages du temps, de curieux aperçus sur les ruses inventées par la pratique pour se débarras-

1. Voir Roussilhe, *Traité de la dot*, pages 227 et suiv., édition de 1856, publiée par M. le président Sacase.

2. Voir Roussilhe, *Dot*, pages 275 et suiv.

3. Selon Pasquier (*Recherches*, IX, 41), l'usage de la renonciation au Velléien aurait été introduit par le jurisconsulte Guillaume Durant, appelé *Speculator* à raison de l'ouvrage qu'il composa sous le nom de *Speculum juridicum*. Cette conjecture est combattue par M. Gide, *Condition de la femme*, page 456.

ser de ses entraves [1]. De vives réclamations se produi-
sirent, et un édit de Henri IV (août 1606) défendit aux
notaires de rien insérer dans les actes qui fût relatif au
Velléien, le tenant pour abrogé et validant les engagements des femmes mariées, bien qu'elles n'eussent pas
renoncé à son bénéfice. Les pays de coutumes se sou-
mirent; mais les parlements de droit écrit protestèrent
au nom de l'inaliénabilité dotale; et de Serres atteste
que le Velléien resta en pleine vigueur dans certains de
ces pays où l'édit n'avait point été enregistré [2]. Ainsi,
quoique son abolition se fût peu à peu étendue [3], il a
néanmoins persisté, dans quelques parties de la France,
jusqu'au Code civil, qui en a consacré la suppression
complète et définitive dans ses articles 217, 1123 et
1125.

IX. Quand le Velléien eut disparu des pays coutu-
miers, la capacité de la femme mariée autorisée de son
mari devint pleine et entière dans l'ensemble des coutumes, notamment dans celle de Paris [4], ainsi que le
rapporte Pothier exposant le droit commun de la France
coutumière [5]. Munie de l'autorisation maritale, elle put
donc effectuer librement toute cession de créance entraînant celle de son hypothèque, et renoncer directement

1. Voir, sur la renonciation au Velléien, les observations de Leschas-
sier, *OEuvres*. Paris, 1649.
2. *Institutes de droit français*, livre III, titre XXI.
3. Roussilhe, page 276. — Voir, sur tout ce qui précède, pages 274 et
suivantes du même auteur.
4. Voir l'art. 223 de cette Coutume et le commentaire de Ferrière.
5. Pothier, édit. Bugnet, tome VII, pages 1 et suivantes.

et principalement à cette hypothèque sans restriction aucune [1].

Dans les pays de droit écrit où l'inaliénabilité dotale était en vigueur [2], la capacité de la femme mariée, autorisée de son mari [3], fut déterminée par les principes du Velléien combinés avec ceux de cette inaliénabilité. On y vit surgir des controverses semblables à celles que nous avons signalées, à propos de la constitution unique au Code de Justinien *De rei uxoriæ actione*, relativement à la dot mobilière. A cet égard, les auteurs et les parlements se divisèrent de façon qu'il est à peu près impossible de déterminer de quel côté se trouvait le droit commun [4].

X. Si nous arrivons maintenant à la période intermédiaire, nous voyons que la loi du 9 messidor an III prononça, dans son article 17, la suppression de toutes les hypothèques légales, et que la loi du 11 brumaire an VII les rétablit, mais en les soumettant à la nécessité de l'inscription. Ainsi l'hypothèque légale de la femme perdait le caractère occulte qu'elle avait dans notre ancien droit.

1. Pothier fait ici l'application pure et simple des lois romaines analysées plus haut : édit. Bugnet, t. I, p. 659 et 660.

2. Cette inaliénabilité avait disparu de certains de ces pays, avec l'abrogation de la loi Julia, à raison d'un intérêt purement privé ; voir Bretonnier sur Henrys, livre IV, chap. III, question 8, tome II, page 169 ; el Roussilhe, *loc cit.*, page 285.

3. Cette autorisation était même inutile eu égard aux paraphernaux. En ce sens, Ferrière, sur l'art. 223 de la Coutume de Paris. — Domat, *Lois civiles*, I, 9, sect. I, art. 13.

4. Voir de Serres, *Inst.*, p. 139. — Domat, *loc. cit.* — Leprestre, 3ᵉ centurie, chap. LXIX du *Recueil d'arrêts*. Au rapport des auteurs du temps, les parlements d'Aix et de Bordeaux se prononçaient tantôt dans un sens et tantôt dans l'autre.

Ce caractère lui a été restitué par le Code civil, qui accorde à la femme mariée une hypothèque tacite sur tous les biens de son mari (art. 2121 et 2135). Nous nous bornons, pour le moment, à poser le principe, sauf à insister plus tard sur ses applications.

XI. Il semble que les explications qui précèdent soient suffisantes, et qu'après avoir ainsi nettement précisé la situation sociale de la femme mariée, dans le droit romain et dans notre ancien droit, il ne nous reste plus qu'à rechercher, dans le droit moderne, l'origine et les causes des stipulations diverses que nous nous proposons d'étudier.

Toutefois, nous devons auparavant nous arrêter, quelques instants, sur une institution de notre ancien droit, avec laquelle la subrogation à l'hypothèque légale aurait, ainsi qu'on l'a prétendu à tort, une affinité telle, que ce dernier contrat, motivé par sa disparition, n'en serait que le rétablissement indirect. Nous voulons parler du *sous-ordre hypothécaire*, sur lequel il importe d'avoir une notion bien exacte, afin de pouvoir déterminer les différences essentielles qui le séparent de la subrogation.

Quand un immeuble était vendu en vertu d'un décret d'expropriation, les créanciers hypothécaires, qui n'avaient point poursuivi la vente, devaient, pour conserver leurs rangs dans la distribution du prix, se porter opposants dans l'ordre avant que le décret eût été levé et scellé. Leur opposition était alors dite *à fin de conserver* ou *opposition directe*. A leur défaut, leurs propres créanciers pouvaient, après sommation, être autorisés à former cette opposition à leur lieu et place et à leurs risques et périls [1].

A côté des oppositions directes se plaçaient les oppositions en sous-ordre, formées par les créanciers du créancier de la partie saisie sur la somme pour laquelle celui-ci avait été utilement colloqué [2]. La collocation obtenue par ce dernier se distribuait alors entre eux sans aucune difficulté, si la somme était suffisante pour les désintéresser tous. Dans le cas contraire, on agitait la question de savoir s'il fallait effectuer la répartition par rang d'hypothèque ou au marc le franc. Elle avait naturellement lieu par rang d'hypothèque, dans les pays dont la coutume admettait l'hypothèque mobilière, ou simplement le droit de préférence sur les meubles [3]; on y considérait la somme d'argent attribuée au débiteur comme comprise dans l'affectation générale de tous ses biens. La répartition au marc le franc dut, au contraire, prévaloir dans les coutumes qui avaient banni le droit de préférence sur les meubles; et elle était, en effet, consacrée par un certain nombre de celles-ci [4].

XII. Mais le parlement de Paris, tout en se prononçant contre le droit de préférence en matière mobilière, admettait cependant le sous-ordre hypothécaire; aussi sa jurisprudence était-elle critiquée, d'une manière plus ou moins dissimulée, par ceux-là même qui devaient

---

1. Pothier, *Proc. civile*, édition Bugnet, t. X, p. 265 et 266. — Ferrière, *Corps de tous les commentateurs*, t. IV, p. 1271, note 4.

2. Pothier, *loc. cit.*, pages 298 et 299.

3. Voir Basnage, *Hypothèque*, chap. III, nº 4.

4. Voir Thibault, *Traité des criées*, chap. XV, § 3, nᵒˢ 30 et 31.

l'appliquer. De Héricourt avoue : « qu'il semble que, si l'on voulait décider cette question suivant les principes généraux, il faudrait suivre les mêmes règles dans la distribution des collocations en sous-ordre que dans les saisies de sommes mobiliaires. En effet, un créancier n'a point d'hypothèque sur les immeubles du débiteur de son débiteur, et le but de l'opposition en sous-ordre, que forme le créancier d'un créancier hypothécaire du bien saisi, n'est que d'être colloqué sur une partie du bien saisi qui pourra revenir à son débiteur; ainsi l'action qui donne lieu à l'opposant en sous-ordre de se pourvoir, ne tendant qu'à être payé d'une somme, est purement mobiliaire[1]. » Il explique la décision du parlement de Paris par une fiction : « on a regardé le créancier opposant au décret des biens de son débiteur comme étant lui-même saisi d'une partie du fonds de son débiteur, jusqu'à la concurrence de ce qui lui est dû, de manière que les créanciers de ce créancier acquièrent un droit réel sur ce fonds.....[2] »

Ces raisons n'étaient pas acceptées d'une façon unanime. Thibault, retenant l'aveu de de Héricourt, faisait observer que : « les principes généraux résistent à ces idées: qu'en effet, quoique les deniers proviennent du prix d'un fonds, on ne peut pas dire pour cela qu'ils soient immeubles; que le créancier a eu tout l'effet de l'hypothèque puisqu'il a été placé à l'ordre qu'elle lui

---

1. De Héricourt, *Vente des immeubles par décret*, chap. xi, section IVe, II. — Voir également sur ce point Rousseau de Lacombe, *Recueil*, V^o ordre, n° 4.

2. De Héricourt, *loc. cit.*

avait donné.....; que la collocation, qui n'est à vrai dire que le prix du contrat, est un pur effet mobilier qui doit se distribuer par ordre de saisie.....[1]. »

Cependant le parlement de Paris maintint sa jurisprudence, qui était la base d'un crédit considérable, car, ainsi que le dit de Héricourt : « en contractant avec une personne, on peut presque faire autant de fond, pour la sûreté de sa dette, sur des créances hypothécaires que sur les immeubles dont le débiteur aurait la propriété[2]. » Pothier donna à l'institution du sous-ordre hypothécaire sa véritable formule juridique. Il fit remarquer, à son tour, que les créanciers venant en sous-ordre : « saisissent le droit d'hypothèque qu'avait leur débiteur commun, droit dans l'héritage et par conséquent immobilier », et que pour cette raison : « ils doivent venir par ordre d'hypothèque, suivant la règle *pignus pignori dari potest*[3]. »

La jurisprudence du parlement de Paris avait été étendue à toute la France par l'éphémère édit de Colbert (mars 1673). Cet édit n'ayant jamais été appliqué, la divergence continua jusqu'en 1681, époque où elle prit fin, mais uniquement au regard des créanciers des femmes mariées, pour lesquels une déclaration royale du 30 décembre de la même année prescrivit le sous-ordre hypothécaire dans tout le royaume[4].

Ce sous-ordre créait, dès lors, au profit de celles-ci,

---

1. Thibault, *loc. cit.*
2. **De Héricourt**, *loc. cit.*
3. Pothier, *loc. cit.*, p. 299, n° 657, dernier alinéa.
4. **Le texte en est rapporté prr** Thibault, *loc. cit.*, n° 29.

une source puissante de crédit. L'hypothèque générale
était, en effet, la règle presque exclusive dans notre
ancien droit[1], et la femme, en affectant tous ses biens
à ses créanciers, leur hypothéquait ainsi sa propre hypothèque légale. Par suite, ceux-ci, en traitant avec elle,
savaient qu'à la garantie hypothécaire qu'elle leur four-
nissait sur ses propres biens, venait s'ajouter le droit de
se faire colloquer hypothécairement, en sous-ordre, sur
ceux du mari. L'hypothèque que leur donnait leur débitrice s'augmentait, de cette manière, de celle qu'elle
avait elle-même sur les immeubles de ce dernier. Au
lieu de rester improductive et à titre de garantie purement passive dans son patrimoine, l'hypothèque légale
devenait pour la femme un instrument de crédit, dans
la mesure de la valeur de ses reprises.

XIII. Durant la période intermédiaire, la loi de messidor an III se prononça contre la jurisprudence du parlement de Paris, en admettant le sous-ordre au marc
le franc, dont elle régla la procédure (articles 193 à 202).
La loi de brumaire garda le silence à cet égard. Le Code
civil ne résolut pas non plus la question d'une façon
formelle ; mais il semble que l'abrogation du sous-ordre
hypothécaire fût implicitement consacrée par ce fait
que son article 2118 ne rangeait point l'hypothèque
parmi les biens susceptibles d'hypothèque[2]. Le Code
de procédure civile, dans son article 778 (article 775
actuel), a tranché la question, d'une façon définitive,
contre le sous-ordre hypothécaire, en déclarant que le

1. Beudant, *Revue critique*, 1866, t. **XXVIII**, p. 52 et 53.
2. En ce sens, Paris, 10 août 1809. — Grenier, *Hypothèques*, I, n° 157.

sous-ordre est aujourd'hui la répartition, comme chose mobilière, c'est-à-dire au marc le franc, du montant d'une collocation revenant, dans un ordre, à un créancier inscrit, entre tous ses ayants droit qui sont intervenus avant la clôture de l'ordre.

La généralité des termes de l'article 778 atteignait évidemment les créanciers des femmes mariées, comme tous autres créanciers; ainsi disparaissait pour elles cette source de crédit instituée par la jurisprudence du parlement de Paris, dont on a vu plus haut les avantages. Cette disparition était nécessaire, car, si le sous-ordre hypothécaire avait sa raison d'être dans une législation où l'hypothèque générale était vue avec faveur et admise d'une façon presque exclusive[1], il ne serait plus en harmonie avec l'esprit de notre droit hypothécaire moderne où elle n'est que l'exception[2]. Mais l'idée qui avait inspiré le sous-ordre hypothécaire devait survivre à la chute de cette institution et recevoir bientôt une application nouvelle, conforme à nos lois hypothécaires, et qui a triomphé, pour cette raison, des attaques nombreuses dont elle a été l'objet. La pratique des affaires chercha un moyen nouveau pour transformer l'hypothèque légale en instrument de crédit au profit de la femme; on songea, d'un autre côté, idée complètement nouvelle, à l'utiliser au profit du mari lui-même, dans l'intérêt de l'association conjugale, pour laquelle elle n'est souvent qu'une fâcheuse entrave.

1. Voir sur ce point : Beudant, *loc. cit.*, p. 52 et 53.
2. Nous renvoyons à notre conclusion, pour le développement de cette idée dont il nous suffit, pour le moment, de poser le principe.

C'est qu'en effet les nécessités quotidiennes, d'où naissent les meilleures lois, avaient peu à peu démontré que, s'il est utile de protéger la femme, il ne faut pas cependant lui créer une situation tellement privilégiée, qu'elle tienne en échec et ses propres intérêts et ceux de la famille ; qu'il faut lui permettre de faire, en certains cas, le sacrifice des garanties que la loi lui accorde, lorsque ce sacrifice, loin de lui nuire, est, au contraire, de nature à lui être profitable. Alors prirent naissance, dans la pratique, ces stipulations que, suivant M. Gide[1], le législateur et le jurisconsulte n'auraient pas inventées, et dont la plus importante est la subrogation à l'hypothèque légale de la femme mariée.

XIV. Ce dernier contrat, qui consiste dans le transfert de l'hypothèque légale de la créance de la femme à celle d'un de ses créanciers personnels ou d'un créancier de son mari, n'est-il, comme on l'a prétendu [2], qu'un moyen détourné de rétablir le sous-ordre hypothécaire? Nous ne saurions être de cet avis, et nous estimons que l'on peut affirmer, de la façon la plus formelle, qu'il y a entre les deux une différence absolue, ainsi que nous allons le démontrer par leur comparaison.

Pour participer au sous-ordre hypothécaire, il fallait être *créancier personnel* de celui dont la collocation hypothécaire formait l'objet de la distribution. La subrogation, loin d'être soumise à cette condition, intervient, le plus souvent, *au profit d'un créancier du mari à l'égard duquel la femme n'a contracté aucun engagement.*

1. Gide, *Condition de la femme*, p. 496.
2. Beudant, *loc. cit.*, p. 57 et 58.

D'un autre côté, l'hypothèque de l'hypothèque, qui permettait de participer au sous-ordre, ne résultait pas, selon Pothier, d'une convention spéciale, mais était comprise dans l'*hypothèque générale de tous les biens du débiteur*. Il ne fut en effet jamais question, dans notre ancien droit, comme le fait très bien remarquer M. Beudant [1], d'hypothéquer spécialement un droit d'hypothèque, à l'instar des immeubles réels ou fictifs. La subrogation, au contraire, émane toujours d'une *cession spéciale et directe effectuée par la femme*, et rentre ainsi dans la catégorie des *hypothèques conventionnelles;* elle ne résulte jamais soit de la loi soit des jugements, d'où découlent les hypothèques générales. Dans le sous-ordre, les créanciers se faisaient attribuer la collocation que leur débiteur avait *lui-même* obtenue dans l'ordre. En vertu de la subrogation, les subrogés sont *personnellement* colloqués et exercent, *en leur propre nom*, le droit hypothécaire de la femme. Ainsi, suivant la remarque de Thibault, les premiers faisaient, en réalité, porter leurs droits *sur une somme d'argent, qui est chose mobilière*, tandis que les seconds les font valoir *sur un immeuble qui leur a été hypothéqué*. Enfin, dans le sous-ordre, on agissait en vertu d'une *hypothèque grevant une autre hypothèque*, par application de la maxime formulée par Pothier : *pignus pignori dari potest*. Dans la subrogation, *l'hypothèque elle-même est transmise au créancier*, qui s'en trouve désormais seul investi au lieu et place de la femme.

---

1. Beudant, *loc. cit.*, p. 51 et 52.

La subrogation à l'hypothèque légale de la femme mariée n'est donc nullement un moyen détourné de rétablir le sous-ordre hypothécaire, banni par l'article 775 du Code de procédure civile. C'est, du reste, ce que reconnaissait, avant la loi de 1855, une jurisprudence constante, qui raisonnablement ne saurait être présumée avoir voulu faire revivre une institution formellement abolie [1]. La loi précitée a laissé à ses décisions toute leur autorité à ce point de vue, car on verra qu'elle a législativement consacré la subrogation telle qu'elle existait en fait auparavant, se bornant à lui imposer certaines formalités dont il sera ultérieurement question.

XV. La femme, en cédant son hypothèque légale ou en y renonçant, a pour but, avons-nous dit, de faire tourner au profit des affaires communes une garantie qui serait parfois plus nuisible qu'utile. Aussi les cessions ou renonciations relatives à cette hypothèque ont-elles été et sont-elles des plus fréquentes en pratique. Mais, en l'absence de tout texte législatif réglant la matière, elles affectaient des formes tellement variées, que la jurisprudence dut souvent hésiter sur le sens à donner aux conventions qui les contenaient. Les notaires eux-mêmes n'auraient pas toujours pu indiquer la pensée qui avait présidé à la confection de leurs actes, quand ils y inséraient les clauses multiples dont nous

---

1. En ce sens, Cass., 27 avril 1827 ; 24 février 1838 et 4 février 1839 ; *Sirey*, 28, I, 91 ; 38, I, 97 ; 39, I, 107. — Voir le tableau de la jurisprudence à cet égard dans *Sirey, Collection nouvelle*, t. VI, II, 163. — C. p. r. Colmet de Santerre, t. IX, p. 137, 145 et 146.

parlons. Cet inconvénient constituait, à leur encontre, une première cause de défaveur.

D'un autre côté, la justification basée sur le crédit dont elles étaient la source paraissait absolument insuffisante à certains jurisconsultes, qui les critiquaient comme atteignant, dans leur essence, les droits de la femme et de la famille, comme détournant l'hypothèque légale de sa destination primitive et facilitant des opérations que cette hypothèque devait précisément empêcher. « L'hypothèque légale, disait M. Laferrière, est établie dans l'intérêt exclusif de la famille ; elle doit être attachée exclusivement à cet intérêt, et il doit être défendu à la femme d'en faire la cession à qui que ce soit [1]. »

Il semble au moins, ajoutait-on, que, si la femme peut ainsi se dessaisir de son hypothèque légale, elle doive être soumise à quelque contrôle, à la nécessité de demander une autorisation à la justice, qui décidera si son véritable intérêt est engagé dans l'opération qu'elle veut réaliser. Or, il n'en est point ainsi; avec la seule autorisation de son mari, qui est dans l'espèce trop intéressé pour n'être que son protecteur, on lui permet non seulement d'abdiquer ses sûretés hypothécaires, mais encore de les laisser tourner contre elle, en supposant que la valeur totale des immeubles du mari soit absorbée par les subrogations. La loi, qui s'est montrée si sévère pour les formalités de la restreinte, a-t-elle

____

1. Laferrière, *Revue de droit français et étranger*, V, 692. — Dans le même sens, Rolland de Villargues, *Sirey, Collection nouvelle*, VI, II, 12.

bien voulu permettre ainsi l'anéantissement complet de l'hypothèque légale ?

XVI. Pour obvier au premier inconvénient que nous vons signalé, résultant de la multiplicité des formes usitées en pratique, on proposait de faire produire à toutes les stipulations relatives à l'hypothèque légale un effet identique, quels qu'eussent été les termes employés par les parties [1]. Ce moyen était inacceptable, car nous verrons que ces stipulations ont souvent entre elles des différences notables ; en les méconnaissant, on aurait abouti à gêner entièrement la liberté des conventions. Disons, du reste, que cet inconvénient, s'il fut grave au début, l'est bien moins aujourd'hui, et qu'il ira sans cesse en diminuant, au fur et à mesure que la doctrine et la jurisprudence auront assigné, d'une manière définitive, à chacune de ces clauses, sa nature et ses effets.

Plus sérieuse paraît l'objection tirée de ce que, par les subrogations et les renonciations, l'hypothèque légale est détournée de son but et nuit aux intérêts qu'elle devrait au contraire protéger. Ceux qui la formulent ne vont pas, cependant, jusqu'à prétendre qu'il faudrait empêcher absolument la femme de se dessaisir de son hypothèque légale, et, d'une manière générale, ils en autorisent l'abdication à condition de la soumettre à l'autorisation de la justice. Cette autorisation, d'après eux, devrait être d'autant plus exigée pour la perte de

---

1. Voir en ce sens les vœux des facultés de Rennes, Strasbourg et Caen ; *Documents sur la réforme hypothécaire*, publiés en 1861 par les soins de M. Martin (du Nord), II, p. 462 et 473.

cette hypothèque, qu'elle est requise pour sa restreinte concurremment, en ce cas, avec celle de la famille [1].

En raisonnant ainsi, on oublie qu'il y a entre les deux opérations une différence absolue. Dans la restreinte, rien ne légitime un sacrifice de la part de la femme, puisqu'aucun bénéfice actuel et apparent ne résulte du dégrèvement des immeubles du mari. Il n'intervient aucun contrat dont elle puisse apprécier la portée, et dont les avantages, par elle calculés, viennent compenser la perte de son hypothèque. Elle ne cèdera qu'à l'influence intéressée de son mari, et l'on comprend, dès lors, qu'une volonté plus éclairée et plus libre que la sienne soit appelée à décider si son intérêt exige ou non la restreinte. Au contraire, dans la subrogation et la renonciation, le consentement de la femme est sollicité par une nécessité présente ou un avantage actuel, en vue d'une opération immédiate et déterminée, dont elle peut peser les conséquences.

L'intervention de la justice nous semble donc inutile dans ce dernier cas, quelque crainte que puisse inspirer l'influence maritale. En effet, si l'on redoute cette influence au point de refuser à la femme la liberté d'aliéner ses sûretés hypothécaires, il faut être logique et aller jusqu'au bout, en décrétant son incapacité complète. Il est évident que, sollicitée par son mari, elle pourra accomplir tel autre acte auquel elle n'aurait pas spontanément souscrit, et dont les conséquences seront

1. Voir, en ce sens, l'avis des cours de Metz et de Pau, et de la faculté de droit de Paris : *Documents*, II, p. 279, 329, 330, 430 et suiv.

quelquefois plus graves que celles de la subrogation. Il faudra donc, pour suffisamment la protéger, se tenir en garde contre cette influence partout où elle pourra s'exercer. Dès lors, qu'on interdise à la femme de consentir toute vente, puisque le mari pourra en dissiper le prix ; de cautionner ce dernier et de s'engager avec lui ; qu'on efface du Code civil l'article 1431 et surtout l'article 217, fondement de la liberté civile de la femme dûment autorisée de son mari. Elle retombera ainsi dans les liens du sénatus-consulte Velléien ; pour ne point compromettre ses droits, elle sera condamnée à laisser consommer, insensible et impuissante, la ruine de son mari, celle de sa famille, sa propre ruine enfin, dans une certaine mesure, car le discrédit du mari rejaillira bien souvent sur elle ; mais elle conservera son hypothèque, quoi qu'il advienne ! Qui ne voit qu'une protection aveugle produit souvent un résultat contraire à celui qu'on en attendait !

XVII. Si les critiques que nous venons de mentionner n'étaient pas fondées, il existait un inconvénient sérieux que l'on signalait à bon droit. Les subrogations à l'hypothèque légale se produisaient d'une manière occulte ; leur date seule déterminait le rang des bénéficiaires, indépendamment de toute publicité, qui ne devenait nécessaire, à l'égard des tiers, qu'au moment où la femme était tenue de s'inscrire elle-même [1]. Or, la publicité est, avec la spécialité, la base de tout bon

<hr>

1. En ce sens, jurisprudence constante : voir à cet égard, *Répertoire du Journal du palais, supplément*, t. II, p. 228, n° 258 et page 230, n° 279.

régime hypothécaire, et on doit les exiger partout où ce résultat peut être atteint. Sans doute, comme le fit remarquer M. de Belleyme, lors de la discussion de la loi sur la transcription, la situation de la femme vis-à-vis de son mari, la nature de ses droits exigent que son hypothèque légale subsiste avec ce caractère occulte et indéterminé qui a soulevé tant de critiques, et nous sommes d'avis qu'il est impossible de l'obliger à faire évaluer ses reprises, pour les inscrire ensuite comme une créance ordinaire [1]. Mais, en ce qui concerne les

1. Cet obstacle n'a point arrêté le législateur belge, qui, dans une loi du 16 décembre 1851 (art. 64), a transformé l'hypothèque légale de la femme en une véritable hypothèque conventionnelle, soumise à la spécialité et à la publicité. Le système mis en pratique par la loi précitée compte, en France, de nombreux adhérents, et a souvent été proposé dans les divers projets de réforme hypothécaire. Le point important de l'innovation consiste dans la spécialité imposée à l'hypothèque, car la publicité est la conséquence forcée de l'évaluation de la créance, puisque cette évaluation demeurerait inutile si on ne la rendait pas publique par l'inscription. D'autre part, c'est surtout l'évaluation qui intéresse les tiers, quand ils traitent avec un homme marié, car le fait même du mariage les avertit de l'existence de l'hypothèque. Or, avec le régime de la spécialité, le danger résultant du défaut d'évaluation des créances de la femme disparaît et enlève ainsi une grande utilité pratique à la subrogation, qui ne constitue plus alors qu'un moyen de crédit pour le mari ou la femme.

La réforme de la loi belge est-elle exempte de tout inconvénient et conviendrait-il de l'insérer dans notre Code civil? On comprend que c'est là un de ces problèmes dont l'examen approfondi ne peut trouver place ici; nous nous permettrons seulement de faire deux observations, qui feront peut-être douter de l'utilité et de la légitimité de l'innovation. L'article 64 de la loi belge de 1851 précitée porte, dans son second alinéa, que la femme peut stipuler, dans son contrat de mariage, une hypothèque spéciale pour garantie de ses reprises de toute nature, *même éventuelles ou conditionnelles*. Or, si cette hypothèque peut garantir, comme d'aucuns le pensent, notamment Martou (III, 80, n° 919), même de simples espérances, quelle sera l'évaluation possible? Elle deviendra tellement aléatoire qu'elle n'existera que de nom, et la subrogation, même avec cette prétendue spécialité, conservera toute son

créanciers subrogés à cette hypothèque, c'est, au contraire, rentrer dans le droit commun que de prescrire, à leur égard, la publicité et la fixation de leurs droits [1].

Enfin la subrogation pouvait résulter d'un acte sous seing privé [2]; or, il était naturel d'exiger un acte authentique, puisque le Code civil range la constitution d'hypothèque parmi les actes solennels.

Ces deux réformes, appelées par des vœux unanimes, ont été réalisées par la loi du 23 mars 1855 dans son article 9. Sont-elles suffisantes, ou bien le législateur doit-il encore intervenir pour résoudre les divers pro-

---

utilité. Si l'on est d'avis, au contraire, avec d'autres auteurs, notamment Laurent (XXX, p. 335 et suiv.), que la femme doit prendre inscription au fur et à mesure de la réalisation de ses espérances, il n'est pas difficile de comprendre que, sous l'influence du mari, elle ne prendra, le plus souvent, aucune inscription. L'obligation de s'inscrire au courant du mariage équivaut donc, en fait, pour la femme, à la suppression de son hypothèque. On en sera pleinement convaincu, si l'on réfléchit que l'obligation d'inscrire l'hypothèque légale, formellement imposée par notre Code civil, est devenue, de nos jours, lettre morte. Il s'agit par suite de savoir, et l'on voit, par là, combien est déplacé le terrain de la discussion, si la femme doit avoir ou non une hypothèque sur les biens de son mari. Or, nous croyons qu'il est impossible de douter de la nécessité absolue de cette garantie, étant donnée la situation dans laquelle est placée, à tort ou à raison, la femme, à l'égard de son mari, dans les conditions sociales actuelles.

Les critiques que nous venons de formuler contre la loi belge nous semblent devoir également s'adresser à la disposition du Code civil italien du 25 juin 1865, qui soumet l'hypothèque légale de la femme à la nécessité d'une inscription à prendre, dans les 20 jours qui suivent le contrat, par le notaire ou le mari (art. 1982); cette disposition soulève, en effet, les mêmes inconvénients pratiques. — Voir, sur la *comparaison de ce code avec notre Code civil*, les remarquables travaux de M. Huc, professeur à la faculté de droit de Toulouse; c. p. r. p. 337 et suiv.

1. Voir, en ce sens, les vœux émis par les cours et les facultés : *Documents*, II, p. 144, 161, 168, 251 et suiv.

2. En ce sens : Bertauld, *Subrogation à l'hypothèque légale de la femme mariée*, n° 110.

blèmes que soulève la matière ? C'est là, on le comprend,
une question à laquelle il sera opportun de répondre,
quand nous aurons examiné ces problèmes eux-mêmes ;
et cette réponse sera la conclusion naturelle de l'œuvre
que nous avons entreprise. Mentionnons seulement que
l'organisation complète des stipulations concernant
l'hypothèque légale ne pouvait rentrer dans le cadre de
la loi précitée, qui a eu pour but d'assurer la publicité
des charges et droits réels dont la propriété immobilière peut être grevée. C'est ce but unique que le législateur a voulu atteindre, par rapport à la subrogation,
au moyen de l'article 9 qu'il lui a consacré ; aussi
est-ce intentionnellement qu'il n'a visé, dans cet article,
que l'authenticité et la publicité, s'en référant pour tout
le reste aux principes généraux.

Réservant donc la question de savoir si la loi de
1855 est ou non suffisante, nous sommes, dès à présent,
autorisé à dire que, depuis comme avant, le rôle du
jurisconsulte est de rechercher, dans le Code civil, les
principes généraux qui régissent soit la matière hypothécaire, soit la situation particulière de la femme mariée, et de les combiner avec le texte de l'article 9 de
cette loi, pour baser sur eux la théorie des stipulations
concernant l'hypothèque légale de cette dernière. C'est
ce rôle que nous nous sommes exclusivement proposé.

XVIII. Disons maintenant, en quelques mots, avant
de terminer cette introduction, quel est le plan que
nous allons suivre, et quels motifs nous ont conduit à
l'adopter.

Avant de nous occuper des contrats relatifs à l'hypo-

thèque légale, nous croyons utile d'exposer les règles
générales qui concernent cette hypothèque elle-même.
Un tableau succinct de ses causes et de ses effets, envi-
sagés dans les situations diverses où ils se produisent
avec des différences souvent notables, mettra pleinement en lumière le mécanisme des stipulations que
nous nous proposons d'étudier. L'on comprendra l'utilité
de cet aperçu général, quand on nous verra faire, dans
nos développements ultérieurs, une application constante
des principes qui y auront été exposés.

Abordant ensuite l'examen des stipulations précitées,
nous adopterons la division qui nous paraît devoir jeter
la plus grande clarté sur la matière, en évitant autant
que possible les confusions. Une première partie de ce
traité sera consacrée à l'étude de la subrogation expresse et directe, spécialement prévue par l'article 9 de
la loi de 1855 sous le double nom de *cession* et *renonciation (translative)*. Nous rechercherons successivement
*quelle est la nature de la subrogation, dans quels cas elle
peut se produire, quelles formalités elle exige, et quels en
sont les effets.* Dans une seconde partie, nous étudierons les divers contrats usités dans la pratique, relativement à l'hypothèque légale, en dehors de la subrogation proprement dite, sous les divers noms de :
*cession d'antériorité ou de rang, subrogation tacite, pro-
messe d'abstention, renonciation purement extinctive,* y
compris la *cession des créances de la femme considérée
comme entraînant le transfert de l'hypothèque légale elle-
même.* A la suite de ce dernier contrat, nous détermi-
nerons, en quelques mots, quel effet produit sur cette

hypothèque une stipulation peu usitée, en pratique au point de vue qui nous occupe : *le nantissement appliqué aux créances de la femme*. Les deux premiers de ces contrats n'en constituent en réalité qu'un seul, sous des dénominations différentes, et ne sont, au fond des choses, que l'une des manières d'être de la subrogation. Mais il y a entre eux et celle-ci des différences notables, que nous constaterons dans l'étude spéciale à laquelle nous nous livrerons à leur égard. La promesse d'abstention et la renonciation extinctive, loin de participer de la nature de la subrogation, s'en écartent, au contraire, d'une façon absolue, car elles ont pour but non de transmettre l'hypothèque légale, mais d'en paralyser les effets ou de la faire disparaître dans l'intérêt des bénéficiaires. Enfin la cession des créances, transférant cette hypothèque d'une façon indirecte et accessoire, doit être aussi, mais à ce point de vue seulement, l'objet de nos investigations ; nous en dirons autant du nantissement appliqué aux créances de la femme, quand il produit ce résultat.

L'examen détaillé de ces contrats nous permettra d'établir la nature de chacun d'eux, les effets qui en découlent et surtout, ce qui constitue le côté délicat de la question, les points par lesquels ils se rapprochent de la subrogation et ceux par lesquels ils s'en éloignent ; nous serons ainsi amené à leur appliquer ou non, suivant les cas, les règles de l'article 9 de la loi de 1855.

Dès lors disparaîtront, croyons-nous, les causes d'équivoque, d'incertitude et d'erreur, qui ont, à tort, créé aux subrogations et renonciations, relatives à l'hypothèque légale de la femme mariée, un renom de difficulté pareil à celui qu'a attaché Dumoulin à la matière de l'indivisibilité !

EXPOSÉ DES PRINCIPES GÉNÉRAUX

CONCERNANT L'HYPOTHÈQUE LÉGALE DE LA FEMME MARIÉE

SOMMAIRE

1. La loi accorde à la femme mariée, sur tous les biens de son mari, une hypothèque légale dispensée d'inscription ; cette hypothèque naît du fait même du mariage, et se produit quel que soit le régime adopté par les époux. Elle existe en cas de mariage contracté à

l'étranger, bien que la transcription exigée par l'article 171 du Code civil n'ait pas été effectuée, car, ainsi que le décide une jurisprudence aujourd'hui constante, faire dépendre la naissance de l'hypothèque de l'accomplissement de cette formalité, ce serait livrer la garantie de la femme à la discrétion du mari chargé de cette transcription. La cause de l'hypothèque légale ne disparaît que par la dissolution de l'union conjugale ; elle persiste après la séparation de biens, à la suite de laquelle la femme reste placée sous l'autorité du mari pour les actes excédant le droit d'administration, qui seul lui est rendu (art. 217 et 1449 C. civ.).

L'hypothèque légale garantit, aux termes de l'article 2121 (C. civ.), les droits et reprises de la femme ; l'article 2135 (même Code) mentionne ensuite spécialement trois sortes de créances ; mais il n'est nullement limitatif, et il a seulement pour but de déterminer, à raison de leur origine, le rang qui revient à chacune d'elles. On peut donc poser, comme découlant de l'article 2121, cette règle générale : *que la femme a une hypothèque légale chaque fois qu'elle est créancière de son mari.*

Cette hypothèque frappe, aux divers rangs indiqués par l'article 2135, la totalité des immeubles du mari, à moins qu'elle n'ait été restreinte à certains de ces immeubles, soit par le contrat de mariage (2140 C. civ.), soit, et à défaut, pendant le mariage lui-même, au moyen des formalités prescrites par les articles 2144 et 2145 (même Code). En aucun cas, il ne peut être stipulé que la femme n'aura pas d'hypothèque (2140 précité).

2. L'article 563 du Code de commerce apporte, en

cas de faillite, des dérogations aux principes que nous
venons de poser, lorsque le mari était commerçant au
moment du mariage, ou lorsque, n'ayant pas alors d'autre profession déterminée, il l'est devenu dans l'année.
En ce cas, les immeubles qui lui appartenaient lors de
la célébration du mariage, ou qui lui sont advenus depuis soit par succession, soit par donation entre vifs ou
testamentaire, sont seuls frappés de l'hypothèque légale, aux termes de cet article, pour les reprises y dé-
signées.

Dans cette mesure, la femme du commerçant failli a
une hypothèque légale contre son mari, quand même le
fait générateur de sa créance ne se serait produit que
postérieurement à l'époque de la cessation des paiements, ou dans les dix jours qui ont précédé. En effet,
le doute qu'avait pu faire naître, à cet égard, le texte
de l'ancien article 446 du Code de commerce, a disparu
en présence du texte nouveau, tel que l'a établi la loi
du 28 mai 1838 sur les faillites. Cet article, conçu dans
un sens restrictif, ne doit pas être étendu à l'hypothèque légale, puisqu'il n'annule que les hypothèques conventionnelles ou judiciaires ; c'est ce que l'on décide,
d'une façon à peu près unanime, en doctrine et en jurisprudence. Cette décision nous semble pleinement
justifiée ; il en faut cependant limiter l'application par
une restriction importante, relative au cas où la femme
prétendrait avoir une créance hypothécaire contre son
mari, à raison d'une subrogation par elle consentie dans
la période de la faillite (voir, pour plus de détails, les
n°ˢ 111 et suiv.).

3. L'hypothèque légale confère, comme toute autre
hypothèque, le droit de préférence et le droit de suite ;

mais la faculté d'exercer ces droits varie, pour la femme et pour ceux en faveur de qui elle les abdique, suivant les modes d'aliénation employés, lorsque les immeubles qui en sont frappés sortent des mains du mari. Il est donc utile d'indiquer ces divers modes, et de signaler les conséquences qui en découlent eu égard à l'exercice des droits hypothécaires de la femme.

Les aliénations peuvent se diviser en trois catégories comprenant : la *première*, les aliénations amiables, dans lesquelles il faut classer celles qui ont lieu en justice et où les créanciers soit inscrits soit dispensés d'inscription ne sont pas appelés, puisque les sommations prescrites par l'article 692 du Code de procédure civile n'y sont pas applicables ; telles sont les adjudications sur saisies converties avant ces sommations, sur licitation, des biens des mineurs, des immeubles dépendant des successions bénéficiaires ou vacantes, etc... ; la *seconde*, les ventes qui ont lieu avec toutes les formalités voulues pour les saisies immobilières ; la *troisième*, les ventes et expropriations pour cause d'utilité publique. Il convient de ranger, dans la première, l'adjudication sur surenchère du dixième, comme laissant subsister l'hypothèque légale lorsqu'elle n'a pas été purgée auparavant (838 proc. civ.).

4. L'hypothèque légale de la femme mariée suit, entre les mains des tiers acquéreurs, les immeubles qui en sont grevés et qui ont été aliénés amiablement, c'est-à-dire par un des modes de la première catégorie, jusqu'à l'accomplissement des formalités de la purge qui la concerne. Elle s'évanouit, si elle n'est pas inscrite dans le délai de deux mois accordé par l'article 2195 du Code civil. Si elle est inscrite en temps utile, elle transmet le

droit de préférence et le droit de suite ; mais ce dernier droit est enlevé par la surenchère du sixième, dans les adjudications en justice, en vertu de la maxime : *surenchère sur surenchère ne vaut*, consacrée par l'article 710 du Code de procédure civile ; et il n'existe jamais après l'adjudication sur surenchère du dixième, en vertu de la même maxime.

Dans les ventes opérées par la voie de la saisie immobilière, formant l'objet de la seconde catégorie, l'hypothèque légale est purgée, de plein droit, aux termes des articles 692 et 717 du même Code, et elle s'évanouit également, si elle n'est pas inscrite avant la transcription du jugement d'adjudication. Inscrite utilement, elle ne conserve, cette fois, en toute hypothèse, que le droit de préférence, car l'adjudication dûment transcrite a fait disparaître le droit de suite (art. 717 précité).

Toutefois, dans ces deux catégories d'aliénations, même sans inscription, le droit de préférence est conservé à la femme, pourvu qu'elle le fasse valoir dans l'ordre de la manière suivante. Si l'ordre se règle amiablement, elle pourra s'y présenter jusqu'à la clôture ; s'il se règle judiciairement, elle devra produire avant l'expiration du délai fixé par l'article 754 du Code de procédure civile (art. 717 précité) ; enfin, s'il se règle à l'audience, au cas où il y a moins de quatre créanciers inscrits (773 pr. civ.), elle aura le droit d'intervenir jusqu'au jugement. Ce dernier point, dont la loi ne s'est point préoccupée, nous semble devoir être ainsi décidé par analogie.

5. Mais, lorsque le prix en distribution proviendra de l'une des aliénations comprises dans la première caté gorie, pour lesquelles la purge des hypothèques légales est

requise, la femme non inscrite ne pourra se présenter à l'ordre, que si l'ouverture en a été requise dans les trois mois qui suivront l'expiration du délai à elle accordé pour s'inscrire après cette purge (art. 772 pr. civ.).

On a prétendu que, quel que, soit le mode d'aliénation, il faut, pour que la femme puisse conserver son droit de préférence sans inscription, que l'ordre soit toujours ouvert dans les trois mois. Cette opinion est, à notre avis, inadmissible, car l'article 717, se référant aux ordres ouverts après expropriation, ne porte pas cette condition exigée par l'article 772, qui a trait uniquement aux ordres poursuivis après aliénation amiable. Il s'agit ici d'une exclusion que l'on ne saurait étendre d'un cas à un autre. D'ailleurs, ce dernier article est matériellement inapplicable aux ordres ouverts après expropriation, puisque, la purge des hypothèques légales n'étant pas ici nécessaire, on n'a plus de point de départ pour faire courir le délai de trois mois. D'après nous, le législateur a voulu se montrer moins rigoureux pour la femme, lorsque l'ordre s'ouvre à la suite d'une expropriation. Il peut arriver que la poursuite ne lui soit pas révélée, car la sommation prescrite par l'article 692 (pr. civ.), qui doit lui donner l'éveil, n'est imposée au poursuivant que si son titre lui fait connaître le mariage. Dans les aliénations amiables, au contraire, la purge devant toujours avoir lieu, elle recevra nécessairement la notification indiquée par cette procédure ; dès lors, dans ce dernier cas, si elle ne s'inscrit pas, ce sera toujours sa faute [1].

---

1. Dans ce sens, Grosse et Rameau, *Procédure d'ordre*, n° 142. — Toulouse, 30 décembre 1875 ; *Palais*. 76, 213 et la note. — En sens contraire, Séligman, *Explication de la loi de 1855*, n° 95. — Bressolles, *Loi de 1855*, p. 49, n° 34.

6. Enfin, dans les ventes ou expropriations pour cause d'utilité publique, la transcription purge les privilèges et toutes les hypothèques ; et le droit des créanciers inscrits avant la transcription est transporté sur le prix qu'ils peuvent faire fixer par le jury. La femme, quoique non inscrite, conserve son droit de préférence sur ce prix tant qu'il n'est pas payé, ou tant qu'elle peut se présenter à l'ordre suivant les distinctions que nous avons établies ; l'exercice de ce droit n'est pas d'ailleurs subordonné à l'ouverture de l'ordre dans un délai limité, puisque la purge n'est pas ici nécessaire. Ces principes découlent de la loi du 3 mai 1841 sur l'expropriation pour cause d'utilité publique, modifiée sur ce point par la loi de 1855 sur la transcription et celle de 1858 sur l'expropriation forcée et les ordres.

Dans les divers cas que nous venons d'examiner, la femme non inscrite ne recevra ni la lettre chargée pour l'ordre amiable, ni la sommation pour l'ordre judiciaire, ni l'assignation pour l'ordre à l'audience. Elle devra veiller à ses risques et périls.

7. Au cas de dissolution du mariage par la mort du mari, l'hypothèque légale non inscrite dans l'année du décès de celui-ci ne date à l'égard des tiers que du jour de l'inscription ultérieurement prise ; la femme rentre alors, sous ce rapport, dans le droit commun (art. 8 de la loi de 1855).

8. Tels sont les principes généraux qui régissent, dans notre droit, l'hypothèque légale de la femme mariée. Ils serviront de base aux discussions ultérieures ; mais il faudra tenir compte des différences inévitables existant entre la femme et ses ayants cause, bénéficiaires des stipulations relatives à l'hypothèque

légale, et provenant de leur situation respective.

Nous devons, avant de terminer cet exposé sommaire, prendre parti sur une question délicate, qui offre une certaine importance pour notre matière, car, de sa solution, dépend, dans l'hypothèse donnée, l'existence de l'hypothèque légale et, partant, des stipulations qui la concernent. La femme étrangère est-elle investie d'une hypothèque légale sur les biens que son mari possède en France?

Certains auteurs, estimant que les lois qui régissent les hypothèques font partie du statut réel, accordent, en tout cas, à la femme hypothèque sur les biens de son mari situés en France, quelle que soit la nationalité de ce dernier [1]. D'autres, au contraire, sont d'avis que l'hypothèque légale fait partie du statut personnel, et ne la concèdent, dès lors, à la femme que si sa loi d'origine l'en investit [2]. On peut soutenir, sans nul doute, que l'hypothèque légale fait partie du statut réel, à ce point de vue que les immeubles situés en France ne peuvent être grevés que de droits réels reconnus par la loi française. On peut prétendre, d'un autre côté, qu'elle rentre dans le statut personnel, en ce sens que, véritable privilège accordé à la femme, elle est une suite et une conséquence de la condition sociale faite à cette dernière par les législations qui l'admettent. Aussi la femme étrangère, qui n'aurait pas le droit de la revendiquer si la loi française ne l'admettait pas, ne saurait

---

1. En ce sens, Merlin, *Répertoire*, vᵒ *Remploi*, § 2, nᵒ 9. — Troplong, *Hypothèques*, II, nᵒ 513 *ter*. — Rodière et Pont, *Contrat de mariage*, I, 193.

2. En ce sens, Valette, *Priv. et hypoth.*, II, 139. — Demangeat, *Condition des étrangers*, nᵒ 82, p. 380 et suiv. — Cubain, *Droit des femmes*, nᵒ 679.

la recevoir qu'à titre de faveur de cette même loi impuissante à l'imposer au mari dont le statut personnel la repousse. On arrive donc à ce premier résultat : que les biens du mari, situés en France, ne peuvent en être grevés que si son statut personnel l'autorise. Mais il faut remarquer, d'autre part, que l'hypothèque légale constitue un véritable droit civil, car, en la créant, la loi française a évidemment pris en considération la dépendance dans laquelle se trouve la femme à l'égard de son mari, dans notre législation. Par suite, ce droit peut être réclamé par la femme mariée à un étranger, seulement quand elle peut invoquer le principe de la réciprocité diplomatique établi par l'article 11 du Code civil [1], ou lorsque sa loi personnelle confère l'hypothèque légale à toute femme mariée, sans distinction de nationalité, cas qu'il faut, croyons-nous, assimiler au précédent, par identité de motifs, bien qu'il ne soit point prévu par l'article précité.

Telle est la solution que nous croyons la plus conforme aux principes de notre droit civil; mais nous estimons que ces principes eux-mêmes imposent certaines restrictions. La faveur spéciale accordée par la loi française à la femme mariée consiste moins dans la concession d'une hypothèque légale, que dans la manière d'être de cette garantie, qui, on le sait, est occulte et n'est soumise qu'à la publicité résultant du mariage lui-même, selon les modifications apportées aux articles 75, 76, 1391 et 1394 du Code civil par la loi du 10 juillet 1850. La plupart des législations modernes

---

1. En ce sens : Aubry et Rau, § 78, *texte et note*, 62. — Cassation, 5 février 1872 ; Aix, 8 novembre 1875 ; cassation, 5 novembre 1878 ; *Palais*, 72, 431 ; 76, 572 ; 79, 290.

admettent le principe de l'hypothèque légale, et varient seulement sur la façon dont il convient d'en organiser le fonctionnement ; ainsi, par exemple, les lois belge et italienne exigent l'inscription, qui, en France, n'est point requise. Donc, quand nous dénions à la femme étrangère une hypothèque légale en dehors des règles de la réciprocité, nous avons plutôt en vue le caractère occulte que le principe même de cette hypothèque. On décide en effet généralement que l'étranger peut acquérir une hypothèque sur des immeubles situés en France, à la condition de se conformer aux règles de la loi française. Dès lors, si la femme a pris inscription, son hypothèque existera, en ce cas, indépendamment de toute question de réciprocité. Il doit, croyons-nous, en être de même au cas où le mariage a été célébré en France, puisqu'alors encore la femme étrangère aura, en se mariant, réalisé une publicité réputée suffisante pour la femme française elle-même, selon les prescriptions de la loi de 1850 [1]. Dans cette hypothèse, comme dans celle où l'inscription s'est produite, les tiers intéressés ne pourront critiquer la concession de l'hypothèque, car ils seront suffisamment prévenus soit par le fait du mariage, soit, et à défaut, par l'inscription. Ainsi, c'est seulement en tenant compte de cette double restriction qu'il faut décider, par les principes de la réciprocité, la question d'existence de l'hypothèque légale, et, par suite, des subrogations qui auront pu être effectuées de ce chef.

---

1. En ce sens : Tessier, *De la dot*, II, note 1092, p. 288 et suiv.

PREMIÈRE PARTIE

DE LA SUBROGATION EXPRESSE ET DIRECTE A L'HYPOTHÈQUE LÉGALE DE LA FEMME MARIÉE, SPÉCIALEMENT PRÉVUE PAR LA LOI DU 23 MARS 1855

CHAPITRE PREMIER

NATURE DE LA SUBROGATION

SOMMAIRE

9. L'article 9 de la loi du 23 mars 1855 est le texte organique de la subrogation.
10. Cette subrogation n'est point celle que prévoit l'article 1250 du Code civil.
11. Elle ne constitue point un *nantissement*.
12. Il n'y faut pas voir davantage une *cession d'antériorité ou de rang*.
13. Elle ne contient pas non plus la *cession d'une créance déterminée*.
14. Elle n'entraîne même pas la *cession éventuelle* de la créance de la femme.
15. L'hypothèque pouvait être cédée indépendamment de la créance, avant la loi de 1855 ; en tout cas, depuis cette loi, toute controverse doit cesser à cet égard. — Affirmation contraire de M. Bertauld.
16. Précédents législatifs de l'article 9 de la loi de 1855 ; leur importance en la matière.
17. Droit et devoir pour le législateur de trancher la question en litige.
18. En quoi l'article 9 précité n'a point changé ce qui existait auparavant. — L'interprétation que nous donnons à cet article n'est nullement contraire à la liberté des conventions.

9. Ainsi que nous l'avons signalé dans notre Introduction, aucune disposition législative organique n'existait, relativement à la subrogation à l'hypothèque légale de la femme mariée, avant la loi du 23 mars 1855 sur la transcription en matière hypothécaire, quoique cette institution fût admise, en pratique, d'une façon à peu près unanime. Le mot de subrogation se trouvait seulement mentionné dans un décret relatif aux sociétés de crédit foncier des 28 février et 9 avril 1852, dont nous aurons plus tard à nous occuper. Mais, dans ce décret modifié par la loi du 10 juin 1853, l'existence de la subrogation est plutôt constatée en fait qu'elle n'est législativement consacrée [1].

L'article 9 de la loi de 1855, qui a réglementé pour la première fois la subrogation, est ainsi conçu :
« *dans le cas où les femmes peuvent céder leur hypothèque légale ou y renoncer, cette cession ou cette renonciation doit être faite par acte authentique; et les ces-*

---

[1] Vr IIe partie, chap. II, n° 131, pour plus de détails.

sionnaires n'en sont saisis à l'égard des tiers que par l'inscription de cette hypothèque prise à leur profit, ou par la mention de la subrogation en marge de l'inscription préexistante. — Les dates des inscriptions ou mentions déterminent l'ordre dans lequel ceux qui ont obtenu des cessions ou renonciations exercent les droits hypothécaires de la femme. »

Cet article est donc le seul texte législatif que nous possédions sur la matière, le seul, par conséquent, qui puisse servir de base à la nature de la subrogation. Les opinions les plus diverses se sont produites sur le point de savoir en quoi consiste cette nature. Il est essentiel de les analyser soigneusement; de voir en quoi chacune d'elles est exacte ou défectueuse; et de prendre enfin parti sur une question d'autant plus importante, que, de sa solution, dépendent, comme on pourra s'en convaincre, les principaux effets de la subrogation.

10. Il est d'abord certain que cette stipulation ne constitue point une *subrogation proprement dite*, résultant du paiement de la créance, car la femme ne recevra pas, en général, du tiers qu'elle subroge, la somme à concurrence de laquelle sa subrogation est consentie. S'il en était ainsi, nous aurions une subrogation ordinaire, prévue par l'article 1250 du Code civil, et non une subrogation à l'hypothèque légale, puisque cette hypothèque ne serait plus transmise directement, mais par voie de conséquence (II° partie, ch. v, n° 173).

11. La subrogation à l'hypothèque légale ne constitue pas davantage un *nantissement*[1]. Ce contrat, en effet, n'est efficace que s'il est soumis aux formalités

---

1. Dans le sens du nantissement : Bénech, *le Nantissement appliqué aux droits et reprises de la femme*, p. 13.

exigées, eu égard aux créances, par les articles 2075 et 2076 du Code civil. Ces formalités comprennent la signification au débiteur de l'acte constitutif du nantissement et la tradition de la chose au créancier, tradition opérée par la remise des titres en ses mains ou en celles d'un tiers convenu entre parties. Or, il ne saurait être ici question d'aucune de ces formalités et spécialement de la tradition au créancier, puisque les reprises de la femme, qui constitueraient la créance objet du prétendu gage, sont indéterminées, sinon éventuelles, et ne peuvent, la plupart du temps, être évaluées que par une liquidation ultérieure.

Aussi, certains auteurs, comprenant le vice du système, le corrigent-ils en considérant la subrogation comme un contrat de gage d'une nature particulière, un nantissement *sui generis* qu'ils qualifient de *cautionnement réel* dispensé de la tradition[1]. Cette manière de voir est contraire à l'essence même du nantissement, dont la raison d'être consiste dans la quasi-possession, qui en constitue par suite la condition indispensable et sans laquelle aucun des effets qu'il produit ne pourrait se réaliser. La jurisprudence, dit-on, n'exige pas la tradition dans l'hypothèse qui nous occupe; sans doute, mais c'est précisément, croyons-nous, parce qu'elle ne reconnaît point à la subrogation le caractère d'un nantissement (II° partie, ch. v, n° 177).

12. On a prétendu, d'autre part, que la subrogation n'est autre chose que la *cession d'antériorité ou de rang*, contrat qui s'analyse, comme on le verra, en un échange

---

1. En ce sens, Mourlon, *Transcription*, n°s 906 et suiv. — Aubry et Rau, § 288, *note 2 et le texte.* — Daniel de Folleville, journal *la Loi*, 2° année, n° 151.

de rang entre la femme et le créancier[1]. Cette opinion
doit encore être écartée comme contraire à la nature
même de la subrogation. Celle-ci, en effet, transfère
la totalité des droits hypothécaires de la femme, c'est-
à-dire le droit de préférence et le droit de suite,
et peut intervenir au profit d'un créancier chirographaire, résultat que ne saurait obtenir la cession d'antériorité. Sans doute, dans bien des cas, par la force
même des choses, il pourra arriver que les deux opérations juridiques se confondent; mais il y a entre elles
des différences essentielles que nous aurons soin de
signaler, quand nous nous occuperons de la cession
d'antériorité elle-même (II° partie, ch. 1er).

13. Faudrait-il voir, dans la subrogation, la *cession
d'une créance déterminée*, entraînant comme conséquence la transmission de l'hypothèque? Nullement,
car la femme, quand elle subroge d'une manière générale, transmet au subrogé l'hypothèque qui garantit
ses créances déjà nées et ses créances à naître; et
elle ne pourrait effectuer le transport-cession eu égard
à une créance qui n'aurait point encore pris naissance.
Évidemment elle aurait le droit de céder à un tiers,
d'une manière actuelle et définitive, une créance fixe
qui lui appartiendrait contre son mari, et cette cession
emporterait à la fois le transfert de la créance et celui
de l'hypothèque, si elle était conforme aux règles de
l'article 9 de la loi de 1855 et à celles de l'article 1690 du
Code civil; mais ce ne serait point là la subrogation proprement dite à l'hypothèque légale (II° partie, chap. v).

---

1. En ce sens, Gauthier, *Subrogation, Journal du Palais*, 1855, I, 5, à
la note. — Bressolles, *Explic. de la loi de 1855*, n° 101.

14. Cependant, si la subrogation ne comprend point la cession actuelle et définitive de la créance que l'hypothèque garantit, ne faut-il pas dire qu'elle entraîne au moins *un abandon éventuel* des droits de la femme, *une cession conditionnelle* de ses reprises, cession qui demeure non avenue, lorsque le subrogé se trouve payé sans avoir besoin d'en user ? Cette théorie est soutenue par les auteurs qui estiment qu'il existe un lien tellement intime entre l'hypothèque et la créance, que l'on ne peut transférer l'accessoire sans transférer en même temps le principal. Parmi eux, M. Bertauld[1] est celui qui a le plus énergiquement soutenu cette thèse. Il déclare que la loi, en parlant de la *cession de l'hypothèque*, a employé une formule inexacte en théorie, mais consacrée par la pratique pour désigner le fait juridique dont elle se proposait de régir exclusivement la forme ; qu'il est en effet absolument impossible de céder l'hypothèque sans la créance ; que le législateur ne pouvait admettre et n'a pas effectivement admis une semblable proposition. A son avis, la subrogation à l'hypothèque légale n'emporte point, sans doute, la cession actuelle de la créance ; mais elle entraîne son abandon éventuel au profit du créancier subrogé, abandon qui demeure non avenu s'il n'en use point, de façon qu'il est investi d'une « *sorte de dation en paiement qui est plus qu'un contrat de gage* ». Le résultat pratique de cette proposition, c'est que *la propriété de la créance de la femme est éventuellement transférée au subrogé ;* ce qui explique, au dire de l'éminent auteur, que les événements ultérieurs, qui pourraient éteindre cette créance

---

1. Bertauld, *Subrogation à l'hypothèque légale,* nos 4 et suiv.

entre les mains de la femme, ne le pourront plus aux mains du cessionnaire.

Cette dernière conséquence nous paraît, en principe, parfaitement juridique ; mais on verra qu'elle se justifie également, dans le système de ceux qui n'admettent point que la subrogation emporte le transfert même éventuel de la créance de la femme. Examinons, pour le moment, ce qu'il y a de fondédans cette affirmation que l'hypothèque ne peut être cédée sans la créance qu'elle garantit. Cette impossibilité de séparer l'accessoire du principal existe-t-elle en thèse générale, et la loi de 1855 l'a-t-elle consacrée dans le cas spécial qui nous occupe?

15. On se demandait déjà, avant cette loi, ce qu'il fallait penser de cette impossibilité. L'hypothèque, droit accessoire, disaient certains auteurs, ne peut exister sans principal; si on la séparait de la créance qu'elle garantit, elle n'aurait plus aucune raison d'être et s'é-vanouirait faute de base. Ils faisaient remarquer, en outre, que les garanties attachées par la loi à certaines créances déterminées ne peuvent passer à d'autres, notamment le droit à la contrainte par corps ; qu'il doit en être de même de l'hypothèque qu'on ne saurait en principe, comme le cautionnement, transporter d'une créance à une autre. Si on leur objectait qu'au cas de novation, le transport de ces deux dernières garanties peut être effectué, sans le consentement du débiteur pour la première, et avec celui de la caution pour la seconde, ils répondaient que les articles 1278 et 1281 du Code civil, qui autorisent ce résultat, constituent une exception que l'on doit, comme telle, restreindre au cas prévu[1].

1. Voir Proudhon, *Usufruit*, n° 2336. — Bénech, *Nantissement*, p.

Il nous semble que ces divers arguments pouvaient être facilement réfutés. Sans doute, l'hypothèque, qui est un droit accessoire, ne peut exister sans principal; mais, en cas de transfert, ce principal se trouve réalisé au moyen de la nouvelle créance dont elle devient la garantie. La seule question qui pouvait donc se poser était celle-ci : l'hypothèque peut-elle passer d'une créance à une autre? Tout ce que la loi ne prohibe point est permis, telle est la règle générale. Or, si en vertu à des principes généraux la contrainte par corps, spéciale certaines créances à raison de leur nature, ne pouvait être en aucun cas transférée à d'autres, l'hypothèque, applicable à toutes, passe indifféremment de l'une à l'autre. Aussi, tandis que la loi autorise le transfert de l'hypothèque au cas spécial de novation, on ne trouvait aucun texte contenant la même solution eu égard à la contrainte par corps, dans une circonstance quelconque. La règle posée dans l'article 1278 précité constitue donc non une dérogation au droit commun, mais l'application de ce droit dans une espèce particulière. Ainsi, avant la loi de 1855, les principes ne s'opposaient nullement à ce que la garantie hypothécaire passât d'une créance à une autre [1].

Mais, quelle que fût la solution adoptée à cet égard avant la loi précitée, nous croyons que la question ne

---

et suiv. — Mourlon, *Subrogation pers.*, p. 578 et suiv. Conf. opinion des facultés de Caen et de Strasbourg, *Documents*, II, p. 471.

1. En ce sens, Valette, *Priv. et hypoth.*, t. II, nᵒˢ 206 et suiv. — Championnière et Rigaud, *Traité des droits d'enregistrement*, II, nᵒ 113 — Opinion adoptée par la faculté de droit de Rennes, *Documents*, II, p. 171 et 464. La jurisprudence est quelque peu incertaine sur ce point; cependant elle paraît plutôt favorable à l'opinion émise au texte. Voir Beudant, *loc. cit.*, p. 229, note 2.

peut plus aujourd'hui faire aucun doute, en présence du texte formel de l'article 9 de cette loi, qui prévoit et autorise, de la manière la plus évidente, le transfert direct et principal de l'hypothèque. Aussi l'opinion qui n'admet pas la possibilité de la séparer de sa créance est-elle, de nos jours, généralement abandonnée par ceux qui s'en étaient déclarés auparavant les plus zélés défenseurs [1]; et les jurisconsultes qui ont écrit sous l'empire de la loi sur la transcription la repoussent d'une façon à peu près unanime [2]. Cependant M. Bertauld a cru devoir persévérer, avec quelques auteurs [3], dans cette opinion qui nous paraît définitivement condamnée. Il déclare que la loi de 1855 ne pouvait autoriser et n'a pas autorisé le transfert isolé de l'hypothèque. « Si l'article 9, dit-il, parle de la cession de l'hypothèque légale, s'il s'occupe de l'accessoire sans rappel du principal, de la garantie sans rappel de la créance, il se borne à accepter une terminologie accréditée pour exprimer le fait juridique dont il ne se propose de régir que la forme; en prenant les mots dans le sens que l'usage leur assigne, il n'altère ni ne modifie la nature, l'essence de la stipulation qu'il assujettit à l'authenticité et à l'inscription [4]. »

Ces paroles impliquent déjà ce premier aveu : que la pratique antérieure à la loi de 1855 considérait comme parfaitement légitime le transfert de l'hypothèque séparée de la créance. On en peut donc conclure que le

---

1. Voir notamment Mourlon, *Subrog.*, p. 585, et *Transcription*, n° 887.

2. Voir le tableau des auteurs dans Aubry et Rau, § 888, note 2. *Adde* Colmet de Santerre, t. IX, p. 138 et 139.

3. Bénech, *Nantissement*, p. 43. — Larombière, *Oblig.*, III, n°s 45 et suiv. — Sévin, *Revue critique*, XX, p. 542.

4. Bertauld, *Subrogation*, p. 33.

législateur, s'il avait voulu conserver purement et sim
plement ce qui existait auparavant sans rien innover à
cet égard, aurait par ce fait même admis le système que
combat M. Bertauld. Mais nous estimons qu'il faut aller
plus loin et voir, dans le texte de l'article 9, l'affirmation d'une doctrine parfaitement comprise, d'une intention tout à fait raisonnée chez le législateur de se prononcer sur la question en litige, ainsi que le démontrent
les précédents législatifs de la loi précitée.

16. En 1849, fut présenté un projet de loi sur la
réforme hypothécaire, dont l'article 2139 relatif à la
subrogation était ainsi conçu : « le créancier à qui l'hypothèque a été consentie, ses héritiers ou ayants cause
pourront *céder cette hypothèque.* » En présence de cette
rédaction, déjà si claire, les rapporteurs, MM. de Vatimesnil et Bethmont, crurent encore devoir faire remarquer qu'il y était seulement question de céder l'hypothèque. Un nouveau projet du gouvernement, de la
même année, disait dans son article 2127 : « Les femmes
ne peuvent céder leurs droits à l'hypothèque légale ou
y renoncer en faveur des tiers que par acte authentique... » La commission de l'Assemblée législative et le
conseil d'État présentèrent, en 1850, deux contre-projets
où il était question de céder, dans l'un *l'hypothèque légale* (art. 2115), et, dans l'autre, les *droits à cette hypothèque* (art. 2130).

La proposition de loi ajournée fut reprise, en 1853,
par un projet du gouvernement portant dans son article 11 : « *les femmes ne peuvent céder leurs droits à
l'hypothèque légale ou y renoncer que par acte authentique...* »

Enfin, en 1854, la commission du Corps législatif s'est

ainsi exprimée dans l'article 9 de son projet (article 9 actuel) : « *dans le cas où les femmes peuvent céder leur hypothèque légale ou y renoncer...* »

Les arguments donnés en faveur de chacune de ces rédactions par leurs auteurs respectifs, les variations subies par le texte organique de la subrogation à l'hypothèque légale avaient donc suffisamment averti le Corps législatif de la portée de l'expression qu'il allait définitivement adopter. En repoussant les termes du projet de la commission législative et de celui du conseil d'État de 1849, pour se rallier à ceux proposés par le gouvernement en 1849 et 1853 et par la commission législative en 1854, il a sciemment et volontairement tranché la question en litige et affirmé que la cession ou la renonciation relatives à l'hypothèque n'emportent nullement le transfert de la créance.

17. Ainsi, le législateur est intervenu. M. Bertauld estime qu'il n'aurait pas dû intervenir, car, d'après lui, la solution de la question ne rentrait point dans les attributions législatives. Nous ne saurions partager cette manière de voir. Au législateur, qui a le droit incontestable de se prononcer, quand il le juge convenable, sur des questions de théorie pure, incombe le devoir de trancher celles auxquelles se rattachent des intérêts pratiques considérables comme dans l'espèce. On verra, en effet, que les formalités et les résultats de la subrogation varient, suivant que l'on décide qu'elle entraîne ou non le transfert de la créance.

18. M. Bertauld objecte encore que le législateur, en tranchant la question en litige, en déclarant que l'hypothèque peut être transmise sans la créance, aurait ainsi résolu une question fort débattue en pratique

avant la loi, alors qu'il fut formellement déclaré, lors de la discussion, par M. de Belleyme (séance du 20 mars 1834), que l'article 9 n'avait point pour but de modifier en quoi que ce fût la législation relative aux droits de la femme mariée en matière de cession ou de renonciation à une hypothèque légale. « Comment, dit le savant et regretté professeur, ne trouverait-on dans la discussion aucune trace d'un débat ou au moins d'un examen qui aurait fait éclater des dissidences ? La solution qu'on demande à l'aide d'inductions laborieuses, de conjectures dénuées de bases sérieuses, au silence de l'article 9, n'aurait-elle pas d'ailleurs nécessité des solutions accessoires, des solutions d'exécution, d'application ? Si le législateur, au lieu de commander, eût disserté, son intervention doctrinale lui eût imposé le devoir de déterminer l'exacte portée d'une cession d'hypothèque isolée de la créance de la cédante [1]. »

Il est facile de répondre que M. de Belleyme, lorsqu'il affirmait que la loi nouvelle ne modifiait point la législation relative aux droits de la femme mariée, avait uniquement en vue la capacité de subroger de celle-ci, que l'on voulait laisser sous l'empire du droit commun. C'est ce que reconnaît, du reste, M. Bertauld lui-même et c'est ce qu'indiquent de la façon la plus évidente les premiers mots de l'article 9. La capacité de la femme continue donc à être déterminée par les principes généraux, tandis que l'article précité affirme, au contraire, la possibilité de transmettre l'hypothèque indépendamment de la créance.

Cette distinction, qui détermine le véritable objet de

---

1. Bertauld, *Subrogation*, p. 37.

l'article 9, est parfaitement mise en lumière par **M**. Pont :

« La loi, dit l'éminent magistrat, parle de la cession de l'hypothèque légale ou de la renonciation à cette hypothèque, parce qu'elle envisage l'effet de la convention, qui est non pas l'extinction de l'hypothèque, mais le passage de cette sûreté des mains de la femme aux mains des créanciers subrogés ; elle n'a pas eu autre chose en vue, et, surtout, elle n'a pas songé à proscrire tel ou tel des modes suivant lesquels la convention s'était produite jusqu'à elle. En ceci, comme en ce qui touche aux droits de la femme, les rédacteurs de la loi ont voulu s'abstenir de toute innovation ; et ils l'ont déclaré de la manière la plus expresse. Or, la femme majeure a certainement le droit, dans tous les cas où le régime matrimonial qu'elle a adopté n'y fait pas obstacle, de céder ses créances, ou les reprises et droits matrimoniaux qu'elle a contre son mari [1]. »

Le passage que nous venons de citer contient, en outre, la meilleure réponse que l'on puisse faire à ceux qui prétendent que le législateur, par la solution qu'il a donnée à la controverse qui s'offrait à lui, a gêné la liberté des conventions, en les soumettant toutes à une forme unique. Il n'a nullement songé, en effet, à *proscrire tel ou tel des modes suivant lesquels la convention s'était produite auparavant*. En permettant le transfert de l'hypothèque légale seule aux conditions qu'il indique, il n'a pas entendu enlever à la femme la faculté de céder sa créance et de transmettre en même temps son hypothèque par voie de conséquence, selon le droit commun. Ainsi l'article 9, quand il traite de la cession de l'hypo-

---

1. Pont, *Privilèges et hypothèques*, n° 407.

thèque légale, n'a rien d'exclusif, ne prohibe point des stipulations auxquelles il est étranger ; mais il règle un contrat relatif à cette hypothèque envisagée d'une manière principale et directe ; et c'est là, croyons-nous, le seul point de départ qui permette de se rendre un compte exact de l'institution que nous étudions.

19. On peut donc définir la subrogation : *le transfert de l'hypothèque légale effectué par la femme au profit d'un créancier personnel ou d'un créancier de son mari.* Ainsi, à notre avis, l'hypothèque légale seule fait l'objet du contrat ; la femme demeure, pendant toute sa durée, investie de ses droits et reprises ; et c'est la créance du subrogé qui est colloquée au rang revenant à la subrogeante. Mais il faut bien reconnaître que, sans entraîner la cession de la créance de celle-ci, la subrogation exerce sur elle une influence notable. C'est cette influence, résultat nécessaire du contrat et dont quelques auteurs ont exagéré la portée au point de croire à une cession véritable, qu'il convient maintenant de déterminer avec soin, afin d'éviter toute équivoque.

20. Plaçons-nous d'abord dans la période qui s'écoule du jour du contrat à celui de sa réalisation.

La femme, par la force même des choses, ne peut être investie d'une hypothèque que tout autant qu'elle a des reprises à exercer contre son mari, et seulement dans la mesure de ces reprises ; sans principal pas d'accessoire, et pas d'accessoire qui dépasse le principal ; finalement donc la femme n'a d'hypothèque que dans la mesure du droit qu'elle peut faire valoir. Or, en subrogeant, elle autorise le créancier subrogé à faire colloquer sa propre créance, au rang de l'hypothèque légale, à son détriment et à sa place. Mais cette collocation ne peut intervenir au profit de celui-ci, que si la femme a le droit de se faire colloquer elle-même, et elle ne doit jamais dépasser l'étendue de ce droit, car on ne peut transférer à autrui que les droits qu'on a soi-même [1].

Ainsi, au fur et à mesure qu'elle subroge, la femme perd le rang et l'utilité de son hypothèque légale, pour une part de ses reprises correspondant aux créances subrogées ; ce qui fait que son droit de subroger cesse, d'une manière utile, dès que le montant des subrogations dépasse celui de ses reprises.

D'un autre côté, puisqu'il est nécessaire, lorsque la subrogation doit être réalisée, que la femme soit créancière de son mari pour une somme au moins égale à la créance du subrogé, la subrogeante, en consentant la subrogation, s'est interdit, par là même, d'aliéner son droit dans cette limite. Si elle l'aliénait, ce serait en fraude des droits du créancier subrogé, qui pourrait dès lors faire considérer comme non avenu, à son égard, l'acte par lequel elle lui aurait porté préjudice.

Le droit de la femme devient donc indisponible entre ses mains, comme le devient la somme saisie-arrêtée aux mains du tiers saisi, par l'effet de la saisie-arrêt, avant que le jugement de validité qui en opèrera le transport judiciaire soit intervenu. Mais, frappée d'indisponibilité, la créance réside toujours sur la tête de la subrogeante. En effet, nous démontrerons, en traitant des résultats de la subrogation (n°s 77 et suiv.), que si cette créance ne peut, en principe, être annihilée par suite des événements qui se réalisent du chef de la femme, elle demeure néanmoins exceptionnellement soumise aux consé-

1. En ce sens, Paris, 3 février 1855 ; *Palais*, 55, II, 180.

quences qui découlent de certains d'entre eux, notamment de l'acceptation sans fraude de la communauté. Or, comment pourrait-il en être ainsi, si elle était passée sur la tête du subrogé?

On objecte que, puisque la créance reste soumise, sur la tête de la femme, à certains événements qui peuvent la faire disparaître, l'hypothèque qui seule a été cédée disparaîtra, le cas échéant, avec elle, et qu'en présence d'un pareil résultat on pourra dire avec raison qu'en réalité la garantie n'a pas plus été cédée que la créance. Cette objection ne nous paraît pas fondée, car il est incontestable, quelque rigoureux que soit le lien de la subrogation, que la femme, en subrogeant, n'abdique pas l'exercice des droits exclusivement attachés à sa personne, bien qu'elle nuise au subrogé si elle les exerce. Du reste, on doit juger de la nature d'un contrat d'après ses effets ordinaires, sans avoir égard aux résultats exceptionnels qu'il peut quelquefois produire, et auxquels toute stipulation peut se trouver soumise. Enfin, il n'est pas sans exemple qu'un droit, quoique cédé, demeure exposé à des chances d'extinction émanant de la personne du cédant; c'est ce qui se réalise notamment eu égard à l'usufruit, quand il a été transmis conformément à l'article 595 du Code civil [1].

21. Arrivons maintenant au moment où la subrogation se réalise.

Il n'est pas alors plus nécessaire qu'avant de supposer une cession de créance intervenue, pour que la subrogation produise son effet; on n'a pas davantage besoin de croire à une délégation antérieure, même éventuelle,

---

1. En ce sens, Beudant, *loc. cit.*, p. 242.

quc le créancier mettrait en ce moment à profit. Ce dernier, en effet, faisant colloquer sa propre créance au rang et à la place de celle de la femme, exclut ainsi cette dernière créance, loin de se l'approprier ; il agit en vertu de son titre qui se trouve garanti désormais par l'hypothèque transmise. Mais ici encore une influence considérable est exercée, par la subrogation, sur la créance de la femme. Pour la bien déterminer, il faut distinguer suivant que cette dernière a subrogé un créancier personnel ou un créancier de son mari.

Dans le premier cas, ses reprises disparaissent dans la mesure de la collocation attribuée au subrogé. Le mari, en effet, en désintéressant ce dernier, a acquitté la dette de la femme, et il se trouve dès lors, de ce chef, nanti contre elle d'une créance qui se compense, dans la limite de la somme payée, avec la dette dont il était débiteur à son égard [1]. Plus simplement encore on peut dire que le mari, en payant le subrogé, désintéresse la femme par une véritable dation en payement.

Au contraire, lorsque la subrogation a pour objet une dette du mari, ou devant rester définitivement à sa charge, la créance de la femme ne disparaît point comme dans le cas précédent, dans la mesure de la collocation obtenue par le subrogé ; elle continue de subsister, garantie, comme on le verra aux *effets de la subrogation*, soit par l'hypothèque même du créancier subrogé, soit par une nouvelle hypothèque légale. Il faut, en effet, remarquer que la compensation ou la dation en paiement, signalée dans l'hypothèse précédente, ne se produit plus dans le cas dont nous parlons, car c'est la dette du mari

---

1. En ce sens, Beudant, *loc. cit.*, p. 221.

et non celle de la femme qui se trouve éteinte. La créance de celle-ci survit donc ; seulement la réalisation en sera différée, parce qu'elle a consenti, en subrogeant, à être primée par le créancier subrogé.

22. C'est donc à bon droit que nous avons pu affirmer que la subrogation à l'hypothèque légale n'entraîne, en toute hypothèse, que le transfert de cette hypothèque seule. De ce principe, ainsi vérifié dans ses diverses applications, découle une dernière conséquence, qui nous fournit une dernière preuve de sa légitimité. Il n'est, en effet, contesté par personne que la subrogation s'évanouit, lorsque la créance du subrogé vient à disparaître, pour une cause quelconque, avant sa réalisation. Dans ce cas, l'hypothèque légale manquant de base sur la tête du subrogé retourne à la femme, de plein droit et sans aucune formalité ; le contrat de subrogation se trouve anéanti par une véritable condition résolutoire. Mais, si l'on admet que la créance de la femme est transmise au subrogé, l'hypothèque trouvant en elle sa base naturelle demeure entre les mains de ce dernier, malgré la perte de sa propre créance. Une rétrocession, intervenant avec les formalités requises pour le transport des créances, pourra seule la restituer à la subrogeante. Cette conséquence inacceptable s'impose pourtant à ceux qui estiment que la subrogation transfère la créance.

23. Jusqu'ici nous avons confondu la *cession* et la *renonciation* dont il est question dans l'article 9 de la loi de 1855, comme ne constituant qu'une seule et même opération juridique. En effet, *renonciation* est, à notre avis, dans cet article, l'équivalent de *cession ;* dès lors, *céder* ou *renoncer* c'est accomplir un acte translatif, une

cession ou une *renonciation in favorem*, c'est-à-dire transférant, comme la cession elle-même, les avantages de l'hypothèque légale [1]. Cette assimilation absolue est consacrée, de la manière la plus évidente, par les termes mêmes de l'article précité. *Cession* et *renonciation* y sont mises sur la même ligne, déclarées équivalentes par la conjonction *ou*, considérées comme produisant le même résultat et astreintes aux mêmes formalités, ce qui ne se comprendrait pas si elles procédaient d'un principe différent. L'une et l'autre ont pour effet de transmettre l'hypothèque légale, pourvu qu'elles soient rédigées en la forme authentique; elles impriment également aux créanciers la qualité de *cessionnaires ;* et ces derniers, qu'ils aient stipulé l'une ou l'autre, *exercent* au même titre les droits hypothécaires de la femme, dans l'ordre que leur assure la publicité qui les a *saisis* de ces droits.

En établissant une identité parfaite entre la cession et la renonciation *in favorem*, la loi a eu pour but de ne porter aucune atteinte aux habitudes de la pratique, qui traduisait ces deux expressions par un terme générique : *subrogation à l'hypothèque légale*. Cette dénomination est-elle complètement exacte ? On l'a critiquée, dans le système qui prétend que la subrogation transfère la créance, comme étant de nature à accréditer l'opinion qui n'y voit, au contraire, que le seul transfert de l'hypothèque [2].

Cette raison, on le comprend, est de nature à nous faire adopter l'expression dont s'agit; mais nous ajou-

---

1. En ce sens, Pont, *Brochure sur l'effet de l'inscription du créancier subrogé*, p. 17. — Thézard, *Nantiss. priv. et hypoth.*, n° 109.

2. Bertauld, *Subrogation*, p. 17.

tons, d'autre part, qu'à notre avis elle caractérise parfaitement la stipulation qui nous occupe. Subroger, disions-nous au début de notre introduction, c'est substituer une chose à une autre, ou une personne à une autre personne, dans certains avantages ou certaines garanties ; or la subrogation à l'hypothèque légale est précisément l'acte par lequel le créancier se trouve substitué à la femme, dans le bénéfice de cette hypothèque. Le mot subrogation est, du reste, employé aujourd'hui, d'une façon unanime, par la doctrine, la jurisprudence et la pratique des affaires, pour désigner soit la cession, soit la renonciation translative.

24. Mais l'opinion qui assimile la renonciation *in favorem* à la cession n'a pas été admise sans contestation. On a voulu la traiter comme une *simple promesse d'abstention*, une *main-levée* ne pouvant produire l'effet translatif de la subrogation. S'il n'existe aucun créancier inscrit entre la femme et le bénéficiaire de la renonciation, la question ne présente pas d'intérêt, car, quel que soit le nom que l'on donne à l'acte de la femme, le résultat sera, dans ce cas, toujours le même : elle devra s'effacer pour laisser colloquer avant elle celui qui a stipulé la renonciation. Lorsqu'il y a au contraire des créanciers intermédiaires, la difficulté devient grande, et les auteurs se divisent sur le point de savoir quelle doit être la portée de l'engagement de la femme.

D'après Proudhon, la renonciation *in favorem*, absolument privative par sa nature, ne donnerait au créancier qui l'a obtenue aucun droit de préférence sur les autres, et obligerait seulement la femme à ne point se prévaloir des avantages qu'elle pourrait avoir sur lui. Le bénéficiaire serait sur la même ligne que les créan-

ciers vis-à-vis desquels cette dernière se serait personnellement engagée, la renonciation tacite qui résulte de
son engagement devant avoir les mêmes effets que la
renonciation expresse. « Autre chose, dit-il, est de renoncer à l'exercice d'un droit et d'y renoncer même en
faveur de quelqu'un, autre chose est de lui déléguer ou
céder ce même droit, pour qu'il l'exerce à son profit sur
les tiers. La renonciation n'est par sa nature que privative pour celui qui la fait. » Il ajoute plus loin : « S'il
en était autrement, ou si la renonciation faite même *in
favorem*, par la femme, pouvait être seule et par elle-
même équipollente à la cession de ses droits, il en résulterait que les créanciers envers lesquels elle se serait
personnellement obligée, ne pourraient jamais être
forcés de venir par contribution..... car, lorsque la
femme contracte avec son mari, pour garantir l'emprunt
fait par celui-ci, il est certain qu'elle est censée renoncer à tous ses privilèges et hypothèques en faveur
du prêteur... or, qu'une renonciation soit expresse ou
qu'elle ne soit que tacite, ce n'est toujours qu'une
renonciation [1]. »

Ainsi, selon Proudhon, la renonciation *in favorem*
n'ajoute aucune force à l'obligation personnelle de la
femme ; cette stipulation demeure sans effet à l'égard des
tiers. Il suit de là qu'entre deux créanciers, vis-à-vis
desquels la femme s'oblige, celui qui, en outre, obtient
d'elle une renonciation n'a aucun avantage sur celui
qui ne stipule rien à cet égard. Il faut bien admettre
cependant qu'en faisant renoncer la femme à son hypothèque, le premier veut ajouter à la force de l'obligation

____

1. Proudhon, *Usufruit*, n° 2339.

par elle consentie. La solution donnée par Proudhon surprend d'autant plus qu'il considère comme translative la renonciation expresse ou tacite concédée par la femme au profit de l'acquéreur d'un immeuble du mari [1], alors que nous verrons, en traitant de cette dernière renonciation, qu'il faut lui reconnaître, au contraire, un caractère absolument extinctif. Quoi qu'il en soit, sans entrer dans aucune application pratique, Proudhon se borne à poser un principe absolu, qui dénature l'intention des parties et soulève dans son fonctionnement des impossibilités dont il ne s'est pas rendu compte. Demandons-nous, en effet, quel résultat il conviendrait de faire produire à la renonciation considérée comme une promesse d'abstention toujours privative.

25. D'après les uns, le bénéficiaire n'a pas le droit de franchir la distance qui le sépare de la femme ; celle-ci devra, au contraire, venir se placer immédiatement après lui ; l'ordre des créanciers ne sera pas interverti ; mais tous avanceront d'un degré. Les créanciers intermédiaires, sans pouvoir réclamer l'abstention de la femme, en profiteront lorsque le bénéficiaire aura intérêt à s'en prévaloir [2]. Cette interprétation doit être

---

1. Proudhon, *loc. cit.*, n° 2340.

2. En ce sens, les vœux émis par la faculté de droit de Caen, *Documents*, III, p. 7 et 8. On argumente, en faveur de cette doctrine, d'un texte du Digeste, qui semble fournir un argument assez concluant, la loi 12 (XX, VI). On peut cependant supposer que le jurisconsulte Paul, son auteur, donnait à la renonciation une portée absolue, à raison de quelque circonstance de fait qui nous est inconnue ; peut-être aussi n'exprimait-il qu'une opinion qui lui était personnelle. Dans l'ancien droit, on invoque quelques opinions isolées, notamment celle de Deluca, cité par Troplong, n° 600, *Hypoth.* Mais les auteurs se prononçaient, pour la plupart, en sens contraire. Voir, par exemple, Lamoignon, *Arrêtés*, tit. 26, *de l'Extinction de l'hypothèque*, et les auteurs cités par M. Bénech, *Nantissement*, p. 27.

repoussée, car elle fait bénéficier les tiers d'un contrat aux conséquences duquel ils doivent demeurer absolument étrangers.

D'après les autres, il faudrait attribuer à la renonciation *in favorem* le caractère d'une main-levée toute relative ne devant produire son effet qu'entre la femme et celui qui l'a stipulée. La femme serait donc colloquée à son rang ; seulement elle devrait laisser prendre à ce rang, par le bénéficiaire, la somme qui serait restée libre après le payement des créanciers intermédiaires, si elle s'était abstenue[1]. Ainsi, une somme de 12,000 francs est en distribution ; la femme a droit à 15,000, un créancier intermédiaire à 10,000, le bénéficiaire de la renonciation à 5,000. Ce dernier prendra seulement les 2,000 francs qui seraient restés après la collocation du créancier qui le précède, si la femme s'était complètement abstenue ; et c'est dans cette limite que l'abstention de celle-ci devra se produire. Mais, pour obtenir cette somme, le bénéficiaire devra primer le créancier intermédiaire qui ne recevra rien ; or il ne pourra le primer qu'en se faisant colloquer au rang de la femme.

Cette dernière manière d'interpréter la renonciation *in favorem* est la seule logique, pour ceux qui ne veulent voir en elle qu'une promesse d'abstention. Mais il faut remarquer que finalement elle aboutit ainsi à une véritable subrogation, puisqu'elle transfère le droit de préférence appartenant à l'hypothèque légale, quelle que soit l'explication que l'on donne pour légitimer ce résultat. Nous verrons, d'ailleurs, en étudiant la pro-

1. En ce sens, Mourlon, *Subr. person.*, p. 605 et 606; *Transcription*, n° 338. — C. p. r. un arrêt de Caen, du 2 mai 1835, rapporté par M. Bertauld, *Subrog.*, p. 68 et un autre arrêt de la même cour du 3 mai 1852.

messe d'abstention (II° partie, chap. III), que ce dernier contrat, par la force même des choses, doit, dans certains cas, pour ne pas demeurer absolument illusoire, équivaloir à une subrogation eu égard au droit de préférence dont il entraîne alors nécessairement la transmission.

Pour nous, nous n'hésitons pas à décider que la *renonciation in favorem* constitue non une promesse d'abstention, mais une véritable subrogation [1] transférant, comme celle-ci, tous les avantages de l'hypothèque légale, et nous croyons avoir suffisamment démontré qu'en présence des termes formels de l'article 9 de la loi de 1855, aucun doute ne peut plus désormais s'élever à cet égard.

26. Mais, dans les développements qui précèdent, nous n'avons eu en vue que la renonciation translative de l'hypothèque légale au même titre que la cession elle-même. Or, il faut bien se garder de la confondre avec la renonciation purement extinctive, véritable main-levée, équivalant à la purge et intervenant au profit d'un tiers-acquéreur pour dégrever de l'hypothèque légale l'immeuble par lui acquis du mari. Tendant ainsi à un but complètement opposé, elles ne sauraient être confondues, sans que leur confusion entraîne des erreurs certaines. C'est ainsi qu'on a été amené notamment à appliquer aux deux les formalités qui ne concernent que la première. Il nous suffit ici, pour compléter notre théorie sur la nature de la subrogation, d'avoir posé le

---

1. En ce sens : Pont, *Priv. et hyp.*, n° 476. — Grenier, I, p. 550. — Troplong, *Hypoth.*, n°s 600 et suiv. — Rivière et Huguet, *Transcrip.*, n°s 385 et suiv. — Gauthier, *Subrog.*, n° 583. — Bertauld, *Subrog.*, n°s 30 et suiv. — Bénech, *Nantissement*, n° 10. — Cassation, 26 juin 1855; *Palais*, 56, I, 183.

principe ; nous en tirerons les conséquences, quand nous traiterons de la renonciation extinctive elle-même (IIe partie, chap. IV).

En résumé, il faut entendre par *subrogation à l'hypothèque légale* l'acte au moyen duquel la femme *transmet* à un tiers les avantages de cette hypothèque, soit en la lui *cédant*, soit en y *renonçant* en sa faveur. Nous nous servirons donc de cette expression générique, dans les développements qui vont suivre, pour désigner l'opération juridique prévue, sous un double nom, par l'article 9 de la loi de 1855.

Les explications qui précèdent suffisent, croyons-nous, pour donner une idée parfaitement nette de la nature de la subrogation. Nous aurons souvent à constater combien il était important d'avoir, à cet égard, une notion exacte et précise.

CHAPITRE II

DANS QUELS CAS LA FEMME PEUT SUBROGER

27. **Nous** ne trouvons, dans l'article 9 de la loi de 1855, aucune règle relative à la capacité de la femme

mariée pour subroger à son hypothèque légale. Le législateur s'exprime en effet ainsi : « *dans le cas où les femmes mariées peuvent céder leur hypothèque légale ou y renoncer......* » C'est à dessein que cette rédaction a été adoptée, car il fut formellement déclaré, lors de la discussion de la loi, que l'on voulait, à cet égard, laisser toute latitude aux conventions des parties. La capacité de la femme mariée doit donc, en notre matière, être établie d'après les principes généraux.

Par application de ces principes, elle peut, lorsqu'elle est *majeure* [1], *capable* et *autorisée de son mari*, subroger en toute hypothèse à son hypothèque légale, *sous la seule réserve, si elle est mariée sous le régime dotal, de ne porter aucune atteinte à ses reprises dotales frappées d'inaliénabilité*. Ainsi, sous tout autre régime que le régime dotal, elle pourra, en règle générale, subroger pour ses reprises de toute nature, et, sous le régime dotal, pour toutes ses créances paraphernales. Son droit de subroger sera même absolu, sous ce dernier régime, si rien ne lui a été constitué en dot, ou si elle s'est réservé le pouvoir d'aliéner, sans condition aucune, ses reprises dotales.

28. Cependant il est admis par une jurisprudence à peu près unanime que la faculté, réservée au contrat de mariage, d'aliéner les biens dotaux, qui ne comporte point, suivant une doctrine généralement reçue, celle de les hypothéquer ou de les échanger, n'autorise pas

---

1. La femme mineure ne peut subroger à son hypothèque légale, car elle n'est qu'émancipée par le mariage, et la subrogation, pouvant entraîner l'anéantissement total ou partiel de ses reprises, rentre évidemment dans la catégorie des actes qui lui sont interdits par l'article 484 du Code civil.

davantage la subrogation à l'hypothèque légale garantissant le prix de leur aliénation[1].

Les arrêts qui consacrent cette opinion partent de ce point de vue : que toute dérogation contractuelle à l'inaliénabilité dotale doit être entendue dans un sens restrictif, et que la faculté d'aliéner autorise dès lors uniquement la vente proprement dite du bien dotal. En ce qui nous concerne, nous estimons que la faculté de subroger doit être considérée comme implicitement contenue dans celle d'aliéner, car l'aliénation de l'accessoire devient possible, quand celle du principal est autorisée. A vrai dire, la subrogation à son hypothèque ne constitue, pour la femme, qu'un des moyens d'exercer le droit d'aliéner qui lui est conféré par son contrat de mariage, et, comme telle, y est nécessairement comprise, quelque stricte que soit l'interprétation qu'on en donne [2].

29. Dans certaines circonstances spécialement prévues par la loi et en dehors de toute clause du contrat de mariage, la femme peut aliéner sa dot avec l'autorisation de la justice (cas prévus par l'article 1558 C. civ.); dans d'autres, la seule autorisation du mari lui suffit à cet égard (articles 1555 et 1556 même Code). Dans ces cas spéciaux, avec ces autorisations respectives, elle aura le droit, d'après nous, de subroger à son hypothèque légale, pour les motifs ci-dessus donnés. Elle puisera alors son droit dans la loi, au lieu de le prendre dans son contrat de mariage; mais sa capacité sera naturellement la même.

---

1. En ce sens : Cass., 4 juin, 2 juillet, 1er et 21 août, 17 décembre 1866; *Palais*, 66; 750, 991, 1171 et 67, 271.

2. En ce sens : Cass., 1er juin 1853 et Caen, 28 décembre 1863; *Palais*, 54, II, 521 et 66, 751.

30. En disant que la femme mariée sous le régime dotal ne peut pas subroger à son hypothèque légale, pour ce qui concerne sa dot inaliénable, nous n'avons eu en vue, jusqu'ici, que ses reprises dotales immobilières.

Eu égard à la dot mobilière, on connaît la controverse célèbre qui s'est élevée sur le point de savoir si elle est ou non aliénable. Nous n'entreprendrons point l'examen de cette grave question, qui n'a plus aujourd'hui d'intérêt qu'au point de vue de l'analyse juridique [1]. Le Code civil, croyons-nous, n'a pas défendu l'aliénation de la dot mobilière ; il vise uniquement, comme le droit romain, le fonds dotal. Mais la jurisprudence, faisant accomplir sa dernière évolution à l'idée émise, pour la première fois, par la loi Julia, a fini par décréter l'inaliénabilité de tous les biens dotaux ; et, depuis l'arrêt de Cassation de 1819 [2], qui a servi de point de départ, elle ne s'est plus démentie [3]. Ses décisions à cet égard, si elles ne sont pas justifiées par les textes, ont leur raison d'être au point de vue pratique, quand on considère que la fortune mobilière, d'une importance minime lors de la rédaction du Code civil, a pris de nos jours un immense accroissement.

Cependant il ne faudrait pas croire que la jurisprudence prend le mot *inaliénabilité* dans son sens absolu et technique. D'après elle, l'inaliénabilité n'existe que pour la femme, en ce sens qu'elle ne peut à aucune

---

1. Voir, à cet égard, Rivière, *Jurisprudence de la Cour de cassation*, nᵒˢ 458 et suivants. — Aubry et Rau, § 537 *bis*. — Mourlon, *Transcription*, nᵒ 1001. — Tessier, *Traité de la dot*, p. 93 et suiv.

2. Devilleneuve, VI, I, 16.

3. Voir le tableau de cette jurisprudence à la note d'un arrêt de 1837, rapporté dans *Sirey*, 1837, I, 97.

époque ni disposer de sa dot mobilière, ni renoncer aux garanties qui lui en assurent la restitution, bien que cette dot soit parfaitement disponible aux mains du mari[1]. Il y a là évidemment une contradiction qu'il est impossible de justifier, soit au point de vue de la logique, soit au point de vue des textes, et qui ne trouve d'excuse que dans son incontestable utilité pratique. En effet, le Code civil ayant banni la revendication des meubles, que consacrait au contraire le droit de Justinien, la femme, si elle pouvait céder son hypothèque légale garantissant sa dot mobilière, se trouverait complètement désarmée.

Aussi un auteur[2], qui permet à la femme de subroger à son hypothèque légale eu égard à cette dot, lui accorde-t-il un droit de revendication pendant trois ans, à dater de la dissolution du mariage. Cette opinion est inadmissible, car la revendication triennale n'est concédée, par l'article 2279 du Code civil, que dans des cas exceptionnels parmi lesquels ne figure pas le nôtre. Mais elle indique, chez celui qui l'a formulée, une préoccupation analogue à celle qui a guidé la jurisprudence dans sa théorie relative à la condition de la dot mobilière.

31. On a toutefois prétendu qu'il est parfaitement logique de décider, d'une part, que la dot mobilière est aliénable, disponible aux mains du mari, et, d'autre part, que la femme ne peut, de ce chef, subroger à son hypothèque légale. L'hypothèque, a-t-on dit, est un droit

---

1. Voir Cassation, 26 mai 1836, 2 janvier 1837; *Dalloz*, 36, I, 375 et 37, I, 65; même cour, 13 janvier 1874, 3 février 1877 et 27 avril 1880; *Palais*, 74, 395; 79, 391 et 80, 871.

2. Toullier, *Droit civil*, t. XIV, nos 104, 120, 180 et suiv.

réel, immobilier de sa nature, et par suite inaliénable comme la dot immobilière elle-même; dès lors, la femme ne pourra pas céder cette hypothèque, bien qu'on reconnaisse que la dot qu'elle garantit est aliénable [1]. On serait d'abord autorisé à répondre qu'il est au moins douteux que l'hypothèque représente un droit immobilier, et que l'opinion généralement admise décide, au contraire, qu'elle constitue, dans le patrimoine du créancier, un droit mobilier accessoire d'une créance qui est presque toujours mobilière comme ayant pour objet une somme d'argent [2]. Mais on a une raison plus concluante pour repousser cette doctrine. La femme doit pouvoir subroger à l'hypothèque légale qui garantit sa dot mobilière, si on estime que cette dot est aliénable, parce que la faculté d'aliéner le principal emporte celle de disposer de l'accessoire, et que la subrogation n'est, à proprement parler, ainsi que nous l'avons déjà constaté, que l'un des moyens d'exercer le droit d'aliénation lui-même.

32. Si le contrat de mariage était annulé pour une raison quelconque, le créancier pourrait, sans aucune restriction, utiliser la subrogation qui lui aurait été consentie par la femme, et à la réalisation de laquelle ce contrat de mariage mettait obstacle, car la subrogeante se trouverait alors mariée sous le régime libre de la communauté légale.

33. En dehors d'un contrat de mariage portant adoption du régime dotal, la femme pourrait-elle stipuler

1. Troplong, *Contrat de mariage*, nº 3265.
2. En ce sens : Troplong lui-même, *Louage*, nº 17. — Tessier, *Dot*, nº 111. — Valette, *Priv. et Hypoth.*, nº 124, *in fine*. — Demolombe, IX, nº 472 et VIII, nº 666. — Daniel de Folleville, *la Loi*, 2º *année*, nº 153.

l'inaliénabilité d'une partie quelconque de ses reprises, et rendre, par là, inefficace la subrogation à son hypothèque, relativement aux reprises ainsi frappées d'inaliénabilité ? Il nous paraît que l'inaliénabilité, étant vue avec défaveur par la loi, ne saurait être étendue au delà des cas prévus par elle, c'est-à-dire en dehors du régime dotal [1]. Aussi estimons-nous que c'est seulement en présence d'une stipulation de dotalité, entraînant seule l'inaliénabilité, que la subrogation deviendra impossible. Il faudra donc uniquement rechercher si l'intention d'adopter le régime dotal ressort ou non du contrat de mariage, sans toutefois exiger une clause formelle de dotalité, notre droit ne renfermant aucun terme sacramentel.

C'est ainsi que la Cour de cassation, ayant vu dans un contrat de mariage la stipulation d'un « *régime dotal partiel* », a cru devoir annuler, eu égard aux biens qu'elle a considérés comme dotaux d'après ce contrat, une subrogation consentie par la femme [2]. Cette dernière avait stipulé « *la reprise de son apport franc et quitte, par préférence et privilège contre les créanciers de la communauté même en cas d'obligation personnelle de sa part.* » M. Paul Pont estime, avec raison, que la clause était trop peu explicite pour qu'on pût en induire l'adoption d'un régime dotal même partiel [3]. Il nous semble, d'ailleurs, que l'inaliénabilité dotale doit être stipulée contre tous, d'une façon absolue, et non contre une seule catégorie de créanciers. Mais, en ré-

1. Voir sur cette question dont la discussion approfondie dépasserait le cadre de notre matière : Marcadé, sur l'article 1497, n° 3. — Aubry et Rau, § 504, note 7 et le tableau des auteurs à cette note.

2. *Chambre civile*, 7 février 1855; *Palais*, 55, I, 537.

3. Pont, *Priv. et Hypoth.*, n° 451.

sumé, ces critiques de fait, pour si justes qu'elles soient, ne touchent en rien au principe que nous avons posé, et à l'appui duquel nous avons relevé l'arrêt précité. Ce qu'il importe de constater c'est que, lorsque l'intention des parties d'adopter le régime dotal se trouve bien et dûment établie pour les juges, la subrogation doit être réputée non avenue eu égard aux reprises frappées d'inaliénabilité par suite de l'adoption de ce régime[1].

34. Sous un régime libre, la femme peut avoir stipulé que ses immeubles ne seront valablement aliénés qu'à la charge d'un remploi bon et valable. Cette clause lui enlève-t-elle le droit de subroger à son hypothèque légale garantissant la créance qu'elle a contre son mari, considéré comme responsable soit du défaut de remploi, soit du remploi mal effectué ? La réponse doit être affirmative, si l'on décide que la clause confère au bien le caractère de la dotalité. Il faut remarquer, en effet, que la femme, ne pouvant en principe effectuer un acte contraire à la subrogation, s'interdira, en subrogeant, d'exercer contre le tiers acquéreur l'action en revendi-

---

1. M. Bertauld (*Subrogation*, n° 59) estime que la clause sur laquelle la Cour de cassation a statué devait être réputée inefficace, parce que les *privilèges* sont l'œuvre de la loi et non des contractants. Il faut, selon nous, voir au delà des termes. Il importe peu que le mot *privilège* ait été ou non prononcé, si la cour a cru devoir induire de la clause l'adoption d'un régime dotal restreint. L'appréciation du fait doit ici dominer, et cette appréciation varie à l'infini. Ainsi, la Cour de Bordeaux a validé une subrogation consentie par une femme dont le contrat de mariage portait qu'elle reprendrait : « ses apports francs et quittes de toutes dettes, encore qu'elle y eût parlé ou s'y fût obligée. » Voir dans le même sens : Bordeaux, 21 décembre 1857; sur les deux arrêts, *Palais*, 57, 524. — *Adde* Nancy, 10 décembre 1857, et Paris, 21 janvier 1858, *Palais*, 58, 214. Il faut donc tenir pour certain que l'on doit, dans toutes ces hypothèses, laisser aux juges une latitude absolue pour apprécier souverainement chaque clause. En ce sens : Cassation, requêtes, 14 juillet 1879, *Palais*, 80, 1133.

cation, car, en reprenant son bien, elle perdrait, de ce chef, toute créance contre son mari et ferait ainsi disparaître la subrogation à due concurrence. Or, si les biens sont frappés de dotalité, elle ne peut contracter une semblable obligation, puisqu'il lui est défendu de renoncer soit expressément, soit implicitement, durant le mariage, à exercer la révocation contre l'acquéreur du bien dotal.

Mais, à notre avis, la dotalité ne saurait résulter de la clause précitée, qui ne constitue qu'une garantie accordée à la femme contre son mari. La jurisprudence reconnaît, avec raison, de la façon la plus formelle, que l'obligation qu'elle engendre laisse intacte, entre les mains de la femme, la faculté de vendre et d'hypothéquer ses immeubles, sans que jamais la responsabilité des tiers soit engagée [1], ce qui revient à dire qu'il n'y a point dotalité et que, par suite, la faculté de subroger ne subit aucune restriction.

35. Si l'inaliénabilité ne peut résulter que du régime dotal, et si ce régime seul peut restreindre la faculté de subroger qui appartient à la femme, n'a-t-on pas le droit, en stipulant, dans un contrat de mariage, que cette dernière sera incapable de cautionner son mari, de rendre inutiles toutes les subrogations qu'elle pourrait consentir dans l'intérêt de celui-ci? La cour de Paris, par arrêt du 6 décembre 1877, a admis qu'on est ainsi autorisé à porter atteinte à la capacité de la femme, et à rétablir, dans une certaine mesure, par voie contrac-

---

1. En ce sens, les nombreux arrêts cités par MM. Rodière et Pont, *Contrat de mariage*, I, p. 599, notes 4 et 5, et 602, note 4. — *Contra*, Merlin, *Questions de droit*, v° *Remploi*, § 7. — Toullier, XII, n° 372. — Cass., 22 novembre 1820, et Lyon, 31 mars 1840; *S. V.* 21, I, 404; *Palais*, 40, II, 735.

tuelle, l'ancienne prohibition du sénatus-consulte Velléien. Nous ne saurions approuver une semblable décision. Le sénatus-consulte avait été déjà banni, d'une façon à peu près absolue, de notre ancien droit, comme une de ces règles arbitraires basées sur une situation sociale et politique ayant totalement disparu. Le Code civil, à son tour, a consacré la capacité complète de la femme autorisée de son mari, dans son article 217. Or, la capacité des personnes étant d'ordre public, la loi seule y peut apporter des restrictions, et les conventions privées qui la diminuent sont nulles en vertu de l'article 6 du même Code. Ce principe a été consacré par la cour suprême, qui, dans un arrêt du 22 décembre 1879, a cassé la décision précitée de la cour de Paris[1].

Concluons donc que, sous le régime dotal, il est seulement défendu à la femme de subroger à l'hypothèque qui garantit ses reprises dotales inaliénables ; mais qu'en dehors de ce régime, toute subrogation lui est permise, puisqu'on ne peut stipuler ni l'inaliénabilité de ses biens, ni son incapacité contractuelle.

36. Il est cependant des droits à l'égard desquels, quel que soit le régime adopté dans le contrat de mariage, la subrogation consentie par la femme ne saurait sortir effet. Ainsi, les frais de la séparation de biens appartiendront forcément à l'avoué qui en aura obtenu la distraction et qui pourra en demander personnellement la collocation, dans l'ordre, au rang de l'hypothèque légale, comme accessoire de la créance de la femme.

De même, à un autre point de vue, la créance pouvant appartenir à la femme aux termes des articles 1570

---

1. Voir pour les deux arrêts, *Palais*, 1880, 271.

et 1566 du Code civil, soit pour les aliments, l'habitation et les habits de deuil, soit pour la valeur des linges et hardes à elle constitués avec estimation, devra échapper aux conséquences de toute subrogation par elle consentie. Il est en effet certain que cette créance, destinée à faire face à des besoins personnels et de première nécessité, ne saurait, à aucun titre, être détournée du but que le législateur a entendu lui assigner.

Enfin, la femme qui aura contre son mari une hypothèque garantissant soit une provision alimentaire, soit une pension de même nature, soit une somme déclarée insaisissable par le donateur ou le testateur, conformément à la disposition de l'article 581 du Code de procédure civile, pourra faire annuler ou réduire les effets de la subrogation dans les conditions prescrites par l'article 582 du même Code. Le juge déterminera la part qui devra être soustraite à l'action des créanciers.

37. Si l'hypothèque légale avait été restreinte sur un immeuble déterminé, avant ou pendant le mariage, conformément aux articles 2140, 2144 et 2145 du Code civil, la femme serait-elle autorisée à consentir ensuite une subrogation quelconque, relativement à l'immeuble qui lui aurait été spécialement affecté, et à renoncer ainsi à son dernier gage? La raison de douter pourrait venir de ce que l'article 2140 précité déclare que la restreinte ne peut aller jusqu'à l'anéantissement complet de l'hypothèque légale. Or la femme qui, par cette voie, n'a pu aboutir à ce résultat, d'une façon directe, y aboutirait indirectement par la subrogation. Mais il faut remarquer que, si l'hypothèque légale ne peut disparaître en totalité au moyen de la restreinte, c'est parce que sa disparition profiterait au mari seul, sans que la

femme pût se rendre un compte exact de l'utilité de son sacrifice, tandis qu'il n'en est pas de même dans la subrogation (voir pour plus de détails notre introduction. n° XVI). Dans ce dernier cas, la loi permet de céder à un tiers la totalité de l'hypothèque légale; une restreinte antérieure ne saurait donc gêner un contrat pour lequel aucune limite n'a été imposée.

38. Les diverses questions qui ont été examinées dans ce chapitre se rattachent, d'une façon directe, à l'étude des divers régimes matrimoniaux. Nous avons été cependant obligé de les aborder, parce que la validité des subrogations consenties par la femme dépend, comme on l'a vu, de l'opinion que l'on adopte à leur égard. La nécessité de leur examen se trouvait d'ailleurs imposée par la loi de 1855 elle-même, dont l'article 9, on le sait, se borne à consacrer le droit de subrogation, sans indiquer dans quels cas il peut être exercé. Mais nous avons dû seulement poser des principes, des règles sommaires, sans entrer dans l'étude approfondie des problèmes pratiques si nombreux que soulèvent les conventions matrimoniales.

En résumé, le principe d'interprétation qui doit clôturer ces explications nous paraît devoir être formulé de la manière suivante : *durant le mariage, la femme peut subroger, sans restriction aucune, à son hypothèque, sous la seule réserve de ne pas porter atteinte soit à sa dot inaliénable, soit à ses autres reprises incessibles ou insaisissables; à sa dissolution, le droit de subroger devient pour elle absolu, toute incapacité résultant de son contrat de mariage ayant pris fin.*

39. Quant aux héritiers de la femme, ils pourront, s'ils sont majeurs et capables, subroger librement à

l'hypothèque légale qui appartenait à cette dernière, puisqu'aucune des restrictions signalées pour celle-ci ne leur est applicable.

CHAPITRE III

FORMALITÉS DE LA SUBROGATION

SOMMAIRE

40. Principe général qui régit la matière.
41. L'autorisation maritale est requise pour la subrogation.
42. Il n'en est point de même des formalités de l'article 1690 du Code civil. — Inconvénients de l'opinion contraire.
43. L'acceptation du subrogé est-elle nécessaire quand il n'a pas comparu à l'acte constitutif de la subrogation?
44. La loi de 1855 exige, pour la subrogation à l'hypothèque légale, l'authenticité et la publicité.

SECTION PREMIÈRE. — DE L'ACTE AUTHENTIQUE.

45. But de l'acte authentique.
46. Il n'est pas indispensable que cet acte soit notarié.
47. Le mandat donné par la femme pour consentir la subrogation doit être rédigé en la forme authentique. — Sa procuration doit, en outre, être spéciale, surtout lorsqu'elle est donnée au mari.
48. L'authenticité est requise à l'égard des tiers. Elle l'est aussi vis-à-vis de la femme.
49. Motifs donnés à l'appui de cette exigence de l'article 9 de la loi précitée.

SECTION DEUXIÈME. — DE LA PUBLICITÉ.

50. But de la publicité. — De quelle manière elle s'effectue.
51. Des énonciations que doit contenir l'inscription directe prise à son profit par le subrogé.

73. La veuve non inscrite dans l'année du décès de son mari ne conserve pas son droit de préférence. Conséquences pour le subrogé qui n'a rempli la formalité de la publicité qu'après ce délai.

74. Application des précédents au cas où la femme est débitrice personnelle du subrogé non saisi.

40. La femme mariée *majeure, capable* et *autorisée de son mari*, peut, disions-nous au début du chapitre précédent, subroger sans restriction aucune à son hypothèque légale, *lorsqu'elle n'est point gênée par les stipulations de son contrat de mariage*. Dans cette situation, la subrogation par elle concédée sera parfaite si elle a été consentie par acte authentique et inscrite ou mentionnée en marge de l'inscription de l'hypothèque légale préexistante, aux termes de l'article 9 de la loi de 1855.

41. Nous avons vu, en effet, dans notre introduction, que ni l'intervention de la justice, ni les formalités de la restreinte n'auraient ici leur raison d'être, et que l'autorisation maritale est seule nécessaire.

Cette autorisation est requise tant que dure le mariage ; et la séparation de biens intervenue n'en dispense point la femme, car, ne reprenant sa liberté que pour l'administration de sa fortune, elle reste placée sous la direction de son mari pour les actes plus graves, notamment pour la subrogation, qui rentre dans la catégorie des aliénations (217 C. civ.). Mais, à la mort de son mari, ou, en cas d'absence de celui-ci, dans la période fixée par l'article 129 (C. civ.), la femme ayant sa liberté entière peut subroger, sans autorisation aucune, à son hypothèque légale. Seulement, l'effet de la subrogation variera, en ce cas, d'une façon notable, comme l'effet de cette hypothèque elle-même, suivant que la formalité prescrite par l'article 8 de la loi de 1855 aura été ou non remplie dans le délai fixé.

Si le mari ne veut ou ne peut fournir son autorisation, il y peut être suppléé par celle de la justice, conformément aux règles du droit commun (articles 219, 221, 222 et 224 C. civ.).

Enfin, la femme est capable de subroger sans autorisation, lorsque la loi lui reconnaît pleine et entière capacité, pourvu qu'elle agisse, bien entendu, dans les limites de cette capacité elle-même (art. 220 C. civ.).

L'autorisation maritale est donnée soit d'une façon expresse, soit d'une façon tacite, et résulte suffisamment, dans ce dernier cas, de la présence du mari à l'acte par lequel la femme subroge.

42. Est-il nécessaire que les formalités voulues par l'article 1690 du Code civil soient remplies par rapport au mari, considéré comme débiteur de la créance de la femme ? La controverse a été vive sur ce point avant la loi de 1855, et elle dure encore de nos jours. Les partisans de l'opinion qui voit, dans la subrogation, le transport de la créance, estiment qu'il faut, encore aujourd'hui, que ce transport ait été signifié au mari, ou que celui-ci l'ait accepté, dans un acte authentique, pour que le créancier soit saisi de la subrogation [1].

En ce qui nous concerne, nous sommes d'avis que les formalités du transport sont absolument inutiles, puisque nous ne voyons pas, dans la subrogation, la cession de la créance. L'article 9 de la loi précitée fournit à l'opinion que nous soutenons un argument des plus puissants. Il règle, en effet, les formalités néces-

---

1. Bertauld, *Subrogation*, n° 107. — Larombière, *Obligations*, III, p. 252.

saires pour que le subrogé soit *saisi* de la subrogation, de même que l'article 1690 règle celles qui sont exigées par le Code civil, pour que le cessionnaire soit *saisi* de la créance. La subrogation est donc parfaite quand on a rempli les formalités de l'article 9, comme l'est la cession après qu'on a observé celles de l'article 1690.

Les deux causes produisent deux effets différents, et n'ont aucun rapport entre elles ; ce qui démontre, une fois de plus, que la subrogation n'emporte pas la cession de la créance. Les formalités de l'article 1690 ne doivent être exigées que lorsque la femme effectue la cession de créance prévue par cet article lui-même ; et, dans ce cas, le cessionnaire ne sera *saisi*, à l'égard des tiers, de l'hypothèque garantissant la créance cédée, qu'après s'être, en outre, conformé aux prescriptions de l'article 9.

On adresse à ceux qui, voyant dans la subrogation un véritable nantissement, lui appliquent les règles de l'article 2076 (C. civ.), un reproche qui est évidemment fondé. On dit en effet, avec raison, qu'ainsi entendu, le contrat ne pourrait porter que sur des créances déjà nées et bien déterminées, sans qu'il fût possible de les comprendre « *per aversionem*, en bloc » [1]. Mais il est à remarquer que ceux qui signalent cet inconvénient aboutissent à un résultat identique, en exigeant les formalités de l'article 1690. Il nous semble, en effet, qu'on ne peut pas plus appliquer à des créances non encore nées ou indéterminées les règles de ce dernier article, que celles de l'article 2076. Ainsi, soumettre la subrogation aux formalités du transport, c'est lui enlever

---

1. En ce sens, M. Bertauld, critiquant le système de M. Bénech ; *Subrogation*, n° 51. — Voir, à notre numéro 11, le tempérament apporté pour écarter l'inconvénient signalé.

sa forme la plus usitée en pratique, parce qu'elle est la plus utile et la plus commode, celle par laquelle la femme subroge un créancier à l'hypothèque légale qui garantit ses droits et reprises *généralement quelconques*. Est-il vraisemblable que le législateur de 1855, qui a voulu, comme l'établissent les travaux préparatoires, laisser toute latitude aux conventions des parties, ait admis un système qui les gêne d'une façon aussi marquée ! Nous trouvons donc, encore ici, un argument en faveur de l'opinion qui ne voit, dans la subrogation, que le transfert de l'hypothèque.

43. En règle générale, la femme et le créancier seront présents à l'acte de subrogation. Il peut cependant se produire des hypothèses où la femme subroge en l'absence du subrogé ; il pourra en être ainsi, notamment, lorsque la subrogation aura lieu en faveur d'un créancier du mari, par un acte postérieur à celui dans lequel ce dernier s'est constitué débiteur. Faudra-t-il, en ce cas, que le consentement du subrogé se manifeste d'une façon directe et principale, et la femme aura-t-elle le droit, jusqu'à ce que ce consentement se soit ainsi manifesté, de retirer la subrogation considérée comme simple pollicitation ?

Il semble qu'on doive traiter la subrogation comme un contrat ordinaire, affectant le même caractère qu'elle se produise sous forme de cession ou de renonciation translative, puisque nous avons établi qu'il y a identité entre les deux, et exigeant, comme tout contrat, un consentement dûment manifesté par toutes parties. Cependant la Cour de cassation a vu, dans la renonciation même translative, un acte purement unilatéral, produisant son effet, selon l'article 2180 (C. civ.), par la volonté d'un seul et n'exigeant point, dès lors, l'adhésion de celui qui doit en profiter [1]. Il nous semble que l'article 2180, s'il est applicable à la renonciation purement abdicative à l'hypothèque, acte unilatéral de sa nature, ne concerne nullement la renonciation translative, qui, équivalant à la cession, constitue un véritable contrat et requiert dès lors, comme tous les autres, pour sa perfection, le consentement de toutes parties [2].

Donc, toutes les fois que nous nous trouverons en présence d'une subrogation, sans distinguer s'il s'agit de cession ou de renonciation translative, nous devrons exiger, conformément aux règles générales, que le consentement des deux parties soit manifesté d'une façon sûre et précise, et spécialement qu'il en soit ainsi de celui du créancier quand il n'est point constaté dans l'acte subrogateur. Toutefois, il faut remarquer qu'en pratique, depuis la loi de 1855, la question n'a pas un intérêt bien considérable. En effet, le subrogé, n'étant désormais saisi de sa subrogation que par la publicité qu'il lui donne, s'empressera de remplir cette formalité, et manifestera, par là, son intention formelle d'adhérer au contrat proposé par la subrogeante. Cette intention ainsi manifestée sera évidemment suffisante, car elle peut se produire d'une manière quelconque, sans nécessité de forme sacramentelle. Mais jusqu'à ce moment, et en l'absence d'ailleurs de tout consentement antérieurement manifesté, la femme sera libre de retirer son offre, suivant les principes qui régissent l'acceptation des conventions.

1. Cass., 19 novembre 1855 ; *Palais*, 57, 27.

2. En ce sens, Gautier, *Journal du Palais*, note sous l'arrêt précité de 1855.

44. Avant la loi de 1855, la forme authentique n'était point requise pour les subrogations à l'hypothèque légale. On admettait aussi, d'une façon à peu près unanime, que la publicité n'était pas nécessaire et que la date seule réglait l'ordre de préférence entre les divers subrogés. Il y avait là une lacune grave, dont nous avons signalé les inconvénients dans notre introduction, et sur laquelle nous n'avons pas, dès lors, à revenir. La loi précitée, comblant cette lacune, exige, dans son article 9, que toute cession ou renonciation translative soit consentie en la forme authentique ; elle ajoute que les cessionnaires n'en sont saisis, à l'égard des tiers, que par l'inscription de l'hypothèque légale prise à leur profit, ou par la mention de la subrogation en marge de l'inscription préexistante, et que les dates des inscriptions ou mentions déterminent, entre les bénéficiaires, l'ordre des cessions ou renonciations.

Telles sont les deux formalités aujourd'hui requises pour la perfection de la subrogation consentie par la femme mariée, *majeure, capable* et *dûment autorisée de son mari*. L'authenticité et la publicité sont le complément l'une de l'autre, de façon que l'une n'a sa raison d'être que si l'autre est nécessaire, et que la publicité n'est possible qu'avec l'authenticité. Ce lien intime, qui unit les deux formalités, doit être soigneusement signalé, car nous allons en déduire des conséquences fort graves, en étudiant successivement l'authenticité et la publicité.

SECTION PREMIÈRE

DE L'ACTE AUTHENTIQUE

45. L'acte authentique est exigé pour toute cession ou renonciation *in favorem*, portant sur les droits hypothécaires de la femme, c'est-à-dire pour toute subrogation. Il est requis *non ad probationem, sed ad solemnitatem*, comme devant servir de base à la publicité, qui ne peut se produire, conformément aux principes du régime hypothécaire, qu'en vertu d'un acte authentique. Sans doute, cet acte protégera les créanciers contre toute fraude de la femme, ayant pour but de favoriser l'un d'eux au détriment des autres, fraude à laquelle pourrait se prêter l'acte sous seing privé qu'il est facile d'antidater. On peut même affirmer, à juste titre, que l'authenticité offrira à la femme des garanties qu'elle ne trouverait point dans un 'acte sous seing privé. Mais il faut se garder d'exagérer l'importance de ces considérations, et de croire que le législateur y a puisé la raison de l'authenticité. Le seul motif donné, lors de la discussion de la loi de 1855, c'est que l'acte de subrogation doit être authentique parce qu'il doit servir de base à une inscription, qui ne peut se fonder que sur un acte solennel. On se rendra compte, plus tard, de l'utilité de cette indication, quand nous traiterons de la renonciation extinctive, pour laquelle, nous le démontrerons, l'authenticité n'est point nécessaire, parce que la publicité ne l'est pas davantage (II° partie, chap. iv).

46. L'article 2127 (C. civ.), parlant de l'hypothèque conventionnelle, déclare qu'elle ne peut être conférée que par acte authentique passé devant notaire. La loi de 1855 veut un acte authentique, mais n'exige pas que cet acte soit notarié. Ainsi, rigoureusement et aux termes de la loi, la subrogation à l'hypothèque légale pourra être conférée par tout acte dressé conformément aux dispositions de l'article 1317 (C. civ.). En général, cependant, c'est devant un notaire que comparaîtra la femme subrogeante ; en général, aussi, elle subrogera en intervenant dans l'acte qui constatera l'obligation consentie par son mari, quand la subrogation aura lieu au profit d'un créancier de ce dernier. Si elle subrogeait par acte séparé, elle devrait également employer la forme authentique.

47. La femme pourrait aussi donner mandat soit à son mari soit à un tiers, et dans ce cas avec l'autorisation maritale, à l'effet de consentir la subrogation en son nom. Mais sa procuration, surtout à l'égard du mari, devrait être spéciale à l'objet du contrat, sans pouvoir être donnée d'une manière indéterminée, ainsi que le décide une jurisprudence constante [1].

Faudra-t-il que cette procuration soit, comme l'acte de subrogation lui-même, revêtue de la forme authentique? On pourrait dire, en faveur de la négative, qu'en règle générale le mandat peut être consenti par acte sous

---

1. Cass., 19 mai 1840 et 18 juin 1844; *Palais*, 40, II, 480 ; *Dalloz*, 44, I, 492. Ces arrêts décident que, d'après l'article 1988 (C. civ.), la femme doit préciser, dans le mandat, les causes de la subrogation, indiquer à qui elle doit être consentie; et ils déclarent qu'elle ne peut notamment donner mandat à son mari de subroger les créanciers de ce dernier, « généralement quelconques antérieurs au mariage ».

seing privé (art. 1985 C. civ.), et que, lorsqu'il doit être authentique, la loi prend soin de s'en expliquer (art. 36, 66, 933 C. civ.). Nous adoptons entièrement ce dernier point de vue ; mais nous prétendons aussi que la loi s'est expliquée, à cet égard, de la façon la plus formelle, en déclarant que la femme ne pourrait valablement subroger qu'en la forme authentique. En effet, celle-ci, en donnant mandat de subroger, ne comparaîtra pas dans l'acte public qui consacrera la subrogation ; dès lors, pour elle, l'authenticité ne pourra résulter que de la procuration elle-même. Il faut, du reste, remarquer qu'en prenant inscription, le créancier doit produire au conservateur, aux termes de l'article 2148 (C. civ.), une expédition en due forme de l'acte authentique qui lui confère son droit. Or, dans l'espèce, cet acte repose tant sur le contrat de subrogation qui émane du mandataire, que sur la procuration donnée par la femme ; les deux doivent donc être rédigés en la forme authentique, selon les prescriptions de l'article précité. Ils forment en effet, comme l'a fait remarquer la Cour de cassation, un tout indivisible soumis aux mêmes conditions, et doivent, au même titre, revêtir l'un et l'autre le caractère d'authenticité [1].

48. L'authenticité devant servir de base à la publicité est requise, sans difficulté, à l'égard de ceux pour qui cette publicité est nécessaire, c'est-à-dire à l'égard des *tiers*, vis-à-vis desquels le subrogé n'est saisi que par l'inscription directe ou la mention en marge. L'authenticité est donc obligatoire en ce qui les concerne, car,

---

1. En ce sens, Cass., 27 juin 1881, arrêt rapporté par la *France judiciaire* ; numéro du 1ᵉʳ août 1881, *jurisprudence* et *législation*, p. 596. Voir la note de M. Labbé sous cet arrêt ; *Palais*, 1881, 1153.

sans elle, il n'est pas de publicité possible, et sans publicité la subrogation ne leur est point opposable. Mais qui faut-il entendre par tiers ? Cette question, à raison de ce que nous venons de dire, recevra son développement naturel, quand nous traiterons de la publicité. Nous nous bornons à dire, pour le moment, qu'à notre avis il faut entendre par tiers : *les personnes qui, n'ayant point été parties au contrat de subrogation, ont intérêt à contester au subrogé les avantages résultant de la cession de l'hypothèque consentie par la femme, sans que l'on doive, du reste, se préoccuper de la nature du droit en vertu duquel elles agissent* (voir n°s 60 et suiv.).

La définition que nous venons de donner semble exclure la femme, partie au contrat. Il paraîtrait, en effet, logique de décider que, vis-à-vis d'elle, l'authenticité est inutile comme l'est, ainsi que nous le verrons, la publicité, et d'admettre qu'on peut valablement lui opposer une subrogation consentie par acte sous seing privé [1].

D'après certains auteurs, une pareille manière de voir ne saurait être acceptée, parce qu'il est impossible de distinguer lorsque la loi ne distingue pas. Or, disent-ils, l'acte authentique étant exigé dans l'intérêt de tous, tous peuvent invoquer la nullité résultant de son absence ; la femme, surtout, doit avoir ce droit, elle pour qui l'authenticité constitue une protection indispensable contre les agissements du mari. Nous avons déjà fait remarquer qu'il ne faut pas chercher, dans la protection accordée à la femme, la raison de l'authenticité, car

---

1. En ce sens, Rivière et Huguet, *Transcription*, n° 390.

on serait ainsi amené à l'exiger pour la renonciation
extinctive, qui n'y est cependant pas soumise, résultat
auquel aboutissent ceux qui appliquent à toute renonciation la prescription de l'article 9. Pour si large que
soit le texte de cet article, il ne saurait être étendu à
des hypothèses qu'il ne prévoit point, et ne régit dès
lors, comme nous l'avons démontré au chapitre premier, que la cession et la *renonciation in favorem*. Mais,
en ce qui a trait à ces deux formes de la subrogation,
on a raison d'affirmer qu'il est absolu et impératif; qu'il
exige l'authenticité à l'égard de tous, par suite à l'égard
de la femme elle-même, et qu'il n'est pas permis de distinguer quand la loi ne distingue point.

49. Ainsi que nous venons de l'indiquer, l'exigence de
l'article 9 n'a point pour base l'intérêt de la femme, mais
repose sur un autre principe parfaitement conforme à
l'esprit qui a dicté cet article, comme on va facilement
s'en convaincre. La constitution d'hypothèque est un
acte solennel et ne saurait dès lors avoir *une existence
quelconque, même entre parties*, si elle n'est pas revêtue
de la forme authentique. L'hypothèque concédée par
acte sous seing privé est nulle, d'une nullité radicale et
d'ordre public, au même titre qu'une donation ou un
contrat de mariage rédigés en la même forme. Or, nous
avons suffisamment démontré que l'article 9 précité assimile, au point de vue des formalités à remplir, la subrogation à une véritable constitution d'hypothèque, caractère qui, d'ailleurs, est en réalité le sien. La femme aura
donc le droit non de faire prononcer la nullité, mais de
faire déclarer, le cas échéant, l'inexistence de la subrogation par elle consentie dans un acte sous seing privé;
et ce droit lui appartiendra au même titre qu'à tout

débiteur ayant constitué de la même manière une hypothèque ordinaire [1].

Ceux qui décident que l'authenticité n'est pas nécessaire à l'égard de la femme, sont bien obligés d'admettre qu'une subrogation par acte sous seing privé ne peut servir de base à une inscription [2]. Un pareil aveu implique qu'ils ne reconnaissent à la subrogation ainsi concédée aucune valeur, car l'inscription, qui n'est que la manifestation extérieure de l'hypothèque, n'est impossible que lorsque l'hypothèque elle-même manque totalement d'efficacité. C'est donc tomber dans une contradiction évidente que d'attribuer, en ce cas, à la subrogation un effet vis-à-vis de la femme. Pour être logique, il faudrait aller jusqu'à permettre au subrogé de requérir l'inscription en la basant, comme la femme, sur la loi ou le contrat de mariage, puisqu'il n'a pas le droit de la prendre en vertu de son titre. Cette inscription ainsi permise devrait, produisant son effet naturel, saisir le subrogé à l'égard des tiers ; et, dès lors, on serait amené à déclarer que, même vis-à-vis de ces derniers, la forme authentique n'est pas nécessaire ; ce qui rendrait la disposition de l'article 9 absolument inapplicable. On n'a point osé aller jusque-là ; on s'est borné à poser le principe, sans en déduire les conséquences, qui en auraient démontré la fausseté. Concluons donc que la subrogation ne saurait exister sans la forme authentique requise *ad solemnitatem contractûs* [3].

---

1. En ce sens, Bufnoir, en note d'un arrêt de Cassation, *Palais*, 1881, p. 1209.

2. Rivière et Huguet, *loc. cit.*

3. En ce sens : Aubry et Rau, § 238 *bis*, note 19. — Mourlon, *Transcription*, n° 1005. — Bertauld, *Subrogation*, n°s 82 et 83. — *Contra :*

Ajoutons, comme dernière considération, qu'en déclarant l'authenticité inutile à l'égard de la femme, on rétablirait les subrogations occultes, que la loi de 1855 a surtout voulu proscrire. En effet, l'inscription étant impossible, le rang, entre plusieurs créanciers subrogés par acte sous seing privé, devrait s'établir par la date du titre, car, les faire concourir au marc le franc, ce serait faire disparaître toute idée de subrogation.

SECTION DEUXIÈME

DE LA PUBLICITÉ

50. Indépendamment de la forme authentique, l'article 9 de la loi de 1855 exige la publicité, pour que le subrogé soit *saisi* de la subrogation qui lui a été consentie. Cette publicité produit ici, par rapport au droit de préférence, son effet habituel en matière hypothécaire, car elle établit l'ordre suivant lequel les subrogés exercent les droits hypothécaires de la femme, conformément á la maxime : *potior tempore, potior jure ;* elle les investit également du droit de suite à l'égard des tiers détenteurs des immeubles du mari.

La publicité peut être réalisée, selon l'article précité, *par une inscription directe de l'hypothèque légale prise à son profit par le subrogé,* ou *par une mention de la subrogation en marge de l'inscription préexistante.*

51. S'il procède par la voie de l'inscription directe,

Troplong, *Transcription,* n° 362. — Pont, n° 467. — Flandin, *Transcription,* II, 1547.

le créancier, inscrivant à son profit une hypothèque légale, devra, dans ses bordereaux, fournir les indications prescrites par l'article 2153 (C. civ.), et, en outre, celles qui seront indispensables pour avertir les tiers que cette inscription est requise dans son intérêt et en exécution de la subrogation qu'il a obtenue.

L'article 2153 exige d'abord une énonciation contenant les nom, prénoms, profession, domicile et élection de domicile du créancier. Le subrogé doit donc fournir ces premières indications, en ce qui le concerne, comme requérant l'inscription ; il doit aussi faire mention de la femme, pour indiquer qu'elle a consenti la subrogation et qu'il inscrit son hypothèque légale en vertu de ce contrat. Mais, s'il est nécessaire de désigner cette dernière par ses nom, prénoms et profession, sa qualité d'épouse et son domicile, soit pour le motif qui précède, soit parce que c'est son hypothèque qui est inscrite, il est certain qu'une élection de domicile, en ce qui la concerne, n'aurait aucune raison d'être, car elle n'est pas destinée à recevoir les notifications ou sommations auxquelles l'inscription requise pourra donner lieu.

L'article précité exige, en second lieu, les nom, prénoms, profession et domicile du débiteur ; ici, le mari sera naturellement désigné comme si la femme s'inscrivait elle-même.

Enfin, dans son troisième alinéa, l'article veut que l'inscription mentionne la nature des droits à conserver et le montant de leur valeur, quant aux objets déterminés. Le subrogé, en vertu de cette dernière disposition, est-il obligé d'énoncer le montant et la cause des reprises déterminées de la femme contre son mari, au moment où l'inscription est requise ? Quelques auteurs, interprétant la loi d'une façon rigoureuse et judaïque, se sont prononcés pour l'affirmative [1]. Mais on a fait observer, avec raison, que l'art. 2153 n'est pas spécial à l'inscription de l'hypothèque de la femme et régit celle de toutes les hypothèques légales instituées par l'art. 2121 ; qu'il faut, dès lors, apprécier chacune des énonciations qu'il prescrit, suivant la nature particulière des divers droits que garantit chacune de ces hypothèques. Or, les droits de la femme sont essentiellement indéterminés et ne peuvent, en général, être établis, d'une manière précise, qu'au moyen d'une liquidation intervenant à la dissolution de l'union conjugale. C'est là une donnée certaine et qui fut nettement affirmée lors des travaux préparatoires du Code civil. Comment pourrait-il donc être question d'imposer au subrogé une indication que la femme serait elle-même dans l'impossibilité de fournir [2] ? En supposant que, par exception et dans une circonstance qui se présentera rarement, la femme soit en état de se conformer à cette dernière prescription, peut-on affirmer que le subrogé sera jamais en mesure d'y obtempérer ? Les époux, qui seuls pourraient lui fournir les éléments nécessaires, seront-ils disposés à lui révéler leur situation ? La loi l'aurait donc soumis à une condition irréalisable ; est-ce possible ? Ainsi la raison même des choses conduit à décider que, tout au moins vis-à-vis du subrogé les reprises de la femme sont toujours indéterminées ; qu'il lui est dès lors impossible d'en indiquer

1. En ce sens, Grosse, *Explication au point de vue pratique de la loi de 1855*, n° 287.

2. En ce sens, Pont, *Publicité des subrogations à l'hypothèque légale; brochure extraite de la Revue critique*, p. 50, n° 26.

la nature et la valeur ; et qu'il obéira suffisamment aux prescriptions de la loi en inscrivant, d'une manière générale, les droits, créances et reprises de la subrogeante. Cependant, si dans l'acte de subrogation les époux avaient fourni une indication précise sur ce point, le subrogé serait alors tenu de la reproduire dans l'inscription.

L'article 2153 ne parle point de l'indication de l'espèce et de la situation des biens que grève l'hypothèque légale ; l'art. 2148 (C. civ.) en dispense du reste formellement l'inscription qui la concerne ; le subrogé devra donc bénéficier de cette disposition. Mais, lorsque la subrogation, au lieu d'être consentie d'une manière générale et de s'étendre, comme l'hypothèque légale, aux immeubles présents et à venir du mari, se trouvera au contraire limitée à certains immeubles déterminés, le subrogé demeurera alors tenu, par la nature même de son contrat, d'indiquer les biens sur lesquels elle repose. En effet, loin de lui céder, cette fois, en son entier, l'hypothèque légale générale et indéterminée, on restreint la cession d'une manière précise ; et l'inscription, reproduction fidèle du titre, doit être en ce cas conforme aux règles de la spécialité.

L'inscription qui contiendrait les énonciations que nous venons d'indiquer, serait régulière au point de vue de l'art. 2153, mais incomplète au regard de l'art. 9 de la loi de 1855, qui veut que l'hypothèque légale soit *inscrite au profit du subrogé*. Celui-ci devra dès lors la compléter en ce sens, par les indications auxquelles nous avons déjà fait allusion. Ainsi, il sera tenu de déclarer qu'il requiert l'inscription de l'hypothèque légale en son nom, en sa qualité de subrogé ; il devra indiquer la date et la nature du titre qui contient la subrogation, la somme pour laquelle il a été subrogé en capital et accessoires, et l'époque de l'exigibilité. Ces mentions diverses, qu'on les exige par argument d'analogie tiré de l'art. 2148 (C. civ.) ou seulement en vertu de l'art. 9, sont indispensables pour donner à l'inscription le véritable caractère que la loi lui assigne, et lui faire produire le résultat qu'elle en attend. La subrogation sera alors véritablement révélée aux tiers, et par suite les subrogés en seront *saisis* à leur égard.

52. Les énonciations qui précèdent sont les seules imposées au subrogé. La question de savoir quelles sont celles dont l'omission entraîne la nullité de l'inscription se rattache aux principes généraux de la matière hypothécaire. Nous devons donc nous borner à dire que l'on devra, dans le cas qui nous occupe, juger seulement indispensables celles auxquelles on attribuerait ce caractère, si elles étaient contenues dans une inscription ordinaire.

Ainsi, l'inscription, pourvu qu'elle contienne les énonciations prescrites à peine de nullité, sera parfaitement valable, sans qu'on doive se préoccuper, du reste, du mode suivant lequel elle a été effectuée. Le créancier, s'il est hypothécaire, pourra, par bordereaux distincts et séparés, requérir une première inscription pour l'hypothèque conventionnelle, conforme à l'art. 2148 (C. civ.), et une seconde pour l'hypothèque légale, selon l'art. 2153 (même Code) et l'art. 9 de la loi de 1855. Mais il sera aussi autorisé à faire figurer la seconde à la suite de la première, dans les mêmes bordereaux, pourvu que les deux réunies contiennent toutes les énonciations prescrites dour chacune d'elles. Nous admettons même que l'hypo-

thèque légale sera valablement inscrite, au profit du subrogé, par une mention de la subrogation accessoirement
faite à l'inscription de l'hypothèque conventionnelle, si
cette mention renferme toutes les énonciations exigées par
la loi pour l'inscription de l'hypothèque légale elle-même.

53. On a cependant prétendu que le créancier est
obligé, en tout cas, de procéder par la voie directe et
principale de l'inscription de l'hypothèque légale ; que
notamment une simple mention de subrogation à cette
hypothèque, accessoirement faite dans l'inscription de
l'hypothèque conventionnelle, ne contenant pas toutes
les conditions voulues par la loi pour l'inscription de
l'hypothèque légale, ne saurait y équipoller et la remplacer [1]. On a soutenu, en outre, qu'il n'est pas permis
de comprendre les deux inscriptions dans les mêmes
bordereaux, parce que les tiers pourraient ne pas s'a-
percevoir que l'inscription conventionnelle renferme
l'inscription de la subrogation, leur attention étant
éveillée par son objet principal et direct et non par une
mention purement accessoire [2]. C'est pour ces motifs que
l'art. 9 exigerait, en toute hypothèse, *une inscription
proprement dite de l'hypothèque légale, conforme à
l'art. 2153 et contenue dans des bordereaux la concernant
spécialement.*

Il faut d'abord savoir ce qu'on entend par une men-

---

1. En ce sens, Cass., 4 février 1856; 1er avril 1859 et 22 juillet 1863;
Palais, 56, I, 449 ; *Sirey*, 61, I, 223 et 63, I, 489. — Rivière et François,
Transcription, n° 136 *bis*. — Aubrye t Rau, § 288 *bis*, note 22. — *Contra*,
Pont, *loc. cit.*, § II, et les autorités citées au § 1. — *Adde* : Paris, 30 juin
et 31 août 1854; Orléans, 20 février 1857; Bourges, 20 avril 1859; Cass.,
9 décembre 1872; *Sirey*, 55, II, 177 ; *Palais*, 57, 1093; *Sirey*, 60, II. 241 ;
Palais, 73, 356.

2. En ce sens, Mourlon, *Transcription*, n° 1023. — *Contra* : Pont, *loc. cit.*
— Aubry et Rau, *loc. cit.* — Dijon, 13 juillet 1858, *Sirey*, 59, II, 336.

tion de subrogation. Il est bien évident que, si le créancier se borne à déclarer, à la suite de l'inscription de l'hypothèque conventionnelle, qu'il a été, en outre, subrogé à l'hypothèque légale de la femme, cette simple mention sera complètement insuffisante et inefficace. Il en sera de même si la mention, quoique plus explicite, ne renferme pas les énonciations essentielles dont nous venons de parler, à propos de l'inscription de l'hypothèque légale elle-même. Mais, si elle réunit toutes les conditions voulues pour équipoller à cette inscription, pourquoi ne serait-elle pas valable comme elle? L'inscription n'est, en définitive, que l'ensemble des énonciations requises par l'article de loi qui la régit ; or la mention qui contient ces énonciations constitue, sous un autre nom, une véritable inscription. On ne peut évidemment aller jusqu'à prétendre que ce dernier terme est sacramentel, et doit nécessairement être employé. Aussi estimons-nous que les décisions judiciaires, qui semblent consacrer la doctrine opposée, doivent être expliquées par ce fait qu'il manquait à la mention une énonciation essentielle, motif suffisant pour lui enlever la valeur d'une inscription.

D'un autre côté, peut-on sérieusement exiger des bordereaux séparés pour chaque inscription, parce que les tiers pourraient ne point voir l'inscription de la subrogation venant à la suite de l'inscription conventionnelle? Les tiers n'auront qu'à bien lire pour ne pas se tromper. En vertu de quel principe pourraient-ils faire peser sur le subrogé la responsabilité de leur négligence, de leur erreur? Il faudrait donc annuler une inscription régulière, complète, parce qu'elle se trouverait consignée sur une feuille de papier timbré plutôt que sur une autre ! Ainsi dégagée des abstractions théoriques et ramenée à son véritable intérêt pratique, la question ne nous paraît pas donner lieu à une controverse sérieuse.

En poussant jusqu'aux dernières limites les solutions que nous venons de repousser, on arriverait à décider que le subrogé doit nécessairement commencer par requérir une inscription sacramentelle de l'hypothèque légale, conforme à l'article 2153 ; et qu'il est ensuite tenu, pour indiquer que cette inscription est prise à son profit, de mentionner sa subrogation en marge. On l'obligerait ainsi à réaliser les deux modes de publicité de l'art. 9 [1], alors que ce texte n'en exige formellement qu'une : l'inscription *ou* la mention.

La vérité ne se trouve donc pas dans ces opinions rigoureuses et formalistes, qui n'ont d'autre résultat que de créer des voies de nullité au profit de tiers négligents, ou de multiplier les frais de publicité. En réalité, l'article 9 se borne à exiger la publicité, à en déterminer l'effet, sans préciser le mode à employer pour l'effectuer. Quel que soit ce mode, s'il contient les énonciations requises, il réalise la publicité nécessaire et le subrogé est *saisi* de la subrogation à l'égard des tiers.

54. Si l'hypothèque légale a été déjà inscrite au nom de la femme, le subrogé fera mentionner sa subrogation en marge de l'inscription requise. Parmi les énonciations ci-dessus indiquées, la mention devra contenir celles qui sont relatives à la subrogation, car les autres figureront dans l'inscription préexistante qui sert de base à la mention.

---

1. Telle est l'opinion de M. Troplong, *Transcription,* n⁰ˢ 321 et 340.

55. Dans l'hypothèse qui précède, le subrogé n'est pas obligé, selon nous, de procéder par la voie de la mention. Il peut requérir directement et à son profit une nouvelle inscription de l'hypothèque légale, comme le pourrait la femme elle-même, quoiqu'elle eût été devancée par lui, et que les termes de l'inscription par lui prise fussent assez larges pour sauvegarder les intérêts de toutes parties. La loi laisse en effet, avec raison, le créancier libre de choisir l'une ou l'autre des formalités qu'elle prescrit ; il serait injuste de le contraindre à s'approprier l'inscription de la femme, qui pourrait, dans certains cas, contenir quelque nullité de forme.

Cette faculté est pourtant déniée au créancier subrogé, et l'on prétend que, si l'inscription de l'hypothèque légale se trouve préexistante, l'art. 9 n'autorise qu'une seule forme de publicité : la mention. S'il en était autrement, dit-on, les tiers, ne voyant pas de mention en marge de l'inscription prise par la femme, en pourraient conclure qu'aucune subrogation n'a été concédée [1]. Cette préoccupation outrée de l'intérêt des tiers, qui aboutit, dans une hypothèse déjà prévue, à la singulière théorie de la *lecture inattentive*, amènerait à décider si elle était prise au sérieux, que, même au cas d'inscription directe requise par le subrogé à défaut d'inscription préexistante, celui-ci devrait ensuite faire opérer une mention en marge de celle que la femme pourrait prendre ultérieurement. Ainsi le créancier serait tenu, comme dans le cas plus haut signalé, d'effectuer une double formalité, alors qu'une seule lui est imposée par la loi ; il serait obligé de surveiller les agis-

---

1. Mourlon, *loc. cit.*, n°s 1022 et suiv.

sements de la femme, afin d'opérer la mention dès qu'elle se serait inscrite, sous peine de se voir déchu vis-à-vis des tiers. Une pareille conséquence suffit pour faire décider qu'en tout cas il est libre d'agir par voie d'inscription directe. Quant à l'art. 9, il doit être interprété en ce sens que la loi, laissant toujours le choix au créancier, le dispense de prendre une nouvelle inscription en lui permettant de s'approprier, au moyen de la mention, l'inscription préexistante, sans lui enlever la liberté de ne point user de la faculté qu'elle lui concède.

56. Plusieurs créanciers, subrogés dans le même acte, ont le droit de requérir cumulativement l'inscription ou la mention de la subrogation, comme ils peuvent requérir, de la même manière, l'inscription de leur hypothèque conventionnelle. Ce droit leur a été contesté parce que l'art. 2148 (C. civ.) ne parle, en général, que d'un seul créancier requérant une seule inscription [1]. Mais il est incontestable que la loi a uniquement prévu le cas ordinaire, et qu'elle se serait prononcée dans le même sens, si elle s'était occupée de celui dont nous parlons, car elle n'aurait eu aucune raison pour décider le contraire.

57. L'inscription de l'hypothèque légale prise par le créancier pourra être radiée du seul consentement de ce dernier. Le conservateur n'aurait le droit de la maintenir, comme pouvant être utile à la femme, que si, de sa rédaction, il paraissait résulter qu'elle a été requise tant au profit du créancier que de celle-ci. Dans ce dernier cas, il devrait, sous peine d'engager sa responsabilité, refuser la radiation pour ce qui concernerait la femme. Celle-ci serait en effet autorisée à se servir

---

1. Mourlon, *loc. cit.*

d'une inscription de cette nature, sans être tenue de prouver qu'elle avait donné ordre ou mandat au subrogé de la prendre dans son intérêt ; on se trouverait en présence d'un cas de gestion d'affaires ratifiée.

Aujourd'hui, la jurisprudence a définitivement consacré le principe que nous venons de poser. Tout d'abord, les cours d'Amiens et d'Orléans avaient décidé que le conservateur ne peut, dans aucun cas, radier l'inscription de l'hypothèque légale prise par le créancier, sans une main-levée fournie par la femme. La première arguait de ce que l'inscription peut être utile à la subrogeante. La seconde déclarait que le créancier est censé avoir reçu mandat légal de la prendre dans l'intérêt de cette dernière ; elle ajoutait que, la loi voyant avec défaveur l'hypothèque occulte de la femme, il faut, dès que l'inscription se produit, en empêcher la radiation, sans se préoccuper de sa forme et de la capacité de celui qui l'a requise[1].

Cette doctrine a été repoussée par un arrêt de la Cour de cassation, en date du 5 février 1861, qui a posé comme règle générale que l'on doit apprécier si, des termes de l'inscription, il apparaît qu'elle a été prise dans l'intérêt de la femme et du subrogé ou dans

---

1. Amiens, 31 mars 1857 ; *Palais*, 59, 449. Cet arrêt a été confirmé par une décision de la chambre des requêtes du 2 juin 1858 ; mais la cour suprême se sépare nettement de la doctrine de l'arrêt qu'elle confirme. En effet, tandis que la cour d'Amiens déclarait qu'en tout cas l'inscription prise par le subrogé *doit* profiter à la femme, l'arrêt de 1858 décide, au contraire, qu'elle lui profite seulement, en fait, quand il apparaît de ses termes qu'elle ne se limite pas à l'intérêt du subrogé. — Orléans, 4 août 1859 ; *Palais*, 59, 667. — Voir, sur les décisions judiciaires précitées, les observations critiques de M. Paul Pont, *Priv. et Hyp.*, n°s 800 et suiv. ; *Brochure sur l'effet de l'inscription du créancier subrogé*, § 2, et *Revue critique*, XI, p. 22 et suiv.

l'intérêt exclusif de ce dernier. On ne peut en effet supposer, comme le fit remarquer M. l'avocat général de Raynal dans ses conclusions données à l'occasion de cet arrêt[1], que le créancier a, comme le mari, le mandat légal d'inscrire l'hypothèque légale dans l'intérêt de la femme. Il serait, du reste, dangereux de confier à des mains étrangères et indifférentes une formalité aussi grave que celle de cette inscription, car, uniquement préoccupé de ses propres intérêts, le créancier se montrerait, en général, peu soucieux de ceux de la femme. En tout cas, l'inscription par lui prise pourrait se trouver viciée par quelque nullité, qui n'apparaîtrait pas tout d'abord, et la femme, ne s'inscrivant pas elle-même parce qu'elle comptait sur son efficacité, se trouverait ainsi frappée de déchéance comme le subrogé. Enfin il serait impossible de forcer ce dernier à inscrire au delà des limites du droit qui lui a été concédé. Or on sait que, lorsque la subrogation n'est pas générale, l'hypothèque légale ne doit être inscrite qu'en ce qui concerne les immeubles spécialement grevés (voir n° 51), tandis que l'inscription doit toujours être prise d'une manière générale, quand elle est requise par la femme.

Ces considérations démontrent le peu de cas qu'il faut faire du prétendu mandat que le subrogé aurait reçu de la femme, pour prendre inscription en son nom. On peut, en outre, faire remarquer que c'est le créancier qui, en cas de subrogation, fait la loi, loin de la subir ; qu'il acquiert un droit absolument indépendant de celui de la femme ; et que cette dernière ne pourrait songer à

---

1. *Palais*, 1861, 340. Cet arrêt casse celui d'Orléans rapporté à la note précédente.

lui ordonner de conserver, pour elle, une hypothèque qu'elle vient d'abdiquer[1].

Ajoutons enfin que le crédit du mari souffrirait, dans une mesure considérable, si, après le paiement, l'inscription prise par le subrogé continuait de subsister. L'inscription de l'hypothèque légale indique, en effet, en règle générale, que les affaires du mari ne sont pas dans un état prospère; dès lors la femme elle-même, si elle a confiance en celui-ci, doit tenir à la faire disparaître, comme constituant une gêne pour le chef de la famille, plutôt qu'une sauvegarde pour ses propres intérêts qui ne sont pas menacés[2].

58. Si la femme ne peut profiter de l'inscription prise dans l'intérêt exclusif du subrogé, les autres subrogés peuvent encore moins l'utiliser. Toutefois, ceux-ci auront le droit de se l'approprier, lorsqu'elle sera conçue en termes suffisamment larges. La question de savoir en quels cas il en sera ainsi est laissée à l'appréciation des tribunaux, qui devront, à ce point de vue, baser leur décision sur les termes de l'inscription elle-même, et non sur des preuves extrinsèques[3].

59. Le créancier subrogé, lorsqu'il a pris inscription,

---

1. Pont, *Brochure précitée*, p. 18.

2. En ce sens : Pont, *loc. cit.* — Bertauld, *Subrogation*, n. 101. Cass., 3 juillet 1866 et Orléans, 9 juin 1874; *Palais*, 66, 961 et 74, 1274. — *Adde* Colmet de Santerre, t. IX, p. 231.

3. En ce sens : Cass., 25 février 1862; *Palais*, 62, 669, et 1er mai 1866; *Palais*, 66, 501. Dans l'espèce jugée par ce dernier arrêt, l'intention du subrogé de restreindre l'inscription à son seul profit résulta, pour les magistrats, de ce que l'on y avait mentionné qu'elle était prise jusqu'à concurrence de la créance de l'inscrivant. Il y avait, en outre, cette circonstance que la femme était restée complètement étrangère aux agissements de ce dernier. Ajoutons aux arrêts précités : Orléans, 9 juillet 1874; *Palais*, 74, 1274. En ce sens, Pont, *en note d'un arrêt de Cassation* du 2 juin 1858 ; *Palais*, 59, 449.

doit ensuite obéir à la règle du renouvellement décennal posée par l'article 2154 (C. civ.). En effet, l'article 9 de la loi de 1855, bien qu'il ne prescrive pas cette formalité *in terminis*, indique cependant, d'une manière suffisante, en exigeant l'inscription, qu'il faut sur ce point se référer aux règles du droit commun.

Le subrogé, s'il a procédé par la voie de la mention, doit également renouveler cette mention, en marge de la nouvelle inscription que la femme aura prise à raison du renouvellement décennal ; à défaut, il cesserait d'être *saisi* à l'égard des tiers. Il devrait renouveler lui-même l'inscription primitivement prise par la femme, si celle-ci négligeait de remplir cette formalité, afin d'avoir la base nécessaire à sa nouvelle mention.

La nécessité du renouvellement subsiste tant que l'inscription n'a pas produit son effet légal. Or cet effet n'est produit que lorsque le droit du créancier sur l'immeuble se trouve converti en un droit irrévocable sur le prix. Il faut donc se demander à quelle époque le créancier a irrévocablement droit au prix de l'immeuble affecté. Il est d'abord nécessaire que cet immeuble ait été l'objet d'une aliénation; et l'on doit ensuite distinguer suivant la nature de cette aliénation.

Au cas de saisie immobilière, le créancier a droit au prix lorsque l'adjudication a eu lieu[1]. En effet, aux termes de l'article 717 du Code de procédure civile, le jugement d'adjudication dûment transcrit purge toutes les hypothèques, et les créanciers n'ont plus d'action

---

1. En ce sens : Aubry et Rau et les auteurs et arrêts cités à la note 14 du § 180. *Adde*, Pont. *Priv. et hyp.* , n. 1056 et Bordeaux, 19 novembre 1868; *Palais*, 69, 578. — *Contra*, Ollivier et Mourlon, *Comment. sur les saisies immobilières et les ordres*, n. 235.

que sur le prix. Jusqu'à la transcription il sera encore permis de s'inscrire ; mais, dès l'adjudication, le droit du créancier est converti en un droit sur le prix. La surenchère et la folle enchère ne sauraient changer la situation ; si elles modifient le prix, elles ne peuvent empêcher que l'immeuble n'ait été réalisé au profit des créanciers par le fait de la première adjudication[1]. Ainsi, à dater de cette adjudication, le créancier est dispensé de renouveler son inscription, soit dans ses rapports avec l'adjudicataire, soit dans ses rapports avec les autres créanciers.

Après une aliénation donnant lieu à la purge des hypothèques inscrites, le créancier a droit au prix, lorsque ce prix lui a été offert par l'acquéreur en purgeant. Cette offre établit un lien de droit entre ce dernier et les créanciers inscrits et fait produire ses effets à l'hypothèque. On s'est demandé, d'une part, si la dispense de renouveler est acquise à partir du jour de l'offre ou seulement à l'expiration du délai de la surenchère[2], et, d'autre part, si cette dispense subsiste malgré la surenchère. Il nous semble que l'hypothèque a produit irrévocablement son effet dès que la purge a eu lieu ; la surenchère pourra bien substituer un nouvel acquéreur au premier ; mais elle ne peut détruire les conséquences de la notification du contrat, et empêcher que le droit hypothécaire du créancier n'ait été converti en un droit sur le prix par le fait de cette notification. Ainsi, à la suite d'une aliénation volontaire, le créancier est dispensé de renouveler son inscription, dans ses rap-

---

1. En ce sens : Aubry et Rau, *loc. cit.*, notes 15 et 16.

2. Pont, n° 1060, Troplong, III, 723 ; Paris, 16 janvier 1840 ; *Sir.*, 40, 2, 129.

ports avec l'acquéreur et les autres créanciers, dès que la purge des hypothèques inscrites a été effectuée [1].

Au cas de revente de l'immeuble par l'adjudicataire ou l'acquéreur, le créancier, dans ses rapports avec le sous-acquéreur et les créanciers personnels de celui-ci, sera tenu de justifier d'un renouvellement opéré en temps utile. Cependant, à défaut, son droit serait encore conservé par l'inscription d'office prise lors de la transcription du jugement d'adjudication ou de l'acte d'aliénation qui a donné lieu à la purge, inscription à laquelle il se trouve légalement subrogé [2].

60. La publicité dûment effectuée a pour effet de *saisir* les subrogés des avantages de l'hypothèque légale, à l'égard des *tiers*. Un premier point qui se dégage de ce principe, c'est que la publicité n'est pas requise au regard de la femme, partie au contrat, vis-à-vis de laquelle elle n'aurait aucune raison d'être. Aussi est-ce avec raison que la loi déclare seulement qu'elle saisit les cessionnaires à l'*égard des tiers*. Nous avons dit, en traitant de l'authenticité, qu'il faut entendre par tiers : *les personnes qui, n'ayant point figuré au contrat de subrogation, ont intérêt à contester au subrogé les avantages résultant de la cession de l'hypothèque consentie par la femme, sans que l'on doive se préoccuper de la nature du droit en vertu duquel elles agissent* (n° 48); et nous avons alors réservé les développements qu'ap-

---

1. En ce sens : Aubry et Rau, § 280, note 23. — Grenier, I, 112. — Cass., 1er juillet 1834, 21 mars 1848 et Bourges, 20 novembre 1852; *Sirey*, 34, I, 504; 48, I, 273 et Dalloz, 55, II, 27. — Paris, 24 mars 1860, Limoges, 14 juin 1860, Paris, 21 août 1862, Montpellier, 28 juin 1868; *Palais*, 60, 922 ; 61, 528 ; 63, 621 et 69, 207.

2. En ce sens : Aubry et Rau, § 280, notes 25 et 26. — Seligman, *Saisies immob.*, n° 546. — Cass., 17 mai 1859; *Sirey*, 59, I, 577. — *Contra :* Toulouse, 4 mars 1864; *Sirey*, 64, II, 104.

pelle cette définition, dans l'examen de laquelle nous allons maintenant entrer.

Les tiers doivent, disons-nous, justifier de l'intérêt qu'ils ont à contester au subrogé les avantages résultant de la cession de l'hypothèque ; mais cet intérêt est suffisant, et il n'est point nécessaire que ceux qui le peuvent invoquer soient nantis de droits sur l'immeuble, et se soient conformés aux lois pour les conserver, condition qui ne saurait leur être imposée, car l'article 3 de la loi de 1855 ne leur est point applicable. Il n'existe, en effet, aucune analogie entre les tiers dont il est question dans cet article et ceux visés par l'article 9 de la même loi. L'article 3 n'a nullement pour but de déterminer, en une règle générale, qui il faut entendre par tiers dans tous les textes de ladite loi. Il a seulement voulu, en réglant les effets légaux de la transcription, indiquer quels sont ceux qui en peuvent opposer le défaut, et vis-à-vis de qui elle consolide les droits de propriété immobilière et autres droits réels immobiliers [1]. L'article 9, au contraire, se référant à la transmission d'une hypothèque, droit mobilier dans le patrimoine du créancier, décide que la publicité qu'il requiert saisit les cessionnaires à l'égard des tiers, sans exiger que ceux-ci, pour critiquer la cession, possèdent, comme le veut l'article 3, un droit sur l'immeuble et aient rempli une formalité quelconque pour le conserver. Dès lors cette dernière condition, faite pour d'autres, ne saurait les concerner. Les tiers dont parle l'article 9 sont donc, ainsi que nous l'avons indiqué, conformément aux principes généraux, ceux qui n'ayant

---

1. En ce sens, Paris, 18 août 1876 ; *Palais*, 79, 1148.

point été parties au contrat de subrogation ont intérêt à en critiquer l'efficacité vis-à-vis des bénéficiaires.

61. Ils comprendront, en premier lieu, les subrogés eux-mêmes qui auront rempli la formalité de la publicité, puisque entre eux elle doit avoir pour effet de déterminer l'ordre de préférence, conformément au dernier alinéa de l'article. Ils comprendront, en second lieu, les acquéreurs des immeubles du mari ; mais on doit remarquer qu'à l'égard de ces derniers, la publicité a pour effet de *saisir* le subrogé du droit de suite, et non de régler le droit de préférence, comme dans le cas précédent. Aussi la date de la publicité n'aura ici aucune importance ; et la formalité pourra être valablement remplie tant que la femme aura le droit de s'inscrire elle-même. (Conf. n°s 64 et suiv.)

On n'a point à se demander, en règle générale, si, parmi les tiers, devront en outre être compris les créanciers du mari, non subrogés [1], chirographaires ou hypothécaires, mais venant après la femme. Ils n'ont évidemment aucun intérêt à opposer le défaut de publicité, car, s'ils écartaient le subrogé, ils seraient eux-mêmes primés par l'hypothèque légale qui, dégagée des liens de la subrogation, reprendrait son essor au profitde la femme. Mais il en serait autrement si, à raison de certaines circonstances qui seront ultérieurement indiquées, ils ne devaient pas être primés par cette hypo-

---

1. Nous devons faire remarquer ici que, dans l'expression : *non subrogés*, nous comprenons, outre ces derniers, les subrogés *non saisis*, c'est-à-dire ceux qui n'ont pas rempli la formalité de la publicité ou qui ne l'ont remplie que tardivement, ainsi que ceux dont l'inscription ou la mention a été déclarée nulle. En effet, tous ces créanciers, n'étant pas saisis à l'égard des tiers, doivent tous être considérés comme non subrogés, et nous les comprendrons sous cette dénomination dans les explications qui vont suivre.

thèque, car ils auraient alors intérêt à repousser toute subrogation non rendue publique et devraient, par suite, être rangés, en ce cas, parmi les tiers de l'article 9. (Voir, pour plus de détails, n°ˢ 71 et suivants.)

62. Il nous reste enfin à examiner s'il convient de considérer aussi comme tiers les créanciers de la femme, chirographaires on hypothécaires, peu importe, puisqu'il ne saurait exister de droit de préférence entre eux, sur le prix d'immeubles qui ne sont point leur gage. Peuvent-ils, non subrogés, se prévaloir du défaut de publicité, pour écarter les créanciers du mari ou d'autres créanciers de la femme, subrogés par cette dernière ? Leur intérêt est certain dans les deux cas. En effet, la subrogation demeurant non avenue, les seconds seront obligés de subir une distribution au marc le franc, sur des deniers qui leur auraient été exclusivement attribués, et les premiers seront écartés, d'une façon absolue, eu égard à la collocation qu'ils auraient obtenue comme subrogés, collocation qui reviendra en totalité aux ayants droit de la femme, par la voie de la sous-collocation ou du sous-ordre, elson que celle-ci produira à l'ordre ou qu'ils auront produit à sa place (775 pr. civ.).

On leur a cependant contesté la faculté d'agir, en prétendant qu'ils ne doivent pas avoir plus de droits que leur débitrice, qui ne peut opposer le défaut de publicité. Ils sont, a-t-on dit, non des tiers, dans le sens de l'article 9, mais des ayants cause de la femme, et, comme tels, ils ne peuvent ni agir en leur propre nom, ni invoquer un droit dont le principe n'existe pas chez leur débitrice [1].

1. En ce sens, Bertauld, *Subrogation*, n° 95. — Mourlon, *Transcri-*

La cour de Caen a répondu que, les termes employés par l'article 9 de la loi de 1855 et par l'article 1690 du Code civil étant identiques, on ne saurait exiger plus de capacité pour opposer l'absence des formalités relatives à la subrogation, que pour se prévaloir du défaut de celles qui sont exigées pour le transfert de la créance. Or, d'un avis unanime, on concède aux créanciers chirographaires le droit d'opposer le défaut de celles-ci[1]. Mais on a fait observer que cette synonymie d'expressions, entre les deux articles précités, est purement accidentelle et n'indique aucune idée préconçue chez le législateur; que le mot tiers est fréquemment employé, dans nos lois, avec des sens fort divers, et qu'enfin, en argumentant de l'article 1690, on s'exposait à donner raison au système d'après lequel le transport de la créance est effectué par la subrogation[2].

Ces critiques adressées à la théorie de la Cour de Caen nous semblent tout à fait fondées, et nous avons déjà indiqué (n° 42) qu'il n'y a aucune analogie à établir entre les articles 1690 du Code civil et 9 de la loi de 1855. A notre avis, il faut appliquer ici les règles générales, en vertu desquelles tout créancier, même chirographaire, peut argumenter, contre un créancier hypothécaire, du défaut de publicité. C'est là un point incontestable sous l'empire de l'art. 2134 du Code civil[3], et qui doit avoir naturellement son application en notre

ption, n° 1103. — Jugement du tribunal de Mortagne du 22 mars 1878, infirmé par arrêt de Caen rapporté à la note suivante.

1. Arrêt de Caen du 18 décembre 1878, _Palais_, 79, 1150. — Dans ce même sens : Colmet de Santerre, t. IX, p. 230.

2. En ce sens, Lyon-Caen, _note_ sous l'arrêt de Caen, rapporté à la note précédente, _Palais_, _loc. cit._

3. Voir, à cet égard, Pont, _Priv. et Hypot._, n° 729 et les arrêts cités par cet auteur.

matière. Il faut, du reste, remarquer que le dernier paragraphe de l'article 9 implique, comme nous l'avons déjà dit, la nécessité de la publicité entre les subrogés, en décidant qu'elle règle entre eux l'ordre de préférence. Le paragraphe qui précède doit donc avoir une portée plus étendue, pour ne pas être inutile, et comprendre, dès lors, tous les créanciers, subrogés ou non subrogés, ainsi que les tiers acquéreurs, conformément aux explications déjà données.

63. Le système qui n'exige la publicité qu'au regard des subrogés aboutit au rétablissement des subrogations occultes et conduit à des conséquences iniques.

Prenons un exemple. Un homme marié est sur le point d'être exproprié. Son immeuble est grevé de trois inscriptions : la première en faveur de la femme, les deux autres au profit de deux créanciers, dont le dernier est subrogé à l'hypothèque légale, mais n'a pas rempli la formalité de la publicité. Un tiers intervient, obtient la main-levée de l'inscription lade femme, désintéresse avec subrogation, mais sans garantie, le créancier poursuivant, premier inscrit après elle, et monte ainsi au premier rang. Plus tard, l'immeuble est vendu et, dans l'ordre, le dernier créancier, excipant de sa subrogation occulte à l'hypothèque légale, demande collocation au premier rang. Dans l'opinion contraire à la nôtre, sa prétention devra être accueillie, car la publicité n'y est point requise à l'égard du tiers cessionnaire, et, d'autre part, nous verrons, en étudiant les effets de la subrogation, que la main-levée fournie par la femme ne peut préjudicier à une subrogation antérieure. Ainsi le cessionnaire, qui n'aura rien à se reprocher, perdra sa créance d'une manière définitive, si, le mari étant insolvable, le prix se trouve absorbé par la première collocation. Une loi qui admettrait une semblable solution tendrait aux tiers de bonne foi un véritable piège; aussi une conséquence pareille à celle que nous venons de signaler doit suffire pour faire repousser le système d'où elle découle.

Concluons donc qu'à l'exception de la femme seule, qui est partie au contrat, et de ses successeurs universels, le défaut de publicité peut être invoqué par tous ceux qui y ont intérêt, quelle que soit la nature du titre dont ils excipent [1].

64. La loi, après avoir exigé la publicité et déclaré qu'entre les subrogés elle règle l'ordre de préférence, ne fixe pas le délai dans lequel elle devra être effectuée pour que la subrogation elle-même soit valable et opposable aux tiers. Sur ce point, il faut distinguer suivant que le subrogé procède par voie d'inscription directe ou de mention en marge.

Occupons-nous d'abord de la publicité réalisée par voie d'inscription directe. Dans ce cas, il suffira, à notre avis, que la formalité soit remplie pendant que la femme aura encore le droit de s'inscrire elle-même ; plus tard, elle demeurerait sans valeur et sans résultat. Dès lors, toute inscription opérée après la transcription du titre d'où résulte l'aliénation, si les biens du mari ont été l'objet d'une vente à la suite de laquelle les hypothèques légales sont purgées de plein droit, ou après les délais de la purge de ces hypothèques, dans les ventes qui nécessitent cette procédure, sera tardive et impuissante pour faire produire ses effets à la subrogation sur

---

1. En ce sens, arrêt de Caen précité. — Bressolles, *Transcription*, n° 104. — Verdier, *Transcription*, n° 685.

les immeubles aliénés, le cours des inscriptions se trouvant alors définitivement arrêté.

On soutient cependant qu'en toute hypothèse le subrogé ne peut utilement s'inscrire après la transcription, qui doit avoir pour effet d'arrêter le cours des inscriptions de subrogation, comme elle arrête celui des inscriptions des hypothèques conventionnelles ou judiciaires, aux termes de l'article 6 de la loi de 1855. L'acquéreur étant un tiers dans le sens de l'art. 9 de cette loi, il faudrait appliquer au subrogé le principe général posé dans son article 3, qui tranche, par la priorité de la publicité, tout conflit d'inscription et de transcription.

Si l'on fait remarquer aux partisans de cette doctrine que l'art. 6 ne vise point les hypothèques légales, ils répondent qu'il n'en est ainsi que tout autant que ces hypothèques, demeurant dispensées d'inscription, conservent leur caractère, car il ne saurait être question de conflit d'inscription et de transcription dans les cas où la première de ces deux formalités n'est pas requise. Mais, disent-ils, la situation change quand apparaît la nécessité de l'inscription. Ainsi, d'après l'article 8 de la loi précitée, la veuve tenue de s'inscrire dans l'année du décès de son mari ne peut plus, ce délai écoulé, utilement prendre inscription sur les immeubles dont la vente a été transcrite. Il doit en être de même à l'égard du subrogé, aux mains de qui l'hypothèque légale perd son caractère occulte. L'art. 9 a voulu soumettre la cession de cette hypothèque aux formalités exigées pour la constitution de l'hypothèque conventionnelle ; et il est dès lors vrai de prétendre que c'est une hypothèque de cette nature qui, par rapport au tiers acquéreur, repose sur la tête du cessionnaire ; l'art. 6 est donc applicable à ce dernier. Cette solution, ajoutent-ils, est en parfaite harmonie avec le principe sur lequel repose toute la loi de 1855, qui a voulu consolider la propriété immobilière sur la tête des tiers détenteurs, en défendant d'inscrire tous droits réels sur les héritages, à partir du jour où les titres translatifs de propriété ont été rendus publics par la transcription [1].

Quelque sérieux que puissent paraître les motifs invoqués à l'appui de la thèse que nous venons d'exposer, nous croyons devoir persister dans notre manière de voir. Nous reconnaissons, sans doute, que l'art. 9 a eu pour but de soumettre la cession de l'hypothèque légale aux mêmes formalités que la constitution de l'hypothèque conventionnelle ; mais cette portée est la seule qu'on puisse attribuer à cet article au point de vue qui nous occupe ; il se borne à prescrire la publicité, sans déterminer le délai dans lequel elle doit se produire. Sur ce dernier point, l'on doit dès lors se décider d'après les règles admises avant 1855, règles qui établissaient une identité parfaite entre la condition de la femme et celle du subrogé. Il faut donc conclure qu'encore aujourd'hui celui-ci peut, comme la femme, s'inscrire dans les délais de la purge. Voilà pourquoi l'article 6, visant les articles 2123, 2127 et 2128 (C. civ.), ne renvoie nullement à l'article 9 de la loi de 1855, ce qui serait indispensable pour que la règle qu'il applique aux trois premiers pût aussi régir le dernier.

Le subrogé inscrit donc une véritable hypothèque légale, qui ne peut perdre son caractère à son préjudice. Qu'elle soit utilisée par lui ou par la femme, cette hypo-

1. Tel est le système indiqué en germe par M. Bufnoir dans une note insérée au *Journal du Palais* : 1881, 1206 et suiv.

thèque ne saurait changer de nature vis-à-vis de l'acquéreur. Étranger au contrat de subrogation, ce dernier
ne doit ni en bénéficier ni en souffrir ; et cependant,
obligé de subir l'exercice du droit de suite de la part de
la femme inscrite dans le délai de la purge, il pourrait
empêcher le cessionnaire de celle-ci d'exercer ce même
droit, bien qu'il se fût conformé aux mêmes prescriptions légales.

Il est, du reste, une hypothèse où une semblable prétention de la part de l'acquéreur serait évidemment
inadmissible. Nous voulons parler du cas où le subrogé
est le créancier personnel de la femme, qualité qui lui
permet d'exercer le droit de suite au nom de sa débitrice, à la condition d'avoir pris inscription aux lieu et
place de celle-ci dans le délai de la purge.

65. Examinons maintenant jusqu'à quelle époque la
publicité peut être réalisée, quand le subrogé procède
par voie de mention en marge de l'inscription préexistante.

Il est d'abord évident que la mention pourra être opérée tant que l'inscription elle-même pourrait être requise.
Mais ne faut-il pas aller plus loin et décider qu'elle
interviendra utilement soit après la transcription, soit
après le délai de la purge, suivant les cas, pourvu que
l'inscription qui doit lui servir de base ait été prise en
temps utile par la femme ? On pourrait prétendre que
la mention, équivalant à l'inscription, devient impossible
lorsque celle-ci n'est plus recevable ; mais nous pensons
que cette manière de voir ne saurait être adoptée. En
effet, quand l'inscription est tardive, le droit hypothécaire n'a point été révélé dans la période voulue par la
loi ; l'hypothèque, restée occulte alors qu'elle devait se

manifester, ne peut plus être opposée aux tiers à l'égard desquels la publicité était requise et vis-à-vis de qui cette formalité est désormais impossible. Mais l'inscription prise par la femme, dans les délais utiles, vivifiant l'hypothèque légale, produit la publicité grâce à laquelle les droits que cette hypothèque confère peuvent être exercés. Ces droits pourraient évidemment devenir l'objet d'une cession postérieure, et le cessionnaire en serait saisi par la formalité de la mention. Comment refuser le même effet à la formalité accomplie par un subrogé antérieur? Ainsi, la mention sera toujours possible en marge de l'inscription préexistante ; mais il peut se faire qu'au moment où le subrogé se l'approprie, elle ait perdu tout ou partie de son utilité sur l'immeuble aliéné. Ce dernier point sera précisé quand nous traiterons des effets de la subrogation elle-même.

66. Lorsqu'à la suite d'une vente sur expropriation, le subrogé et l'adjudicataire font, le même jour, l'un inscrire sa subrogation et l'autre transcrire son jugement d'adjudication, le premier conserve-t-il ou non le droit de préférence sur le prix de l'immeuble adjugé? En ce qui concerne les rapports du subrogé et de l'adjudicataire, la question n'offre aucun intérêt lorsque celui-ci n'a lui-même aucun droit à faire valoir sur le prix à distribuer. Il importe peu, en effet, à l'adjudicataire que ce prix soit, dans ce cas, attribué à tel ou tel créancier, pourvu qu'il se libère valablement. Mais, dans les rapports du subrogé et des autres créanciers ayant droit au prix, la question aura toujours son importance, puisque ces derniers auront toujours intérêt à repousser le premier, en prétendant que son inscription est postérieure à la transcription.

On ne peut évidemment, pour la solution, prendre pour base l'ordre de l'inscription ou de la transcription sur les registres du conservateur, car les deux formalités figurent sur deux registres différents. D'un autre côté, on n'est point autorisé à préférer, en tout cas, l'adjudicataire au subrogé, sous prétexte que l'esprit général de la loi de 1855 est favorable à la libération de la propriété immobilière ; en effet, le droit de l'un est aussi respectable que le droit de l'autre, et, dans le doute, il est impossible de se prononcer plutôt pour l'un que pour l'autre, puisqu'il n'existe entre eux aucune cause légitime de préférence. Enfin le conflit ne saurait être réglé par l'antériorité du titre, attendu que la loi, en exigeant la publicité, a eu pour but de faire abstraction du titre lui-même [1].

Tous ces moyens écartés, la question paraît insoluble ; aussi quelques auteurs déclarent purement et simplement qu'il est impossible de la résoudre [2].

Cependant une dernière solution a été proposée. Parmi les registres tenus par le conservateur et soumis au timbre en vertu de la loi du 21 ventôse an VII et des articles 2200 et 2201 du Code civil, il en est un, appelé *registre des dépôts*, sur lequel il doit prendre note des titres que les parties lui apportent à inscrire ou à transcrire. C'est ce registre qui doit, d'après certains auteurs, fournir le moyen de trancher la question, la priorité du dépôt devant décider entre le subrogé et l'adjudicataire [3].

---

1. *Contra :* Fons, *Précis sur la loi de* 1855, n° 54 ; — Bressolles, *Loi de* 1855, n° 85.

2. En ce sens : Rivière et Huguet, *Transcription*, n° 202.

3. En ce sens : Troplong, *Transcript.*, n° 192 et suiv. — Mourlon, *Transcript.*, n° 519 ; — Flandin, *Transcript.*, n°s 924 et 925. — *Journal des avoués*, t. LVIII, art. 96-2°, p. 464.

Mais cette manière de voir se trouve à son tour combattue. Il est impossible, dit-on, de voir dans le registre des dépôts un registre *de formalité*. Il ne faut pas y attacher la même confiance qu'à ceux des inscriptions ou des transcriptions, car il peut n'avoir pas été tenu avec la même régularité ; il ne constitue, en tout cas, qu'un registre d'*ordre* destiné à faciliter les opérations du conservateur, et n'établit point une preuve officielle indiquant d'une manière irréfutable l'antériorité de la remise.

Cette objection, qui pouvait être sérieuse avant la loi du 5 janvier 1875, a, depuis, nous semble-t-il, perdu sa valeur. Cette loi a pour but de permettre de reconstituer, le cas échéant, les registres d'une conservation hypothécaire détruite par un sinistre. A cet effet, le registre des dépôts est tenu double, et l'un des doubles est déposé au greffe d'un tribunal voisin, désigné par ordonnance du premier président de la cour d'appel (art. 2200 C. civ. modifié par la loi précitée). Ainsi, le registre des dépôts est destiné, au besoin, à remplacer et à reconstituer ceux des inscriptions et des transcriptions ; il doit donc avoir aujourd'hui une autorité égale à celle des registres de formalité, et constitue un élément de preuve des plus sérieux.

Mais on objecte, en outre, que la solution proposée aurait pour conséquence de mettre les intérêts des parties à la discrétion absolue du conservateur. Celui-ci, en effet, pourrait intervertir l'ordre des dépôts sur le registre, et établir ainsi, au profit de celui dont la remise serait postérieure, une préférence provenant soit d'une erreur matérielle, soit d'un concert frauduleux. Cette manière de raisonner déplace le terrain de la discussion. Il est certain que, si le registre des dépôts constate un ordre qui est le résultat de l'erreur ou de la fraude, on ne doit point admettre les indications qu'il présente. Mais c'est là l'exception ; en ce cas, la fraude ou l'erreur doivent être prouvées par celui qui en a été victime, et, cette preuve faite, l'ordre véritable sera rétabli sans difficulté. Si cette preuve ne peut être administrée, il faudra avoir la foi la plus complète dans le registre, car la fraude ne se présume point, et l'erreur paraît presque impossible en présence des habitudes d'exactitude et de régularité qui règnent dans les conservations hypothécaires, et des responsabilités ou des pénalités disciplinaires encourues par le conservateur pour la plus légère infraction aux règles que la loi lui trace.

Il faut remarquer, du reste, que la manière dont le dépôt est constaté est de nature à écarter tout soupçon d'irrégularité. Le conservateur doit inscrire au fur et à mesure les dépôts, sans interruption, et délivrer au déposant un récépissé sur papier timbré portant le numéro d'ordre du registre. Ce récépissé, qui permet de contrôler l'exactitude du registre lui-même, est un document des plus utiles aux mains de l'ayant droit.

Le registre des dépôts fournit donc des indications dans lesquelles on peut avoir une confiance complète. Aussi la solution que nous proposons a-t-elle été admise par le législateur belge dans la loi du 16 décembre 1851, dont l'article 123 dispose que si plusieurs titres soumis à la publicité ont été présentés le même jour au conservateur, la préférence se détermine d'après le numéro d'ordre sous lequel la remise de chaque titre aura été mentionnée au registre tenu à cet effet.

Ainsi, en résumé, si le subrogé peut faire constater en sa faveur un dépôt antérieur à celui de l'adjudicataire, sa subrogation se trouvera avoir été légalement inscrite avant la transcription du jugement d'adjudication, et lui donnera action sur le prix de l'immeuble exproprié ; dans le cas contraire, elle ne lui conférera aucun droit sur ce même prix[1]. Cette constatation sera faite au moyen des indications fournies par le registre et le récépissé, sauf aux intéressés à démontrer que ces indications sont le résultat d'une erreur ou d'une fraude de la part du conservateur.

67. Des inscriptions ou mentions opérées le même jour établissent un concours au marc le franc entre les créanciers qu'elles concernent. On a cependant soutenu que, dans ce cas, les subrogés doivent être colloqués d'après leur ordre sur les registres du conservateur, parce que la règle posée par l'article 2147 (C. civ.), constituant une dérogation à la maxime générale : *potior tempore potior jure*, l'on doit revenir à l'application de cette maxime dès qu'un texte formel n'y fait pas obstacle[2].

Cette manière de voir n'est pas exacte, car la loi n'admet, en matière hypothécaire, ni priorité ni préférence entre créanciers inscrits le même jour ; or il est incontestable que les raisons qui ont fait édicter l'article 2147 précité sont parfaitement applicables à la subrogation. Il faudrait donc, pour déroger à la règle qui s'y trouve établie, un texte formel qui n'existe pas et qui ne saurait exister, parce qu'on ne pourrait donner aucun motif à son appui[3].

---

1. En ce sens, jugements de Die, 17 juin 1868 et de Forcalquier, 30 décembre 1880 : *Revue du notariat*, 2365 et *la loi* du 13 janvier 1881.

2. Mourlon, *Transcription*, n° 1093.

3. En ce sens, Troplong, *Transcription*, n° 339. — Pont, *Priv. et Hypoth.*, n° 797. — Bressolles, *Transcription*, n° 106.

68. Lorsque le mariage se trouve dissous par la mort du mari, la femme doit s'inscrire dans l'année du décès ; toute inscription prise après ce délai ne date, à l'égard des tiers, que du jour où elle a été effectuée. Dans ce cas, entre plusieurs subrogés, le rang s'établira toujours par la date des inscriptions ou mentions ; mais les bénéficiaires devront, comme la femme et à son défaut, inscrire dans le délai prescrit l'hypothèque cédée ; dans le cas contraire, elle ne datera, pour eux aussi, que du jour où elle aura été inscrite [1]. La mention en marge n'est pas soumise à la même condition. En effet, si la femme est tenue de s'inscrire dans l'année du décès, ce n'est pas sous peine d'être déclarée déchue, mais seulement de laisser perdre à l'inscription tardivement prise l'effet rétroactif produit par l'hypothèque légale. Dès lors, pourvu que les droits de la subrogeante soient garantis par une inscription opérée dans la période voulue, la mention pourra ensuite utilement intervenir, soit pour saisir le subrogé soit pour assurer son rang, conformément aux principes que nous avons posés eu égard à la mention (n° 65).

69. L'hypothèque légale, non inscrite dans l'année du décès, est définitivement purgée, relativement à l'immeuble vendu, par la transcription antérieure de l'acte d'aliénation, sans qu'il soit nécessaire de recourir à la purge. Ne datant, dans ce cas, à l'égard des tiers, que du jour où l'inscription a été prise, elle ne peut conférer aucun droit sur un immeuble qui lui échappe par une vente déjà transcrite. Soumise désormais au droit commun, elle ne saurait être utilement inscrite après la transcription.

---

1. En ce sens, Paris, 30 novembre 1861, *Palais*, 62, p. 754.

Par suite, lorsque cette année s'est écoulée, le subrogé ne peut plus également, pour les mêmes motifs, inscrire sa subrogation sur l'immeuble dont l'aliénation a été transcrite; mais, si la femme s'est inscrite, il pourra effectuer la mention en marge, ainsi qu'il vient d'être dit au numéro précédent.

70. Nous devons maintenant, pour compléter nos explications sur la publicité, nous préoccuper des dispositions transitoires relatives à la matière, dispositions réglées par les articles 10 et 11 de la loi de 1855.

L'article 10 déclare, d'une façon générale, que cette loi est exécutoire à dater du premier janvier 1856, et l'article 11 (1er alinéa) fait une application spéciale de cette disposition par rapport à l'article 9. Les créanciers, subrogés antérieurement à cette date, sont-ils tenus, comme la femme et à son défaut, d'inscrire l'hypothèque légale conformément à l'article 8 ? Nous sommes d'avis que le droit des créanciers ne saurait être plus étendu que celui de la femme, et qu'il faut les assimiler à cette dernière. Ainsi, après l'année du décès, ils n'auront plus à inscrire qu'une hypothèque datant seulement du jour de l'inscription.

La cour de Paris a cependant jugé le contraire, en se fondant sur ce que, dans l'opinion que nous adoptons, il existerait une antinomie manifeste entre les §§ 1 et 5 de l'article 11 précité. Cette antinomie consisterait en ce que les créanciers subrogés avant le 1er janvier 1856, après avoir été dispensés de faire inscrire l'hypothèque légale par le § 1 portant que l'article 9 ne leur est pas applicable, seraient tenus, aux termes du § 5, de remplir cette formalité, suivant les prescriptions de l'article 8, dans l'année à compter du jour où la loi est devenue

exécutoire [1]. Cette doctrine repose sur une confusion
évidente. En effet, le § 1 concerne les subrogés, car il
vise l'article 9, qui règle les formalités qu'ils doivent
remplir pour être saisis de l'hypothèque légale, tandis
que le § 5 s'applique à la femme, puisqu'il fixe le délai
dans lequel elle doit requérir l'inscription que l'article 8,
dans le cas prévu, exige d'elle. Ainsi, les subrogés, dont
le titre avait acquis date certaine avant le 1er janvier
1856, n'étant pas soumis aux prescriptions de l'article 9,
continueront, sans doute, d'exercer, soit vis-à-vis des
tiers soit entre eux, les droits hypothécaires de la subrogeante, d'après les règles qui étaient suivies avant la loi
de 1855 ; mais ils devront évidemment prendre ces droits
tels qu'ils existeront sur la tête de cette dernière et dans
la situation qui leur aura été faite par l'article 8, lorsqu'ils n'auront pas été inscrits suivant la volonté de cet
article. Du reste, la loi ne dit pas, comme elle le déclare
pour l'article 9, que l'article 8 ne sera applicable qu'à
dater du 1er janvier 1856 ; il n'existe dès lors aucune
raison pour retarder jusqu'à cette date l'application de
ce dernier article [2].

La cour de Bourges avait déjà jugé la question dans
le sens que nous indiquons, et la solution qu'elle a

1. Paris, 4 mars 1863 ; *Palais*, 63, 553. — La Cour de cassation n'a pas
eu à apprécier le mérite de cet arrêt, sur le pourvoi qui fut porté devant
elle, car elle a reconnu qu'une inscription d'hypothèque légale profitant
à tous les subrogés avait été prise bien avant le décès du mari. — Cassation, arrêt du 3 juillet 1863, *Palais*, 66, 961. — Dans le sens de l'arrêt
de Paris, voir Mourlon, *Transcription*, n° 1115.

2. En ce sens, Pont, *Priv. et Hyp.*, n° 821. — Bertauld, *Subrogation*,
n° 103. — Flandin, *Transcript.*, n°s 1516 et suiv. — Troplong, *Transcript.*,
n° 358. — Bressolles, *Exposé*, n° 108, 6° règle, 2°. — Ducruet, *Transcript.*,
n°s 51 et 54. — Dalloz et Vergé, *Formul. du not.*, II, p. 560, n° 146,
4° édition.

adoptée a été, depuis, consacrée par une jurisprudence constante [1].

71. Le subrogé qui n'a pas rempli la formalité de la publicité n'est pas saisi de l'hypothèque légale à l'égard des tiers ; il ne peut donc, en principe, utiliser au préjudice de ces derniers la subrogation qu'il a obtenue.

Cependant, ainsi que nous l'avons déjà indiqué, les créanciers personnels du mari, non subrogés, n'ont aucun intérêt, lorsqu'ils sont eux-mêmes primés par l'hypothèque légale inscrite en temps utile, à opposer aux subrogés le défaut de publicité. Il suit de là que ces derniers, au regard de ces créanciers, pourront, au marc le franc entre eux, utiliser leurs subrogations sur ce qui restera des reprises de la femme, pourvu que celle-ci exerce ses droits hypothécaires. Il importe peu, en effet, aux créanciers du mari non subrogés que la femme, qui a le droit de se faire colloquer, garde pour elle sa collocation, ou que le montant en soit attribué aux subrogés dont nous parlons. La femme elle-même ne pourra pas se plaindre, puisque la publicité n'est pas requise en ce qui la concerne. Mais, si elle n'intervient pas dans l'ordre, ces subrogés ne seront pas admis à revendiquer, en son absence, un droit dont ils ne sont pas saisis, et qui, dans l'espèce, ne peut être exercé que par elle. Dès lors, les créanciers du mari non subrogés auront intérêt à argumenter du défaut de publicité, et leur prétention devra être admise.

---

1. Bourges, 4 juin 1858 ; *Palais*, 60, 983 ; et 20 août 1859 ; *Palais*, 60, 942 ; dans le même sens, 3 juillet 1866, *Palais*, 66, 960. — Adde Riom, 1er mai 1860 ; Aix, 19 novembre 1863 ; Metz, 19 mars 1861 ; *Palais*, 61, 32 et 706 ; 64, 1239 ; 61, 706.

Dans la situation que nous venons de signaler, nous avons supposé que la femme s'était elle-même utilement inscrite. Cette hypothèse, si elle peut être prévue en théorie, se présentera rarement en pratique, car le subrogé aura toujours le soin d'opérer en marge de l'inscription préexistante la mention qu'il peut toujours effectuer, et qui, le saisissant de l'hypothèque légale, lui permettra d'utiliser sa subrogation.

Mais nous savons que, quoique non inscrite, la femme peut, aujourd'hui, dans les conditions indiquées par l'article 717 du Code de procédure civile, faire valoir son droit de préférence dans l'ordre, pourvu qu'il soit ouvert, suivant la prescription de l'article 772 du même Code, dans les trois mois qui suivent l'expiration du délai de la purge des hypothèques légales, lorsque le prix en distribution ne provient pas d'une vente sur expropriation (voir principes généraux, n°s 4 et suivants). Si ce droit est exercé, les créanciers du mari non subrogés n'auront également, comme au cas où l'hypothèque légale est inscrite et pour les mêmes motifs, aucun intérêt à opposer le défaut de publicité aux subrogés qui interviendront dans l'ordre pour profiter de la collocation qu'obtiendra la subrogeante.

72. Lorsqu'au lieu de faire ouvrir un ordre devant le magistrat compétent, toutes parties intéressées, majeures et capables, se présenteront devant un notaire pour y procéder à la distribution d'un prix de vente, la femme et le subrogé dont nous nous occupons pourront-ils intervenir, comme au cas d'ordre, la première pour faire valoir ses droits, celui-ci pour utiliser ainsi sa subrogation? Nous supposons, d'ailleurs, si le prix à distribuer provient d'une aliénation autre que sur

expropriation, qu'il ne s'est pas écoulé trois mois depuis l'expiration des délais de la purge des hypothèques légales. Les créanciers du mari non subrogés ne seront-ils pas fondés à les repousser, puisqu'aucun ordre ne se trouvera ouvert? Nous pensons que, partout où se fera la distribution, la femme et le subrogé pourront faire valoir leurs droits respectifs, et que tout paiement fait au mépris de l'intervention et de la réclamation dûment constatées de la femme devra être annulé. En effet, la loi dit que cette dernière, quoique non inscrite, conserve non le droit de produire à l'ordre, mais son droit de préférence ; dès lors, elle doit avoir la faculté d'exercer ce dernier droit dans toute distribution de deniers représentant le prix d'un immeuble, sous la seule condition que le délai fixé ne soit pas expiré.

73. Les solutions qui précèdent s'appliquent-elles à la veuve non inscrite dans l'année du décès de son mari? Nous croyons qu'il faut répondre négativement. En effet, le droit de préférence est conservé seulement et à titre de faveur exceptionnelle à la femme qui, en puissance de mari, n'a pas requis inscription quoique légalement mise en demeure. Quand, après le décès du mari, une année s'est écoulée, il ne saurait être question, nous l'avons déjà dit, de purge des hypothèques légales. La femme, dont l'hypothèque, à partir de cette époque, ne date que du jour de l'inscription, n'a plus, comme tout créancier hypothécaire, aucun droit de préférence ou de suite, si elle a négligé de s'inscrire avant la transcription.

Puisque, dans ce cas, la subrogeante est sans droit, le subrogé qui n'a pas rempli la formalité de la publicité se trouve dans la même situation, car son sort est lié au sien.

74. Nous avons supposé, dans les hypothèses précédentes, que les subrogés *non saisis* ne sont pas créanciers personnels de la femme, puisqu'ils ne peuvent se faire attribuer sa collocation que si elle agit elle-même, dans les délais et formes voulus. Si, au contraire, celle-ci est leur débitrice, les mêmes solutions devront être admises, mais avec cette différence que l'intervention de la femme ne sera plus nécessaire. A son défaut, ils pourront, exerçant ses droits et actions, se faire attribuer les sommes qu'elle aurait obtenues dans les diverses situations que nous venons d'examiner, sommes qui seront ensuite distribuées entre eux, au marc le franc, par la voie du sous-ordre.

CHAPITRE IV

EFFETS DE LA SUBROGATION

SOMMAIRE

SECTION DEUXIÈME. — Effets a l'égard de la femme.

de son mari ou un créancier hypothécaire de ce dernier déchu de son hypothèque.

108. En aucun cas, la femme qui a subrogé ne peut être considérée comme créancière chirographaire à l'égard de son mari.

109. La subrogation doit avoir été réalisée par le créancier pour que la femme soit investie, de ce chef, contre son mari, d'une créance hypothécaire exigible.

110. Exception de l'article 2032 (C. civil). — Hypothèse où se réalise l'un des événements prévus par cet article. — Controverse suscitée par son application en cas de faillite.

111. La subrogation est nulle, en ce cas, à l'égard de toutes parties, par application de l'article 598 du Code de commerce.

112. Examen de l'opinion qui prétend qu'elle est seulement nulle à l'égard de la masse.

113. Réfutation de cette opinion. — La véritable interprétation de l'article 447 du Code de commerce conduit au même résultat que l'application de l'article 598.

114. Hypothèse où la femme a subrogé dans son propre intérêt.

SECTION PREMIÈRE

EFFETS A L'ÉGARD DES CRÉANCIERS SUBROGÉS

75. Il est utile de rappeler ici, en quelques mots, notre théorie sur la nature de la subrogation, car, du principe posé à cet égard, vont découler les conséquences pratiques qui constituent la partie la plus importante de ses effets. La subrogation à l'hypothèque légale est, avons-nous dit, le transport pur et simple de cette hypothèque de la créance de la femme à celle du subrogé, sans qu'à une période quelconque du contrat, ce dernier soit investi de la créance de la subrogeante. Mais la subrogation produit sur cette créance une influence notable que nous avons analysée ainsi : impossibilité pour la femme de faire disparaître ses reprises, au détriment du subrogé ; droit pour celui-ci de sur-

veiller et de faire maintenir ces reprises, comme la femme elle-même, et, le cas échéant, contre les agissements de cette dernière. Faisons maintenant l'application détaillée des principes que nous venons de rappeler sommairement.

En cédant son hypothèque légale au subrogé, la femme lui transfère, en règle générale, le *droit de préférence* et le *droit de suite* qui en découlent comme de toute hypothèque. Nous allons d'abord examiner les résultats de la subrogation au point de vue du droit de préférence ; nous les envisagerons ensuite au point de vue du droit de suite.

76. En vertu du *droit de préférence*, les subrogés auront, à l'égard de la femme et des tiers dont il est question dans l'article 9, le pouvoir de se faire colloquer, selon les dates des inscriptions ou des mentions, pour le montant des subrogations à eux consenties, jusqu'à concurrence de l'équivalent des droits de la subrogeante [1]. Cette collocation aura lieu aux divers rangs qui appartiendront à l'hypothèque légale, en vertu de ces mêmes droits. Ainsi, au moment de l'ordre, les reprises de la femme devront être liquidées, et les collocations des créanciers subrogés seront effectuées jusqu'à ce qu'elles aient atteint un chiffre égal à celui de ces reprises. Pour constater les droits de la femme, s'ils ne sont pas établis ou déterminés, les subrogés auront un pouvoir égal au sien et jouiront des mêmes prérogatives. Ils pourront invoquer tous les titres dont la subrogeante aurait le droit de se prévaloir, et profiter des mêmes présomptions légales, notamment de celle

1. En ce sens : Colmet de Santerre, t. **IX**, p. 159. — Thézard, *Nantissement, Priv. et Hypoth.*, n° 106. — **Metz, 20 janvier 1859** ; *Palais*, 59, 248.

prévue par l'article 1569 (C. civ.) ; il leur sera, enfin, permis d'intervenir dans toute liquidation qui se fera entre le mari et la femme, pour y surveiller les intérêts de cette dernière.

77. De même que le subrogé pourra établir la quotité des reprises de la femme, de même il pourra les faire revivre, si elles ont été éteintes à son préjudice depuis la subrogation. La femme en effet, en subrogeant, s'est interdit la faculté de les aliéner, car il ne saurait exister de subrogation réalisable sans un droit de créance de cette dernière contre son mari.

Mais ici il importe de bien distinguer suivant la nature des divers faits juridiques, dont le résultat diminue ou anéantit les droits de la subrogeante, et nuit, par contrecoup, à la subrogation. On peut les diviser en deux catégories. Les premiers proviennent, pour la plupart, de l'initiative directe et spontanée de la femme, et ont, en tout cas, pour effet immédiat et unique la destruction totale ou partielle de sa créance. Les seconds, au contraire, n'aboutissent à ce résultat que par leurs conséquences éloignées, de façon qu'en les accomplissant la femme n'a nullement pour objectif cette destruction, qu'ils n'entraînent que d'une manière indirecte.

Les faits de la première catégorie ne sont point opposables au subrogé, qui peut les faire considérer comme non avenus, dans la mesure du préjudice qu'ils lui occasionnent ; telles sont les *cessions de créances, remises de dettes, dations en paiement*. De même, la *compensation*, quoique n'émanant point de leur volonté, ne saurait avoir lieu entre le mari et la femme, car l'extinction de la créance de celle-ci en résulterait d'une manière immédiate et directe. De même enfin la femme ne pourra *recevoir paiement de ses reprises,* au préjudice de la subrogation.

S'il est possible d'interdire à la femme un acte de la nature de ceux que nous venons de mentionner, qui n'ont d'autre raison d'être que la disparition totale ou partielle de sa créance, nous estimons que la subrogation ne confère point au créancier le droit de critiquer ceux de la seconde catégorie, parce qu'ils impliquent chez la subrogeante une appréciation absolument personnelle et indépendante. Cette dernière ne saurait donc être présumée avoir abdiqué, en subrogeant, la faculté de les effectuer, quoique, par leurs effets indirects, ils puissent nuire au droit du subrogé ; telle est l'*acceptation de la communauté* ou de la *succession du mari.* Ces actes offrent, comme tous les faits complexes, des avantages et des inconvénients dont la femme doit être seule juge ; on ne peut les prohiber, parce que, loin de s'analyser, comme pour les premiers, en un résultat immédiat et définitif, leurs effets demeurent soumis à une liquidation ultérieure.

78. La distinction que nous venons d'établir n'a pas été acceptée d'une façon unanime, et il s'est produit, tant en doctrine qu'en jurisprudence, un double courant, l'un trop favorable à la femme, l'autre se préoccupant trop des intérêts du subrogé.

Dans l'opinion qui se montre trop favorable à la femme, on prétend que, lorsque, par une circonstance quelconque, son droit de créance vient à prendre fin, le droit hypothécaire doit également périr aux mains du subrogé. Ainsi la femme conserve la disposition absolue de sa créance, puisqu'elle ne l'a point transmise en subrogeant ; dès lors, si, au moment où la subrogation se réalise, elle n'est plus créancière de son mari, le subrogé, sans rechercher par suite de quels événements il en est ainsi, ne pourra, en cette qualité, réclamer aucune collocation, car il ne saurait avoir plus de droits que la subrogeante elle-même [1].

Cette théorie ne nous paraît pas admissible. Sans doute, la femme reste investie de son droit de créance ; mais elle s'interdit nécessairement tous les actes qui auraient pour résultat de préjudicier à la subrogation d'une manière directe et immédiate ; en décidant le contraire, on réduit cette stipulation aux proportions d'un contrat absolument inutile et illusoire ; on admet que la loi, après l'avoir consacrée, autorise une des parties à la détruire par sa seule volonté [2].

79. Mais la subrogeante a le droit, avons-nous dit, d'accomplir les actes qui impliquent une appréciation personnelle de sa part, bien que, par leurs conséquences indirectes, ils puissent nuire au subrogé. Elle pourra, à leur égard, exprimer librement sa volonté, pourvu qu'elle agisse sans aucune pensée de fraude, dût-il en résulter une diminution notable ou même l'extinction

---

1. En ce sens : Pont, *Priv. et Hypoth.*, n° 483. — Aubry et Rau, §. 288 *bis*, 4°, p. 472 et 473. — Colmet de Santerre, t. IX, p. 139. — Verdier, *Transcription*, n° 653. — Beudant, *Revue critique*, p. 233 et suiv., *loc. cit.* — Thézard, *Nantissem.*, *Priv. et Hypoth.*, n° 107. Conf. dans le même sens : Orléans, 16 mars 1849. On doit, selon nous, critiquer la trop grande généralité des termes employés par cet arrêt, qui pose en principe que le subrogé doit être mis aux lieu et place de la femme. Mais, en fait, sa solution relative à un cas de confusion est fort juste, comme on le verra par la suite du texte. Voir également Cassation, 25 janvier 1853, et Paris, 3 février 1855 ; *Palais*, 53, I, 697 et 55, II, 180.

2. En ce sens : Mourlon, *Transcript.*, n°s 910 et suiv. — Bertauld, *Subrog.*, n°s 117 et suiv. — Demolombe, *Successions*, III, n° 398. — Toulouse, 22 juin, 1859, arrêt confirmé par la Cour de cassation le 17 janvier 1860 ; *Palais*, 61, 881.

complète de ses reprises. Entrons dans l'examen de ces actes, dont le plus important est, sans contredit, l'acceptation de la communauté ayant existé entre la femme et le mari. Il doit, à ce titre, fixer en premier lieu notre attention.

Et, d'abord, les subrogés ont-ils intérêt à critiquer l'acceptation de la communauté? On a prétendu que cet intérêt n'existe pas, car, aux termes de l'article 1483 (C. civ.), la femme qui accepte est tenue seulement dans la mesure de son émolument[1]. Mais il n'en est ainsi que lorsqu'elle a fait bon et fidèle inventaire, et l'intérêt des subrogés apparaît dans le cas contraire. Même en dehors de cette hypothèse spéciale, ceux-ci sont encore intéressés à critiquer l'acceptation de la femme. Nous verrons en effet que, si elle renonce, elle garde son hypothèque sur la totalité des conquêts immeubles de la communauté, tandis que, si elle accepte, elle ne la conserverait suivant une première opinion que sur ceux de ces biens mis au lot du mari, qui en seraient même affranchis d'après une seconde. L'intérêt qu'a le subrogé à critiquer l'acceptation de la communauté est donc plus ou moins grand selon l'opinion que l'on adopte, mais il existe en tout cas.

80. Les auteurs qui se montrent trop soucieux des intérêts du subrogé lui reconnaissent le pouvoir de faire annuler l'acceptation de la communauté, même en l'absence de toute fraude de la part de la femme[2]. S'il en était autrement, dit-on, la subrogation ne conférerait aucune garantie sérieuse ; il faut donc que le subrogé

---

1. Toullier, *Droit civil*, t. XIII, n° 203.
2. Carette, *Recueil de Devillo et Carette*, 1849, I, 465.

puisse critiquer tout acte qui anéantit le droit de la femme, quelle qu'en soit la cause.

Cet argument, quelque puissant qu'il nous paraisse, puisqu'il a été pour nous la raison de nous décider dans une hypothèse précédente, ne saurait ici nous convaincre. Sans doute, la subrogation pourra dans certains cas n'attribuer qu'un droit aléatoire; et c'est précisément pour ce motif que tant de controverses se sont élevées, entre les auteurs anciens et modernes, sur le point de savoir si l'hypothèque peut être cédée indépendamment de la créance qu'elle garantit, c'est-à-dire sur la légitimité même du contrat qui nous occupe. Mais il ne faut pas oublier que toute stipulation se comporte avec les avantages et les inconvénients qui lui sont propres, et que l'on ne peut accepter les uns en repoussant les autres. Le subrogé devra donc respecter un acte qui est la conséquence d'un droit dont l'exercice est exclusivement attaché à la personne de la femme, puisqu'il implique, suivant qu'elle l'accomplira ou non, la ratification ou le désaveu de l'administration du mari, l'acceptation ou la répudiation des suites de toute l'association conjugale. L'intérêt de la femme prédomine ici, au point d'effacer, d'une manière presque absolue, celui du subrogé, qui, du reste, a dû, au moment du contrat, prévoir et accepter cette éventualité.

81. Mais, si la femme avait accepté la communauté dans une pensée de fraude et pour nuire au subrogé, celui-ci, sans nul doute, pourrait faire annuler son acceptation. Ce point, déjà constant dans notre ancien droit [1], est généralement admis aujourd'hui [2].

1-2. Voir dans l'ancien droit : Bourjon, *Droit commun de la France*, titre XVI, part. Iʳᵉ, ch. v, nº 13. — Pothier, éd. Bugnet, *Comm.* t IX, p. 298;

La jurisprudence est même allée plus loin. Partant de ce point de vue que le créancier subrogé a le droit de faire déclarer nulle l'acceptation de communauté faite par la femme dans l'intention évidente de lui porter préjudice, elle a décidé que la renonciation, si elle tardait à se produire, peut être tenue pour accomplie au profit du subrogé. Il faut, bien entendu, pour qu'il en soit ainsi, que le mauvais état des affaires du mari soit tel, que la femme ait un intérêt évident à répudier la communauté pour échapper aux charges qui la grèvent [1].

Cette jurisprudence, qui considère comme acquise de plein droit la renonciation de la femme à une communauté onéreuse, est vivement critiquée par M. Bertauld [2]. Pour lui, « le juge se fait ainsi législateur, et décide souverainement qu'une société dont le gérant est en état de faillite ou de déconfiture est nécessairement ruinée et que, partant, elle ne peut être acceptée que dans une pensée de haine et de mauvaise foi .» Il faut bien reconnaître cependant que la bonne foi de la femme sera singulièrement difficile à défendre, quand elle acceptera une communauté notoiremen ruinée. Du reste, si, du domaine de la théorie, on descend dans celui de la pratique, on verra presque toujours la mauvaise foi s'induire des circonstances du fait que les juges apprécieront souverainement [3].

dans le droit moderne, Marcadé, sur l'art. 1464. — Rodière et Pont, *Contrat de mariage*, I, 816, 3. — Bugnet sur Pothier, *loc. cit.*

1. Cassation, arrêt de rejet du 4 février 1856, intervenu après un arrêt d'Orléans du 12 juillet 1854 ; *Palais*, 56, I, 449. Dans le même sens : Colmar, 20 novembre 1855 ; *Palais*, 58, 199.

2. Bertauld, *Conquêts de communauté*, n° 47 *bis*.

3. En ce sens : Metz, 20 janvier 1859 ; *Palais*, 59, 248.

82. Si la femme devient héritière de son mari, par succession testamentaire ou ab intestat, les créances qu'elle pouvait avoir contre ce dernier disparaissent en vertu de la confusion (art. 1300 C. civ.); le même effet se produit, quand ses héritiers deviennent ainsi les héritiers du mari. L'acceptation de la succession *testamentaire ou ab intestat* de celui-ci lèse donc gravement les intérêts des subrogés. Sont-ils tenus de la subir comme l'acceptation de la communauté, toujours pourvu qu'elle intervienne sans fraude? A notre avis, la réponse doit être encore ici affirmative. L'acceptation de la succession implique l'exercice d'un droit que la femme est censée s'être réservé en subrogeant, dont les effets sont multiples et complexes; de sorte que, si l'un d'eux nuit au subrogé, il ne faut pas aller jusqu'à proscrire, d'une façon absolue, la cause qui le produit parmi bien d'autres [1].

Mais l'on doit ici apporter le même tempérament que pour la communauté. Si la succession est notoirement onéreuse, la mauvaise foi de la femme s'induira de cette circonstance; et il faudra appliquer la jurisprudence relevée au numéro précédent.

83. Si la femme refusait une succession *ab intestat*, émanant soit de son mari, soit d'un tiers, les subrogés pourraient se faire autoriser en justice à l'accepter en son nom, conformément à l'article 788 (C. civ.).

Mais ils ne sauraient critiquer son refus d'accepter un don ou un legs à elle adressés, car ce refus émane d'un droit absolument personnel qu'ils ne peuvent exercer. Il convient cependant d'apporter une dérogation à cette

1. En ce sens, Orléans, 16 mars 1849 ; *Palais*, 49, I, 161. — Thézard, *loc. cit.*, n° 108. — *Contra:* Bertauld, *Subrogation*, n°ˢ 117 et 118.

règle. La femme, croyons-nous, n'aurait pas le droit de
renoncer à un avantage qui lui aurait été fait, dans son
contrat de mariage, à titre de préciput ou hors part,
pour s'en tenir à une part égale d'héritier, au préjudice
de la subrogation. Le subrogé a pu en effet légitime-
ment compter sur l'émolument résultant de la donation,
puisqu'il faisait partie du patrimoine de la subrogeante
au moment de la subrogation.

Enfin lorsque, dans son contrat de mariage, la
femme aura stipulé, eu égard à certains biens, le droit
d'option entre leur restitution en nature ou leur valeur
en argent, les subrogés ne pourront la contraindre à
opter pour ce dernier parti, afin d'augmenter son droit
de créance, car, quel que soit leur intérêt, ils doivent
s'incliner devant une clause réservant, sur ce point,
pleine et entière liberté à la subrogeante.

Dans le cas où la loi elle-même lui offre ce droit
d'option, c'est-à-dire lorsque, en totalité ou en partie,
son bien indivis a été adjugé à son mari (1408 C. civ.),
la femme n'est pas davantage tenue de se décider pour
l'abandon de l'objet à la communauté, qui deviendrait
ainsi sa débitrice dans la mesure de cet abandon. Elle
ne peut en effet être présumée avoir voulu, en subrogeant, renoncer à une faculté conférée par la loi et
dont les subrogés ont dû, par suite, prévoir l'éventualité.

84. Les applications que nous venons de fournir met-
tent pleinement en lumière, croyons-nous, le principe
d'interprétation que nous avons posé avant de les aborder. En résumé, l'acte accompli par la femme n'a-t-il
d'autre effet, d'autre but que l'anéantissement ou la
diminution de ses reprises, le subrogé pourra le faire
tenir pour non avenu à son égard; s'agit-il, au con-

traire, d'un de ces faits juridiques complexes, pouvant nuire à la subrogation par l'une de ses conséquences, il sera parfaitement opposable au subrogé, s'il n'est entaché d'aucune pensée de fraude.

Mais il faut bien remarquer (et c'est ce qui ressort des termes mêmes que nous avons employés dans les discussions qui précèdent) qu'en donnant au subrogé le droit de critiquer certains actes de la subrogeante, on ne doit pas lui permettre de les faire annuler d'une façon absolue et radicale. Son droit consiste seulement à les faire tenir pour non avenus à son égard, comme préjudiciant à sa subrogation. A l'égard de tous autres intéressés, ils seront parfaitement valables, car les effets de la subrogation ne peuvent être invoqués que par celui qui a été partie au contrat d'où ils découlent. Ainsi, par exemple, la femme peut, après avoir subrogé, faire cession à un tiers d'une créance déterminée ; son droit passera sur la tête du cessionnaire ; mais celui-ci ne pourra l'utiliser qu'après le paiement du subrogé, comme on le verra plus amplement, du reste, quand nous étudierons, au chapitre relatif à la cession des créances (II° partie, chap. v), les conflits qui peuvent s'élever entre les cessionnaires et les subrogés.

De même, si le mari effectuait le paiement des reprises de sa femme au détriment des subrogations, soit pendant le mariage, soit après sa dissolution ou la séparation de biens, ce paiement serait non avenu au regard des subrogés, qui pourraient toujours se prévaloir du droit de créance de la subrogeante.

En ce qui concerne les tiers acquéreurs, la question de paiement au mépris des subrogations ne peut même pas se poser, car l'état des inscriptions, qu'ils devront

requérir soit après la transcription, soit après les délais
de la purge des hypothèques légales, suivant les cas,
leur indiquera si la publicité nécessaire a été réalisée.
S'ils payaient dans ce cas, ils s'exposeraient à payer
deux fois, à raison du droit de suite.

Les solutions que nous venons de donner, eu égard
aux cessions de créance et paiements accomplis au
détriment des subrogations, indiquent suffisamment
dans quelle mesure les divers actes faits au préjudice
de la subrogation et que le subrogé a le droit de critiquer
devront demeurer sans effet.

85. Si, avant que la subrogation se réalise, il s'opère,
au préjudice du mari, une distribution de deniers provenant de la vente de son actif mobilier, quel sera le
droit du subrogé, étant donné que la femme se présente
à la distribution ? Il ne pourra pas évidemment l'empêcher d'y participer, sous peine de lui porter préjudice,
dans le cas où, plus tard, le prix des immeubles du
mari ne serait pas suffisant pour la désintéresser. D'un
autre côté, il ne saurait se faire allouer le dividende
revenant à la femme, puisqu'il n'a droit, comme subrogé,
qu'à une collocation sur le prix des immeubles grevés
de l'inscription de subrogation. Enfin, si la femme
perçoit le dividende d'une façon définitive, elle diminue
ses reprises dans la mesure du paiement effectué ; et
nous savons que le fait par elle d'avoir consenti la
subrogation s'oppose à ce résultat.

Il semble donc qu'on se trouve en présence de droits
absolument contradictoires ; on peut cependant les concilier de la manière suivante. Le dividende sera obtenu
et perçu par la femme, sauf à elle à donner caution
pour le rapport éventuel qu'elle pourra être tenue de

faire au subrogé ; il sera remis à celui-ci, sous la même condition, si elle ne veut ou ne peut fournir cette caution ; il devra être placé, pour être mis ensuite à la disposition de qui de droit, dans le cas où ni la femme ni le subrogé ne pourront ou ne voudront donner la garantie précitée.

Dès qu'il sera vérifié que l'hypothèque légale aurait eu rang utile dans les ordres ultérieurement ouverts, si les reprises de la femme n'avaient point été payées dans la distribution antérieure, le subrogé aura un droit exclusif sur la somme provenant de cette distribution, dans la mesure de ce qu'il aurait obtenu par l'exercice de l'hypothèque légale. Lorsqu'il sera, au contraire, certain que la subrogation a été inutilement concédée, le dividende provenant de l'actif mobilier devra rester définitivement ou être remis aux mains de la femme ou de ses ayants droit.

Les solutions que nous venons de donner dans l'hypothèse où la distribution a pour objet un actif mobilier, doivent s'appliquer au cas où il s'agirait de distribuer le prix d'un immeuble sur lequel les droits du subrogé ne porteraient point, conformément aux explications qui seront fournies au numéro suivant.

En raisonnant comme nous venons de le faire, nous évitons l'objection qui consiste à prétendre que le subrogé cessionnaire exclusivement de l'hypothèque légale, suivant nous, doit demeurer étranger à tout ce qui n'est point le produit de cette hypothèque et n'a jamais droit qu'à l'émolument hypothécaire [1]. Celui-ci, en effet, ne prend ou ne conserve les deniers provenant de l'actif mobilier, ou du prix des immeubles qui ne lui sont point

1. Voir, en ce sens, Bertauld, *Subrogation*, n° 136.

hypothéqués, que tout autant que l'hypothèque légale lui aurait procuré collocation et dans la mesure de cette collocation. Il s'agit donc, pour lui, d'une simple substitution de deniers ; et on doit, en réalité, le considérer comme désintéressé par l'effet de l'hypothèque légale. Ainsi, la solution est conforme aux principes ; au point de vue pratique, elle satisfait les intérêts de toutes parties, puisque le résultat est absolument le même que celui auquel la subrogation aurait abouti, si les choses étaient demeurées en l'état.

86. Le créancier subrogé ne peut être colloqué, au rang de l'hypothèque légale, que sur le prix des immeubles grevés par sa subrogation. Dans le cas où il est créancier hypothécaire du mari, faut-il admettre que cette subrogation porte seulement sur les biens que celui-ci, son unique débiteur, a hypothéqués en sa faveur, dans l'acte constitutif de l'hypothèque conventionnelle, ou qu'elle embrasse, au contraire, comme l'hypothèque légale elle-même, tous ses biens présents et à venir? Nous croyons que le droit du subrogé ne doit s'exercer que sur les immeubles conventionnellement affectés. Quand il a prêté, le créancier s'est contenté de la garantie hypothécaire qu'il a reçue ; sa pensée n'a pu se porter au delà. D'autre part, en demandant la subrogation, il ne peut être réputé avoir voulu acquérir un droit plus étendu ; son but unique a été évidemment d'empêcher que, plus tard, sa garantie ne fût soit annulée soit même simplement amoindrie par les reprises de la femme, s'il se trouvait seul avec elle, et, en même temps, s'il se trouvait en présence d'autres créanciers, de passer avant eux au moyen de la subrogation.

En limitant ainsi l'étendue du contrat, on se trouve en parfaite harmonie avec les principes qui régissent sa nature. En effet, le subrogé fait colloquer non le droit de la subrogeante, mais sa propre créance; sa collocation doit donc rester dans les limites qui lui ont été assignées, et porter sur le prix des seuls biens hypothéqués. D'un autre côté, par la subrogation, toutes parties ont uniquement voulu que, loin d'être écartée par l'hypothèque légale, cette collocation pût, au contraire, prendre place sur ce même prix au rang de cette hypothèque; on ne doit pas dès lors excéder le but qu'elles se sont proposé. Étendre au delà la portée de la subrogation, ce serait dépasser l'engagement qu'a pris le mari, qui, en affectant seulement certains de ses immeubles, a entendu par là laisser les autres libres; or, on ne peut supposer qu'en donnant son consentement à la subrogation, il ait voulu effectuer indirectement ce qu'il n'a pas voulu faire directement dans la constitution d'hypothèque. Ce serait, en outre, dépasser l'engagement pris par la femme, qui, en subrogeant, ne concède pas un droit nouveau, et ne fait que rendre meilleure, en ce qui la concerne, la garantie donnée par le mari. Enfin, si, au moyen de la subrogation, on étendait l'hypothèque conventionnelle à tous les immeubles présents et à venir du débiteur, on lui enlèverait son caractère de spécialité, sans lequel, on le sait, elle ne saurait en principe exister [1].

Mais la subrogation ne peut plus être restreinte dans les limites de l'hypothèque conventionnelle, lorsque la femme déclare, d'une manière évidente, qu'elle doit

____

1. En ce sens : Amiens, 11 novembre 1858, *Palais*, 1860, 253.

avoir la même étendue que l'hypothèque légale elle-même. Dans ce cas spécial, il faut lui donner le caractère que les parties ont voulu lui attribuer ; elle portera dès lors sur l'ensemble des immeubles du mari [1].

87. Intervenant à la suite d'un jugement, ou après une affectation conventionnelle portant sur tous les biens présents et à venir en cas d'insuffisance déclarée des biens présents, la subrogation aura, de plein droit, la même portée qu'une hypothèque judiciaire ou que l'hypothèque conventionnelle résultant d'une affectation de cette nature.

88. Le créancier chirographaire du mari, subrogé à l'hypothèque légale de la femme, aura, relativement à cette subrogation, un droit plus étendu que le créancier hypothécaire, pour lequel elle ne s'étend, nous venons de le voir, qu'aux immeubles conventionnellement affectés. Cette conséquence, qui peut paraître surprenante au premier abord, s'explique cependant facilement. Le créancier chirographaire n'a reçu aucune garantie du mari, renfermant la subrogation dans des limites fixes ; c'est la femme qui l'investit de la seule garantie qu'il pourra invoquer, en lui cédant son hypothèque légale ; par suite, en dehors d'une convention contraire, cette garantie doit avoir, par sa nature, la même étendue que l'hypothèque cédée. Ce que nous disons du créancier chirographaire du mari, nous le dirons également des créanciers de la femme, par elle subrogés à son hypothèque légale ; les mêmes motifs sont applicables à cette hypothèse.

---

1. En ce sens : Cassation, 3 juillet 1866, *Palais*, 66, 691. — Bertauld, *Subrog.*, n° 139 et Mourlon, *Transcript.*, n° 920. Ce dernier auteur paraît d'abord opposé à la solution que nous donnons ; mais il y aboutit en réalité, car il déclare qu'il faut se décider d'après l'intention des parties.

89. Ainsi, en dehors du cas où elle a été concédée à un créancier hypothécaire du mari, sans clause de généralité, la subrogation embrasse, comme l'hypothèque légale elle-même, l'ensemble des biens immeubles de ce dernier ; elle frappe donc ses biens présents et à venir [1], y compris ceux advenus après la dissolution du mariage, conformément à une doctrine aujourd'hui généralement admise [2]. Mais grève-t-elle les immeubles acquis à titre onéreux avec les deniers communs, ou conquêts de communauté ? Le point de savoir si l'hypothèque légale les frappe ou non, et dans quelle mesure, a été l'objet des plus vives controverses. Quoique cette question ne se rattache qu'indirectement à notre matière, nous devons cependant la traiter, car, parmi les arrêts auxquels elle a donné lieu, plusieurs sont intervenus précisément pour régler le droit des subrogés sur les conquêts [3].

D'après une première opinion, émise par M. Troplong [4], la femme qui accepte la communauté n'a pas besoin d'hypothèque sur les conquêts, puisqu'elle est protégée par une garantie plus forte qui consiste : dans « un prélèvement en nature, par suite d'une charge inhérente à son droit de délibation et de distraction. » Cette théorie, que la jurisprudence appliquait même au

---

1. En ce sens : Paris, 18 août 1876 ; *Palais*, 79, 1148.

2. En ce sens : Cassation, 24 mai 1869 ; *Palais*, 69, 878 et les arrêts et auteurs cités à la note. — Conf. : Audier, *Revue pratique*, t. XX, p. 192. — Pont, n° 829. — Daniel de Folleville, journal *la Loi* du 3 juillet 1881. — Massé et Vergé, t. V, § 794, p. 155, note I. — Demolombe, *Minor. et Tutelle*, t. II, n° 31.

3. Conf. notamment : Cassation, 1er août 1848 et Colmar, 20 novembre 1855, *Palais*, 1848, 1, 19 et 1858, 199, et la note de M. Gauthier jointe à ce dernier arrêt.

4. Troplong, *Contrat de mariage*, III, n°s 1646 et suiv.

cas de renonciation, était la conséquence du système
d'après lequel la femme serait investie, à la dissolution
de la communauté, d'une sorte de droit de propriété ou
de privilège, pour le paiement de ses reprises, vis-à-vis
des créanciers communs. Après avoir eu l'adhésion de
la Cour suprême, cette opinion a été définitivement
écartée par le célèbre arrêt du 16 janvier 1858. Depuis,
une jurisprudence unanime a ratifié cette décision [1].

La femme ne peut donc avoir sur les conquêts d'autre
droit que l'hypothèque légale. Certains auteurs vont
même jusqu'à la lui dénier d'une façon absolue, qu'elle
accepte la communauté ou qu'elle y renonce [2]. D'après
eux, cette hypothèque serait incompatible avec les pou-
voirs si étendus que la loi donne au mari sur les biens
communs (1421 C. civ.). Elle entraverait son administration et enlèverait toute sécurité aux tiers à qui il
aurait vendu ou affecté ces biens, puisqu'ils seraient
exposés à être inquiétés, longtemps après la constitution de leurs droits, par l'hypothèque de la femme.

Nous sommes d'avis qu'on ne saurait refuser à la femme
toute hypothèque légale sur les conquêts. La loi place en
effet, sur la même ligne, les biens du mari et ceux de la
communauté, au point de vue des obligations que
celui-ci peut contracter ; de sorte qu'il a le droit d'aliéner, au même titre, les uns et les autres ; dès lors,
l'hypothèque légale doit frapper les seconds comme les
premiers. L'administration du mari en souffrira peut-
être ; mais ce n'est pas une raison pour priver la femme

____

1. Conf. *Palais*, 1858, 5. — Rivière, *Jurisprudence de la Cour de cassation*, p. 598.

2. Valette, *Priv. et Hypoth.*, I, n° 137. — Persil, *Quest. hypoth.*, I, 235.
— Delvincourt, III, p. 165, note.

de sa garantie. Placés, à l'égard des conquêts, dans la même situation qu'à l'égard des immeubles du mari, les acquéreurs et les créanciers agiront, vis-à-vis de tous ces biens, avec une égale prudence.

90. Cette argumentation, lorsque la femme renonce, nous paraît inattaquable. Dans cette hypothèse, tous les conquêts sont acquis au mari ; il est réputé en avoir toujours été propriétaire ; il faut, par suite, les traiter comme ses propres immeubles. On ne peut objecter que la femme a ratifié les actes d'administration par lui accomplis, et a ainsi implicitement consenti à ne point leur porter obstacle par l'exercice de son hypothèque légale. La loi elle-même, en effet, lui permet, au moyen de la renonciation, de répudier toutes les suites de l'administration maritale et d'y rester absolument étrangère. Elle a donc, en ce cas, sur les conquêts, l'hypothèque légale qui les grève comme biens du mari [1].

91. Faut-il adopter la même solution, si la femme accepte la communauté ? Il ne peut, d'abord, être question, pour elle, d'hypothèque sur les conquêts mis dans son lot, car, étant censée, par l'effet déclaratif du partage, avoir toujours été propriétaire des immeubles qui le composent, elle ne saurait avoir hypothèque sur sa propre chose [2]. Le subrogé n'a pas plus de droits que la femme, et il objecterait en vain qu'il n'est pas permis à la subrogeante de lui porter ainsi préjudice [3], puis-

1. En ce sens : Toullier, XII, n° 305. — Grenier, *Hypoth.*, I, p. 533. — Duranton, XIX, n° 330. — Thézard, *Nantiss.*, *Priv. et Hypoth.*, n° 98. — Tessier, *Dot*, II, p. 311. — Aubry et Rau § 264, *ter*, n° 3, note 30. — Cassation, 9 novembre 1819 ; Rouen, 11 mars 1846 ; *Sirey*, 20, I, 118 ; 46, II, 503.

2. En ce sens : Aubry et Rau, *loc. cit.*, note 34. — Cassation, 1er août 1848 et 4 février 1856 ; *Palais*, 48, I, 19 et *Sirey*, 56, I, 225.

3. En ce sens : Pont, *Priv. et Hypoth.*, n° 521.

qu'il n'a jamais pu être investi d'un droit que celle-ci n'a jamais eu elle-même (art. 883 C. civ.). Mais nous estimons qu'on ne peut affranchir de l'hypothèque légale les conquêts mis au lot du mari, sous prétexte qu'en acceptant la communauté la femme ratifie l'administration de celui-ci, résultant du mandat que la loi lui confère, et s'interdit dès lors de mettre obstacle aux conséquences des actes qui en découlent.

Il n'est pas en effet démontré que la femme, en acceptant, ratifie sans contrôle tous les actes de son mari ; elle est plutôt dans la situation d'un héritier bénéficiaire, puisqu'en faisant inventaire, elle n'est tenue que dans la mesure de son émolument. Il faut donc la traiter, par rapport à ses reprises, comme un créancier ordinaire, et lui concéder, sur les conquêts mis au lot du mari, l'hypothèque légale remontant aux divers rangs fixés par l'article 2135 (C. civ.) [1].

92. La subrogation, après avoir été concédée, peut-elle subir ensuite une réduction quelconque ? A cet égard, il faut distinguer suivant que le subrogé est ou non créancier hypothécaire du mari. Dans le premier cas, la subrogation ne renfermant pas un droit nouveau, et rendant seulement meilleure la garantie accordée par ce dernier, pourra être réduite lorsque cette garantie, dont elle suit le sort, pourra elle-même être

---

1. En ce sens : dans l'ancien droit, Bacquet, *Droits de justice*, ch. vx, n° 42. — Pothier, *Commun.*, n° 757 et l'ensemble des auteurs au rapport de M. Pont, *Priv. et Hypoth.*, n°ˢ 526 et 529. — Dans le droit moderne : Pont, *loc. cit.* — Bertauld, *Conquêts de communauté*, n°ˢ 3 et suiv. — Aubry et Rau, *loc. cit.* ; note 31. — Flandin, *Revue critique*, 1868, XXXIII, p. 481. — Thézard, *loc. cit.* ; Gauthier, *Subrog. des personnes*, n°ˢ 595 et suiv. et *Palais*, 1858, 199 et 1861, 137. — Cassation, 4 février 1856 ; Colmar, 20 novembre 1855 ; Bastia, 25 janvier 1862 et Bordeaux, 28 juin 1870 ; *Palais*, 56, I, 449 ; 58, 199 ; 63, 161 et 70, 1189.

restreinte; et la restriction réalisée de celle-ci emportera comme conséquence la réduction de la subrogation. Cette solution repose sur une application pure et simple à la subrogation des principes posés par l'article 2161 du Code civil. Puisque, dans cette hypothèse, la restriction de la subrogation ne peut être que la conséquence de celle de l'hypothèque principale, la restreinte de l'hypothèque légale que le mari ferait opérer ne serait point opposable au subrogé. Dès lors, au lieu de procéder par cette dernière voie, il aura, dans l'espèce, plus d'intérêt à demander directement, dans les cas où l'article précité l'autorise, la réduction de l'hypothèque principale, qui entraînera de plein droit celle de la subrogation.

Dans le second cas, c'est-à-dire lorsque le subrogé n'est pas créancier hypothécaire du mari, l'hypothèque légale cédée constitue sa principale et unique garantie; et cette hypothèque, réductible de sa nature, ne cessera de l'être que si l'on décide que le mari s'est interdit le droit de la faire restreindre, en donnant son consentement à la subrogation. Ainsi la solution à donner dépend, ici, de l'intention qui a animé les parties quand elles ont contracté. Or la subrogation n'a été évidemment demandée et accordée que pour garantir la créance du subrogé; celui-ci résistera donc sans droit à la demande en restriction de l'hypothèque légale, si le mari offre de la laisser reposer sur des immeubles ayant une valeur suffisante pour assurer le paiement de cette créance. Dans ces conditions, il doit subir la restreinte, comme la doit subir la femme elle-même, lorsqu'on se conforme à son égard aux prescriptions légales.

93. Si les reprises de la femme sont suffisantes, le

créancier subrogé a le droit de faire colloquer, au rang de l'hypothèque légale, toute sa créance en capital, intérêts et frais.

Hypothécairement, le créancier ne peut obtenir, au rang de sa créance, que les intérêts de deux années et ceux de l'année courante, sauf à faire colloquer le surplus en vertu d'inscriptions spéciales ultérieurement prises et au rang de ces inscriptions (2151 C. civ.). Si les reprises de la femme ne produisent pas intérêt, ou si, au contraire, elles ont droit à des intérêts dépassant ceux de deux années et de l'année courante (il est en effet admis que cette limite ne s'applique pas aux intérêts des créances de la femme[1]), le créancier subrogé pourra-t-il, dans le premier cas, utiliser sa subrogation pour un intérêt quelconque, et, dans le second, se faire colloquer pour tous les intérêts qui lui seront dus, jusqu'à épuisement de ceux revenant à la femme? En un mot, les intérêts des créanciers subrogés doivent-ils suivre le sort de ceux de la subrogeante? La réponse nous est dictée par la nature même de la subrogation. C'est la créance du subrogé qui est colloquée au rang de l'hypothèque légale, et liquidée avec le droit qui lui est propre; or cette créance ne donne droit qu'aux intérêts de deux années et de l'année courante; le créancier obtiendra donc ces intérêts, mais n'obtiendra rien au delà.

On prétend cependant qu'au moyen de la subrogation, le créancier pourra faire colloquer tous les intérêts qui

1. En ce sens: Aubry et Rau, § 285, note 13. — Grenier, I, 104. — Troplong, III, 101. — Pont, nᵒˢ 436 et 1030. — Paris, 5 mars 1834, *Sirey*, 34, II, 178, Rouen, 15 avril 1869 ; Chambéry, 1ᵉʳ mai 1874 et Cassation, 26 janvier 1875 ; *Palais*, 70, 596 ; 75, 994, et 81, 386 à la note. — *Contra:* Blondeau, *Revue de législation*, 1836, IV, pages 363 et suiv.

lui seront dus. En effet, dit-on, la réduction de la collocation dans les limites de l'article 2151 (C. civ.), constituant une dérogation à la règle générale : *Accessorium sequitur principale*, ne doit pas être étendue par voie d'analogie. Mais on oublie, dans ce système, que la subrogation n'a pas pour but de changer le droit du créancier, et ne constitue qu'une garantie nouvelle au profit de ce droit, qui continue d'être régi par les règles ordinaires. Du reste, les raisons qui ont fait admettre la dérogation pour la femme n'existent pas pour le subrogé. Son hypothèque ne vit, au regard des tiers, que par l'inscription, et elle le classe dès lors dans la catégorie des créanciers inscrits dont parle l'article précité [1].

Il convient de s'expliquer sur la signification de ces mots : les intérêts de deux années et de l'année courante; et de rechercher quel est le fait juridique qui doit servir de limite aux effets de l'article 2151 précité. Évidemment les intérêts conservés par l'inscription doivent s'arrêter au jour où l'hypothèque a produit son effet légal, où le droit des créanciers sur l'immeuble se trouve converti en un droit sur le prix. Or ce jour est, à notre avis, celui de l'adjudication elle-même au cas de saisie immobilière, et celui de la purge des hypothèques inscrites au cas de vente amiable. En effet, dans les deux cas, le droit hypothécaire est alors réalisé, purgé; le tiers détenteur doit désormais le prix et les intérêts aux créanciers inscrits. C'est donc à l'une ou à l'autre de ces deux dates qu'il faut se reporter, suivant les cas, pour déterminer ensuite, en remontant, les inté-

<hr>

1. En ce sens : Cassation, 17 novembre 1879 ; *Palais*, 81, 386 et *France judiciaire*, V, II, 49. — *Contra :* Mourlon, *Transcription*, n° 1094.

rêts conservés par l'inscription. Ainsi le créancier aura droit aux deux dernières années d'intérêts échus, et à une fraction de l'année courante ayant pour point de départ la dernière échéance et pour limite l'une des deux dates indiquées.

Il est certain que l'année courante ne peut avoir pour point de départ que la dernière échéance ; mais on n'est point d'accord quand il s'agit de déterminer à quelle époque elle s'arrête. Parmi les divers systèmes qui se sont produits à cet égard, deux seulement sont restés en présence : celui qui arrête son cours, comme nous l'avons fait, au jour de l'adjudication ou de la purge, et celui qui ne la limite qu'au jour de la demande en collocation dans l'ordre[1]. La jurisprudence est définitivement fixée dans le sens du premier système, qui nous paraît seul conforme à l'esprit qui a dicté l'acticle 2151[2].

En effet, si la loi a ainsi limité le droit de collocation des intérêts au détriment du capital, c'est qu'elle a voulu empêcher que, par leur accumulation sur la tête des premiers créanciers inscrits, ce capital ne fût absorbé au préjudice des autres créanciers. Mais, à dater de l'adjudication ou de la purge, l'adjudicataire ou l'acquéreur devant les intérêts du prix aux créanciers inscrits,

1. En ce sens : Blondeau, *Revue de législation*, t. II, p. 178. — Pont, *Priv. et Hypoth.*, n⁰ 1019. — Colmet de Santerre, t. IX, p. 290 et suiv. — Ollivier et Mourlon, *Sais. immob.*, n⁰ 436. — Lyon, 17 juin 1865 ; *Palais*, 65, 1138.

2. En ce sens : Aubry et Rau, § 285, note 22. — Laurent, *Dr. civil*, t. XXXI, n⁰ˢ 70 et 131. — Weber, *Intérêts des créances priv. et hypoth.*, p. 20, n⁰ 23. — Bordeaux, 26 août 1868 ; Alger, 9 mars 1870 ; Cassation, 30 juillet 1873 ; Paris, 27 avril 1877 ; Cassation, 6 mai 1878 et 7 avril 1880. *Palais*, 69, 461 ; 71, 88 ; 78, 349 ; 79, 394 ; 80, 510. *Adde* Caen, 16 mars 1880 ; *Palais*, 80, 818.

et ces intérêts étant distribués avec le capital lui-même, la règle posée par le législateur n'a plus sa raison d'être. Nous ne voyons donc pas pourquoi, dans le second système, on prolonge le cours de la dernière année jusqu'à la demande en collocation, et l'on applique ainsi inutilement, dans une certaine mesure, la garantie de l'article 2151 à des intérêts qui désormais courent au profit du créancier lui-même et lui sont dus directement par le tiers détenteur, alors que cette garantie pourra manquer, dans la même mesure, aux intérêts antérieurs. Ce dernier système cause au créancier un préjudice dont on peut se rendre facilement compte.

C'est en vertu des principes que nous venons d'exposer que le créancier doit, en outre, être colloqué pour les intérêts qui courront à partir de l'adjudication ou de la purge jusqu'à la clôture de l'ordre. Ces derniers intérêts seront, en effet, représentés par ceux qui seront dus par l'adjudicataire ou par l'acquéreur. Il eût été injuste de limiter toujours la collocation des intérêts à ceux des deux années et de l'année courante, car, à partir de l'époque où le gage se trouve réalisé, il peut s'écouler encore un long délai avant que le créancier obtienne son paiement.

En résumé, le créancier doit être colloqué au rang de l'hypothèque conventionnelle, ou de l'hypothèque légale s'il est subrogé, pour les intérêts de deux années et de l'année courante liquidés au moment de l'adjudication ou de la purge, et pour tous ceux qui courront depuis jusqu'à la clôture de l'ordre.

Le créancier subrogé, qui aura pris une inscription particulière pour conserver les intérêts antérieurs, aura le droit de se faire colloquer, pour ces intérêts, au rang de l'hypothèque légale, puisque la subrogation doit garantir, en principe, la totalité de sa créance. Mais, obtenue par une inscription nouvelle, cette collocation ne prendra rang qu'après les subrogations qui auront été concédées et publiées avant l'inscription formant sa base.

94. Le subrogé, créancier du mari seul et ayant rang utile sur les immeubles affectés à son profit par celui-ci, doit conserver et entretenir sa propre hypothèque, de façon que la femme puisse se faire colloquer à ce rang, au moyen de la subrogation légale qui aura lieu de plein droit à son profit, en vertu de l'article 1251 du Code civil (conf. n° 105). S'il laissait son hypothèque s'éteindre, il pourrait, conformément aux dispositions de l'article 2037 du même Code, être déclaré déchu vis-à-vis de la subrogeante considérée comme sa caution [1].

La cour de Riom a fait l'application de ce principe, en décidant que, lorsque le subrogé a laissé périmer l'inscription de son hypothèque conventionnelle, il faut allouer à la subrogeante, à titre de dommages-intérêts, par voie de sous-ordre sur la collocation de celui-ci, la différence entre la somme qu'elle aurait touchée sans cette péremption et celle qu'elle a perçue en réalité [2].

Cette décision nous semble pleinement justifiée, car l'idée qui doit dominer notre matière c'est que la femme, en subrogeant un créancier hypothécaire, a eu en vue l'hypothèque de ce dernier, si l'on ne peut induire une intention contraire du contrat lui-même. Elle a, par suite, sur cette hypothèque, un droit équivalent à celui que ce créancier a sur sa propre hypothèque

---

1. En ce sens : Mourlon, *Transcription*, n° 924. — Bertauld, *Subrogation*, n° 165.

2. Riom, 3 août 1863 ; *Palais*, 63, 954.

légale ; il y a entre eux parité de situation ; et, de même que la femme ne peut anéantir son droit de créance au préjudice de la subrogation, de même le subrogé ne peut laisser disparaître son hypothèque au détriment de la subrogeante[1]. Or, le meilleur moyen de remédier au préjudice causé à celle-ci par la privation de cette garantie, c'est précisément de lui accorder, en sous-ordre sur le subrogé, comme l'a fait la cour de Riom, ce qu'elle lui aurait procuré si elle n'avait pas disparu. Mais nous verrons qu'indépendamment de cette garantie, la femme a, pour le montant de la subrogation réalisée, une nouvelle hypothèque légale contre son mari, datant du jour du contrat. Elle ne pourra dès lors user du recours dont nous venons de parler, que si elle n'a pu obtenir collocation utile, en vertu de cette nouvelle hypothèque légale.

Nous devons faire remarquer, d'un autre côté, que la disposition de l'article 2037 ne concerne que les droits existant au moment de la subrogation, ou constitués en même temps. Le subrogé n'a pu en effet s'engager, par le contrat, à sauvegarder ceux qui n'ont pris naissance que depuis sa confection, et la subrogeante n'a pu les prendre en considération[2].

95. Quelle est, vis-à-vis du créancier, la situation de

---

1. Il importe peu qu'il y ait fait positif ou simple négligence de la part du créancier ; les mots : *par le fait du créancier* de l'art. 2037 s'appliquent aux deux hypothèses. En ce sens : Aubry et Rau, § 429, note 12. — Troplong, *Vente*, II, 941. — Pont, *Cautionnement*, nᵒˢ 380 et 381. — Cassation, 7 juillet 1862, *Sirey*, 62, I, 799. — *Contra*: Mourlon, *Subrog. pers.*, 518 et suiv. — Agen, 9 juin 1842, *Sirey*, 42, II, 543.

2. Mourlon, *Subrogation*, p. 526 et suiv. — Bertauld, *Subrog.*, nᵒ 159. — Pont, *Cautionnement*, nᵒ 377. — Cassation, 10 décembre 1866 ; *Sirey*, 67, I, 15 ; Nancy, 13 avril 1867, *Sirey*, 68, II, 81. — *Contra:* Gauthier, *Subrogat.*, nᵒˢ 535 à 538. — Ponsot, *Cautionnement*, nᵒ 334.

la femme, lorsqu'au lieu de lui céder son hypothèque d'une manière générale, pour assurer le paiement de sa créance, elle ne s'en dessaisit en sa faveur que jusqu'à concurrence d'une somme déterminée? Dans ce cas, elle devra laisser colloquer le subrogé au rang de l'hypothèque légale, par préférence à elle-même, pour une somme équivalente au montant de la subrogation. Ainsi, le créancier qui a obtenu d'une femme ayant droit à 40,000 francs de reprises une subrogation à concurrence de 20,000 prendra cette dernière somme, alors même qu'elle représentera l'entière collocation obtenue, dans l'ordre, au moyen de l'hypothèque légale. Dans cette hypothèse, en effet, la subrogeante veut que, quelle que soit la créance du subrogé, la subrogation ne se réalise que pour une somme de 20,000 francs ; mais, relativement à cette somme, le contrat doit recevoir son exécution comme dans les cas ordinaires. La solution serait la même, si la femme avait assigné à cette subrogation partielle une de ses créances déterminée ; ici, toutefois, elle ne sortirait effet qu'au rang de cette créance, dont elle devrait suivre le sort. Cependant M. Bertauld fait concourir la subrogeante avec le subrogé, sur la collocation obtenue [1]. Il arrive à ce résultat, parce qu'il confond la subrogation, qui pourtant, dans son système, n'emporte qu'une cession éventuelle de la créance, avec la cession actuelle d'une créance déterminée. Nous verrons, au chapitre relatif à la cession des créances (n° 169), que la solution proposée par l'éminent jurisconsulte ne saurait être admise même en ce cas.

96. Le subrogé qui sera créancier du mari pourra,

---

1. Bertauld, *Subrogation*, n° 167.

dès que la dette sera exigible, poursuivre l'expropriation de son débiteur, et réclamer le paiement de sa
créance, en usant alors de la subrogation. S'il n'est
créancier que de la femme, il ne lui sera pas permis de
troubler le mari dans l'exercice des droits que la loi lui
donne suivant les divers régimes, sur les reprises de
cette dernière ; et il n'aura la faculté d'agir que lorsque
la femme l'aura elle-même. Toutefois, si un ordre s'ouvrait sur le mari, le créancier de la femme par elle subrogé serait admis à produire et à se faire colloquer
sur les droits de sa débitrice, sauf à ne percevoir soit le
capital soit les intérêts de sa collocation que lorsqu'elle-même serait en droit de les exiger. Mais, en tout
cas, il est certain que le créancier de la femme ne pourra
jamais introduire, au nom de celle-ci, une instance en
séparation de biens contre le mari, afin de provoquer
ainsi la restitution de ses reprises. Constatons néanmoins que l'article 1446 (C. civ.), qui lui refuse cette
faculté, l'autorise, au cas de faillite ou de déconfiture de
ce dernier, à exercer les droits de sa débitrice, jusqu'à
concurrence du montant de sa propre créance. Ainsi,
en présence de cette situation, il lui sera permis, avant
la dissolution de la communauté et la liquidation des
reprises, d'engager, en vertu de la subrogation, l'action
hypothécaire de la femme contre les tiers détenteurs,
sauf à justifier, dans l'instance en expropriation, de l'existence de ses droits et de ceux de la subrogeante [1].

97. Les subrogés créanciers du mari peuvent intervenir dans toute séparation de biens, pour la conservation de leurs droits (articles 1447 C. civ. et 871 pr. civ.);

1. En ce sens : Colmar, 20 novembre 1855 et Metz, 20 janvier 1859 ;
Palais, 1858, I, 199, et 1859, 248.

nous pensons que, par une raison analogue, les subrogés créanciers de la femme jouissent de la même faculté. Si la loi n'a parlé que des créanciers du mari, c'est qu'en général ce dernier est intéressé à les frauder et à se dépouiller à leur préjudice, en exagérant les reprises de la femme. Mais on comprend que le contraire puisse se produire, et qu'il veuille léser les droits de cette dernière, car la séparation de biens peut constituer, en certains cas, une mesure de défiance contre lui. Ainsi, les créanciers de la femme doivent être autorisés à intervenir comme ceux du mari.

Les subrogés qui n'usent pas de leur droit d'intervention auront, pour se pourvoir par tierce opposition contre le jugement déclarant les époux séparés de biens, un an à dater de l'accomplissement des formalités précédant l'exécution que la séparation de biens doit recevoir à peine de nullité (articles 872, 873, pr. civ. et 1444 C. civ.). Mais ce délai ne concerne que la tierce opposition contre la disposition du jugement relative à la séparation, car l'action des créanciers pour attaquer la liquidation des reprises de la femme qu'il peut contenir dure trente ans, selon le droit commun. Cette action aurait, à plus forte raison, la même durée, si elle était dirigée contre une liquidation des reprises faite dans un acte séparé. Mentionnons enfin que la disposition de l'article 873 précité ne peut, en aucun cas, s'appliquer à la séparation de biens qui serait la conséquence de la séparation de corps.

98. Jusqu'ici nous n'avons examiné l'utilité de la subrogation, qu'au point de vue du *droit de préférence* qu'elle confère sur le prix des immeubles à l'égard desquels elle a été concédée. Nous devons nous occuper

maintenant du *droit de suite* qu'elle transmet au subrogé sur les mêmes immeubles.

Ce droit de suite ne s'exerce point sur les biens pour lesquels la seule transcription de l'aliénation le fait disparaître, en purgeant de plein droit toutes les hypothèques inscrites ou dispensées d'inscription (conf. n°s 4 et suiv.). Nous allons donc en étudier les effets sur ceux qui n'en sont point ainsi affranchis, en distinguant suivant que le subrogé a rempli la formalité de la publicité avant la transcription de la vente, ou seulement dans les délais de la purge des hypothèques légales.

99. Examinons d'abord les conséquences du droit de suite, lorsque la subrogation aura été rendue publique avant la transcription de l'acte d'aliénation. Le subrogé est alors traité, à raison de l'hypothèque légale inscrite, comme tout créancier inscrit, et jouit des mêmes droits. On doit lui adresser les notifications à fin de purge des hypothèques prescrites par les articles 2183 et 2184 (C. civ.); et, s'il est en même temps créancier hypothécaire, ces notifications devront le saisir tant en cette qualité qu'en celle de subrogé. Le tableau dressé en conformité du premier de ces articles devra, en désignant le créancier, indiquer sa qualité de subrogé, le titre qui sert de base à la subrogation, la somme qu'elle garantit et la date de la publicité, afin que les créanciers antérieurement inscrits, mais non subrogés, étant avertis qu'il peut être colloqué avant eux, soient suffisamment éclairés sur le point de savoir s'ils doivent ou non surenchérir.

Après ces notifications, le subrogé pourra exercer le droit de suite, au moyen de la surenchère d u

dixième prévue et réglée par l'article 2185 (C. civ.).
Toutefois il ne jouira de cette faculté, comme subrogé,
que s'il justifie que la femme a des reprises à exercer,
et que l'hypothèque légale qui les garantit a pris naissance, à raison de leur nature, en vertu de l'art. 2135
(C. civ.), avant la vente de l'immeuble qu'il veut frapper
de surenchère. Dans le cas contraire, en effet, l'immeuble précédemment aliéné échapperait à cette hypothèque
légale et par conséquent au droit de suite du subrogé.

100. Le tiers détenteur qui, ne prenant aucun des
trois partis indiqués par les articles 2167 et 2168
(C. civ.), ne se décide ni à purger, ni à payer toute la
dette inscrite, ni à délaisser l'immeuble, peut être inter-
pellé par tout créancier inscrit, au moyen de la sommation de payer ou de délaisser dont il est parlé dans
l'article 2169 (même Code). Dans ce cas, à défaut de
purge dans le délai de trente jours, il demeure tenu de
payer toute la dette inscrite ou de délaisser, s'il veut
empêcher que l'immeuble ne soit revendu sur sa tête par
la voie de l'expropriation. Le subrogé, toujours en cette
qualité, ne pourra adresser au tiers détenteur la sommation dont nous venons de parler, qui peut ainsi
aboutir à une expropriation, que si les reprises de la
femme sont liquides, certaines et exigibles. Dans tous
les cas, cette sommation ne saurait être faite pour une
somme excédant ces reprises ; et elle devra être fondée
sur un titre authentique exécutoire, et précédée d'un
commandement au débiteur originaire (art. 2169 et
2213 C. civ.).

101. Plaçons-nous maintenant dans l'hypothèse où
le subrogé s'inscrit après la transcription, mais dans le
délai de la purge des hypothèques légales. Nous avons

démontré (n°s 64 et 65) que cette faculté, quoique contestée, doit cependant lui être reconnue. Il nous reste donc à examiner quels sont les effets produits par la publicité qu'il réalise dans ce délai. Aura-t-il les droits d'un créancier inscrit ordinaire, ou seulement ceux que peut, en pareil cas, invoquer le femme elle-même? La réponse ne saurait être douteuse. Si nous avons accordé au subrogé le droit de s'inscrire dans le délai de la purge, c'est que nous avons admis qu'il inscrit à son profit une hypothèque légale, gardant ce caractère entre ses mains. Nous ne saurions, dès lors, lui attribuer, à raison de cette inscription, plus de droits qu'à la femme elle-même. Il faut donc rechercher quels sont ceux que peut invoquer celle-ci dans une situation semblable, pour en faire ensuite au subrogé l'application pure et simple.

Sur ce point il s'est élevé une vive controverse. D'après une première opinion, la femme doit à la fois et s'inscrire et exercer son droit de suite, au moyen de la surenchère, dans les deux mois fixés par l'article 2195 (C. civ.). On reconnaît ainsi, en lui refusant tout nouveau délai, qu'il n'est pas nécessaire de procéder contre elle à une nouvelle purge des hypothèques inscrites, bien qu'elle n'ait pas été comprise dans la première à laquelle il a été procédé avant l'inscription de son hypothèque légale. La jurisprudence admet aujourd'hui cette manière de voir d'une façon à peu près unanime, en se basant sur ce que la purge des hypothèques inscrites et celle des hypothèques légales forment deux procédures parallèles et distinctes, complètes par elles-mêmes, et n'ayant rien à emprunter l'une à l'autre. D'après elle, en l'absence d'un délai spécial concernant la surenchère, dans la purge des hypothèques légales, il serait arbitraire d'accorder à la femme, pour surenchérir, un délai autre que celui qui lui est imparti pour prendre inscription. Ce délai n'aurait, d'ailleurs, aucune base ni pour son point de départ ni pour sa limite ; enfin, on imposerait au tiers détenteur une obligation que la loi n'a point prévue, puisqu'elle ne prescrit la notification du contrat qu'au regard des créanciers inscrits [1].

Une seconde opinion estime, au contraire, que la purge des hypothèques inscrites est nécessaire vis-à-vis de la femme, et qu'il faut lui accorder, pour surenchérir, le délai que cette procédure indique à cet égard. Si les deux purges, disent ceux qui soutiennent cette seconde opinion, forment deux procédures distinctes, ce n'est qu'autant que les hypothèques qu'elles visent gardent leur caractère distinctif. D'après eux, tant que les hypothèques légales demeurent occultes, la purge qui les concerne n'a d'autre but que de contraindre à les inscrire, car c'est la seule obligation qu'impose l'article 2195 précité. Mais, après l'inscription, elles doivent être traitées comme les autres hypothèques inscrites et purgées comme elles. La purge des hypothèques légales, ne contenant point le tableau sur trois colonnes qui révèle la situation hypothécaire du débiteur, ne saurait suppléer la purge des hypothèques inscrites, car elle ne peut, comme elle, fournir au créancier les renseignements qui lui sont nécessaires pour se prononcer au point de vue de la surenchère [2].

---

1. En ce sens : Alger, 2 janvier 1854 ; Paris, 26 novembre 1857 ; Bordeaux, 1er juin 1863 ; *Palais*, 54, 1, 218 ; 58, 547 ; 64, 761. — Troplong, nos 921, 982, 995. — Pont, no 1419. — Aubry et Rau, § 295, 2o.

2. En ce sens : Caen, 28 août 1811, 9 août 1815 et 12 avril 1826 ; Or-

Dans un système mixte, on reconnaît que la purge des hypothèques inscrites n'est pas nécessaire; mais on accorde au créancier à hypothèque légale, pour surenchérir, un délai de quarante jours à partir de l'inscription [1]. Ce système se heurte contre l'argument le plus sérieux de la jurisprudence actuelle, puisque le point de départ du délai accordé y est déterminé d'une façon arbitraire.

102. Si l'on adopte la première opinion, il faut décider qu'une nouvelle purge des hypothèques inscrites n'est pas nécessaire à l'égard du subrogé qui n'a inscrit l'hypothèque légale de la femme que dans le délai de l'article 2195 du Code civil, et lui dénier le droit de surenchère après ce délai. En acceptant la seconde, il faut admettre que cette nouvelle procédure est, au contraire, indispensable pour purger cette hypothèque, et que le droit de surenchère demeure ouvert, pour le subrogé, durant tout le délai qu'elle indique.

Nous croyons devoir nous prononcer dans ce dernier sens, contrairement à la jurisprudence qui domine aujourd'hui. En effet, comme on l'a fait observer avec raison, l'article 2195 n'impose aux créanciers à hypothèque légale occulte que la seule obligation de s'inscrire dans le délai qu'il fixe. La purge à laquelle il s'applique n'a d'autre but que de faire apparaître l'inscription; et dès lors il ne statue nullement sur les formalités qu'il faudra remplir, en ce qui concerne cette inscription, lorsqu'elle aura été requise. Ces formalités sont natu-

---

léans, 17 juillet 1829 ; arrêts rapportés dans *Sirey, Code civil annoté*, art. 2194. — Conf. : Duranton, t. **XX**, 423 et Thomine Desmazures, t. II, n° 977.

1. En ce sens, Pigeau, *Pr. civ.*, II, 442.

rellement réglées, en ce cas, par les dispositions qui concernent la purge des hypothèques inscrites. On doit enfin remarquer que la femme non inscrite dans le délai de la purge, conservant son droit de préférence d'après l'économie de la loi de 1858, aura absolument le même droit que celle qui se sera inscrite, si l'on suppose que les notifications prescrites par l'article 2183 (C. civ.) ont eu lieu avant son inscription. Il faudrait bien cependant reconnaître que l'inscription doit produire, en ce cas, un effet quelconque; or cet effet ne peut être que l'attribution du droit de suite, car l'avantage résultant de la lettre chargée et de la sommation, que recevra dans l'ordre la femme qui s'est inscrite, constitue une formalité de procédure, sans toucher au fond du droit.

Pour faire cesser les difficultés que cette question soulève, la loi n'aurait qu'à exiger, suivant le vœu émis par nombre de bons esprits, que l'acquéreur ne pût remplir les formalités de la purge des hypothèques inscrites qu'après l'expiration des délais de la purge des hypothèques légales. Il lui serait ainsi permis de faire figurer, sur le tableau prescrit dans la première procédure, ceux des créanciers à hypothèque légale qui auraient pris inscription; et la situation hypothécaire qui serait par lui présentée serait bien la situation définitive, puisque, pour tous, le cours des inscriptions se trouverait arrêté.

Nous devons cependant faire remarquer que cette situation ne saurait, même alors, avoir ce caractère au point de vue du droit de préférence. En effet, les bases du règlement fournies au créancier inscrit, dans le tableau qui lui est notifié, peuvent être complètement changées, si la femme, qui ne peut y figurer dans aucun cas lorsqu'elle ne s'est pas inscrite, vient ensuite prendre part à la distribution en vertu de la loi de 1858 précitée.

Il semble donc que l'organisation complète de la publicité en matière hypothécaire nécessite, outre l'obligation à imposer de purger les hypothèques légales avant les hypothèques inscrites, l'abrogation de la disposition législative qui conserve le droit de préférence à la femme non inscrite. Dès lors, la situation hypothécaire présentée aux créanciers serait bien la situation définitive, puisque, dans l'ordre, le prix ne pourrait être attribué qu'à ceux à qui l'acquéreur l'avait offert dans les notifications à fin de purge.

Nous avons posé en principe, en traitant de la publicité (n° 65), que le subrogé qui n'a pas rempli cette formalité dans les délais de la purge des hypothèques légales, peut cependant être saisi ensuite par la mention de la subrogation en marge de l'inscription directement prise par la femme dans les mêmes délais. Mais il pourra se faire qu'au moment où il voudra se l'approprier, cette inscription ne puisse plus lui transmettre le droit de suite sur l'immeuble aliéné, parce que ce droit était déjà épuisé à l'égard de la femme. Dans ce cas, le tiers acquéreur se trouvera libéré de ce droit à l'égard de toutes parties.

103. La subrogation s'évanouit par le fait de la prescription extinctive du droit hypothécaire de la femme, acquise au tiers détenteur après le temps réglé pour la prescription de la propriété à son profit (art. 2180 4° C. civ.).

Aucune difficulté ne peut s'élever lorsque la prescription a couru en même temps et contre la femme et contre le subrogé ; l'immeuble se trouve alors absolument dégagé du droit de suite qui découle de l'hypothèque légale. Mais que décider si la prescription, interrompue ou suspendue à l'égard de la femme, est acquise seulement contre le subrogé ? Celui-ci a-t-il perdu le droit de suite, alors que la femme peut encore l'exercer ? Il le conserve évidemment lorsqu'il est créancier de la subrogeante, car, dans cette hypothèse, si cette dernière n'agit pas, il pourra agir lui-même à son lieu et place, en vertu de l'article 1166 (C. civ.). Mais il le conserve encore, d'après nous, lorsqu'il n'est créancier que du mari. Nous avons vu, en effet, qu'il peut toujours s'approprier, au moyen de la mention en marge, l'inscription de la femme utilement prise ; il ne saurait donc, tant que le droit de celle-ci existe, être question de prescription dans les rapports du tiers détenteur et du subrogé.

SECTION DEUXIÈME

EFFETS A L'ÉGARD DE LA FEMME

104. Ces effets varient, d'une manière absolue, suivant que la femme a subrogé pour une dette de son mari ou devant demeurer définitivement à la charge de ce dernier, ou pour une dette soit personnelle, soit contractée dans son intérêt exclusif. Dans la première hypothèse, la subrogation produit des résultats importants qu'il convient d'examiner soigneusement ; dans la seconde, les conséquences qu'elle entraîne n'exigent que des explications succinctes.

105. La femme qui a subrogé pour une dette que le

mari a contractée ou qu'il doit garder à sa charge exclusive, ne perd pas ses reprises dans la mesure où la subrogation se réalise. Elle reste créancière pour la totalité, puisque c'est la dette de ce dernier qui est payée ; et elle aura le droit de se faire colloquer hypothécairement dans les ordres qui s'ouvriront.

Pour aboutir à ce résultat, elle sera d'abord investie de l'hypothèque du subrogé, s'il est créancier hypothécaire, à raison de la subrogation légale se produisant de plein droit en sa faveur, en vertu du paragraphe 3 de l'article 1251 (C. civ.), qui nous paraît ici applicable au point de vue de l'esprit de la loi, sinon au point de vue du texte. En effet, le créancier est désintéressé au moyen de deniers qui auraient été pris, à son défaut, par la subrogeante, et dès lors il est bien vrai de dire qu'il a été, en fait, payé par elle [1]. Ainsi se trouve remplie la première condition exigée par l'article précité. Mais cet article veut, en outre, que celui qui paye soit tenu avec d'autres ou pour d'autres au paiement de la dette. Or, si cette seconde condition se réalise lorsque la femme s'oblige avec le mari dans l'acte de subrogation, en est-il de même quand elle subroge sans obligation de sa part? La question semble délicate. Cependant, à ce point de vue encore, la subrogation légale doit être admise, car il n'est pas nécessaire que celui qui l'invoque soit tenu personnellement de la somme remboursée et soumis à l'action directe du créancier; il suffit que la dette puisse être acquittée à ses dépens, et c'est précisément ce qui se produit dans le cas qui nous occupe [2].

<hr>

1. En ce sens : Lyon, 11 août 1855 ; *Palais*, 56, I, 413.
2. En ce sens: Lyon, 4 août 1853, *Palais*, 55, I, 334.

Outre l'hypothèque du subrogé, la femme aura encore une nouvelle hypothèque légale datant du jour de la subrogation.

106. Cette double garantie, que nous accordons ainsi à la femme, peut surprendre au premier abord ; mais on s'en rend parfaitement compte, quand on examine les effets produits à son égard par la collocation du subrogé.

Le créancier hypothécaire, s'il n'avait pas obtenu la subrogation, aurait été colloqué au rang de sa propre hypothèque, après la collocation de tous ceux qui le primaient. Or la femme, qui l'a subrogé, doit obtenir à ce rang et à sa place, sans léser les droits des créanciers primés par lui, ce qu'il aurait obtenu lui-même. D'un autre côté, toute créance de la femme contre son mari se trouvant garantie par une hypothèque qui date du jour de l'obligation (art. 2135 3° C. civ.), la subrogeante a droit à cette hypothèque à la date de la subrogation même, à raison de l'indemnité à elle due de ce chef.

Mais il est évident que la femme ne pourra se faire colloquer en vertu de ces deux hypothèques à la fois, et qu'elle devra opter pour l'une ou pour l'autre. Si la subrogation et l'hypothèque conventionnelle du créancier ont pris naissance dans le même acte, elle n'a aucun intérêt à user plutôt de l'une que de l'autre, car, en ce cas, elles ont toutes deux la même date. Si elle a subrogé, au contraire, par acte postérieur, elle doit donner la préférence à l'hypothèque conventionnelle, lorsque des créanciers nouveaux se sont inscrits depuis le jour de l'attribution de cette hypothèque jusqu'à celui de la subrogation ; elle ne pourrait, en effet, primer ces créanciers en vertu de la nouvelle hypothèque légale née de ce dernier contrat.

La femme, en obtenant collocation, au moyen de l'hypothèque du subrogé, au rang de ce dernier, ne fait donc pas produire un double effet à l'hypothèque légale, puisque, pour deux collocations obtenues, on se trouve en présence de deux hypothèques. Les créanciers ayant rang entre la subrogeante et le subrogé auraient seuls le droit de se plaindre, si elle obtenait collocation avant eux; mais nous venons de voir qu'ils doivent tous être colloqués avant elle. Or c'est là le point essentiel; et les divers arrêts rendus sur la matière [1] s'en préoccupent avec raison, bien qu'il paraisse indifférent à certains auteurs [2].

107. Mais la situation est différente, lorsque la femme subroge un créancier chirographaire de son mari ou un créancier hypothécaire de ce dernier déchu de son hypothèque. La subrogeante sacrifie alors ses droits hypothécaires, sans trouver un équivalent chez le subrogé. Pour le paiement de ses reprises, dans la mesure de la collocation obtenue par celui-ci, elle n'a que la nouvelle hypothèque légale résultant de la subrogation et née le même jour. Elle ne peut donc, dans tous les cas, se faire colloquer qu'au rang que lui assure cette nouvelle hypothèque, pour la part de sa créance représentant la somme allouée au subrogé. S'il en était autrement, l'hypothèque légale produirait alors, en réalité, deux fois son effet, au détriment des droits acquis au moment de la subrogation.

1. Conf. Cassation, 17 avril 1832; Paris, 3 décembre 1838 et 27 mai 1848; *Palais*, 32, 970, 39, II, 617 et 48, II, 258. — Gautier, *Subrog. des personnes*, nᵒˢ 587 et 588.
2. Bertauld, *Subrogation*, nᵒ 132 *in fine*.

108. On le voit, nous estimons qu'en toute hypothèse, eu égard à ses reprises, la femme ne saurait jamais demeurer simple créancière chirographaire de son mari, par le fait des subrogations qu'elle consent dans l'intérêt des créanciers de ce dernier. Peut-être, à raison de ces subrogations, le paiement de ses droits sera retardé, compromis, rendu impossible même ; mais, dès qu'il pourra s'effectuer sur le prix d'un immeuble du mari, il interviendra toujours en vertu d'une hypothèque. A défaut d'autre garantie, la subrogeante a inévitablement une hypothèque légale pour l'indemnité de l'engagement qu'elle contracte en subrogeant, selon l'article 2135 3° du Code civil [1].

109. Toutefois, il ne faut pas exagérer la portée de ce texte. Il confère, en effet, hypothèque à la femme, du jour de l'obligation, pour l'indemnité des dettes qu'elle a contractées avec son mari ; mais la garantie qu'il lui attribue ne peut être par elle utilisée, avec son effet rétroactif, que tout autant que sa créance est exigible. Or, on ne peut dire que la femme a une créance exigible contre son mari par le seul fait de son engagement, car tout droit s'évanouit pour elle si celui-ci acquitte la dette. Il n'en sera ainsi que lorsqu'elle aura été obligée de payer elle-même. Spécialement, en cas de subrogation, la subrogeante ne devra être colloquée, pour une indemnité quelconque, qu'à raison du paiement qu'aura obtenu le subrogé en cette qualité et dans la mesure de ce paiement. En dehors de ces conditions, toute prétention de sa part manquerait de base, et le seul fait de la subrogation concédée serait insuffisant.

---

1. En ce sens : Colmet de Santerre, t. IX, p. 155 et 156.

110. Il importe cependant de remarquer que la femme qui s'oblige pour les affaires de la communauté ou du mari, est réputée simple caution à l'égard de celui-ci, aux termes de l'article 1431 (C. civ.). Par suite, il faut lui appliquer, dans ses rapports avec son mari, les principes du cautionnement, et décider que, lorsque l'une des conditions prévues par l'article 2032 (C. civ.) se réalise, elle peut agir contre lui en sa qualité de débiteur, même avant d'avoir payé, pour être indemnisée. Ainsi elle sera, dans les hypothèses prévues par ce dernier article, investie d'une créance actuellement exigible, à raison de laquelle elle pourra exercer immédiatement son droit hypothécaire, bien que la subrogation n'ait pas été effectivement réalisée. Le droit contre elle étant en effet dès ce moment ouvert, elle doit être autorisée à obtenir, à dater de cette époque, collocation dans les ordres poursuivis contre son mari, collocation que le subrogé pourra, le cas échéant, se faire attribuer en vertu de la subrogation elle-même [1].

Cette solution ne peut être contestée, quand la femme s'oblige et subroge avant que l'un des événements prévus par l'article 2032 se soit réalisé. Elle ne saurait l'être davantage, lorsqu'elle ne subroge qu'après, pourvu que son obligation ait elle-même pris naissance antérieurement. Dans cette hypothèse, le droit à l'indemnité se trouvant définitivement acquis à son profit, on doit admettre sans difficulté qu'elle a pu céder l'hypothèque qui le garantissait.

Mais que faut-il décider, si l'obligation et la subroga-

---

1. Conf. Gautier, *Subrog.*, n° 587. — Coulon, *Questions de droit*, II, p. 597. — Ponsot, *Cautionnement*, n° 277. — Amiens, 26 mai 1874 ; *Palais*, 75, 472, et la note de M. le conseiller Sourdat jointe à cet arrêt. — *Adde*, Cassation, 24 mai 1869, *Palais*, 69, 878.

tion consenties par la femme sont toutes deux pos-
térieures à l'une des situations visées par l'article
précité ?

Cette question, dans l'hypothèse prévue par le n° 2
de cet article, a donné lieu à une vive controverse. La
femme qui s'oblige vis-à-vis d'un créancier de la masse
et le subroge à son hypothèque légale depuis que le mari
est en état de cessation de paiements, ou dans les dix
jours qui précèdent, a-t-elle contre ce dernier, pour
l'indemnité de son obligation, une créance rendue exigible par la faillite et garantie par une hypothèque née le
jour du contrat? En tout cas, la subrogation concédée
est-elle valable dans les rapports de la femme et du subrogé, et celui-ci peut-il se faire colloquer à raison des
autres reprises de la subrogeante?

111. Nous avons établi, dans nos principes généraux
(n° 2), que, si l'une des causes génératrices de l'hypothèque
légale se réalise dans la période de la faillite, la femme
a cependant une hypothèque, parce que l'article 446 du
Code de commerce n'est pas applicable aux hypothèques
légales. Mais nous avons annoncé, en même temps, qu'il
faut apporter à ce principe une dérogation importante,
en décidant que la femme qui s'oblige et subroge, dans
la période de la faillite, ne saurait prétendre de ce chef
à une hypothèque légale. En effet, l'hypothèque légale,
pour ne pas tomber sous l'application de l'article 446,
doit conserver son caractère et ne point émaner de la
volonté des personnes. Or, dans l'espèce, le mari, la
femme et le créancier sont d'accord pour accomplir un
acte dont l'effet immédiat est de constituer, au détriment
de la masse, un droit garanti par une hypothèque ; par
suite, on serait déjà fondé à prétendre que l'hypothèque

émane, en ce cas, de la convention et, comme telle, est annulée par l'article précité.

Mais, si l'on décide que cet article, prohibant seulement les actes du mari, ne peut atteindre l'obligation qui émane de la femme [1], les droits de la masse peuvent être défendus au moyen d'un autre texte, qui nous semble, quoi qu'on en ait dit, absolument fait pour l'espèce qui nous occupe. Ce texte est celui de l'article 598 du même Code, qui annule, au regard de toutes parties, les conventions prévues par l'article 597 qui le précède, notamment *les traités particuliers faits soit avec le failli, soit avec toutes autres personnes, par un créancier, s'il en résulte en faveur de celui-ci un avantage à la charge de l'actif du failli.*

De cet article il résulte que l'obligation et la subrogation consenties par la femme, pendant la période de la faillite, sont frappées d'une nullité radicale à l'égard de toutes parties ; que dès lors elles ne peuvent ni donner naissance, au détriment de la masse, à une créance hypothécaire au profit de la femme, ni produire aucun effet entre celle-ci et le créancier subrogé ; qu'ainsi ce dernier ne saurait utiliser, même sur les autres reprises de la subrogeante, la subrogation qu'il a obtenue.

On critique cette solution en prétendant que les articles 597 et 598 ne visent pas la subrogation, du moins lorsque le subrogé n'invoque pas, pour se faire colloquer, l'indemnité provenant de l'engagement contracté par la femme, et se base uniquement sur les autres reprises de

---

1. En ce sens : Coin-Delisle, *Revue critique*, 1853, 3, p. 221. — Bédarrides, *Faillites*, I, 123, *ter.* — Nancy, 10 août 1875 ; 4 mars 1876 ; *Palais*, 76, 974 ; 77, 1080. — *Contrà :* Pardessus, *Droit commercial*, 3, n° 1135. — Alauzet, *C. de comm.*, VII, n° 2516. — Cassation, 11 décembre 1876 ; Nancy, 19 mars 1879 ; *Palais*, 77, 1080 et 79, 564.

cette dernière. En ce cas, dit-on, il est bien certain que la collocation ne crée pas au profit du créancier *un avantage à la charge de l'actif du failli*, puisqu'elle est prise sur un émolument qui aurait incontestablement appartenu à la subrogeante [1].

Mais on oublie que toute subrogation réalisée confère immédiatement à la subrogeante, dans la mesure de sa réalisation, une créance exigible garantie par une hypothèque légale. Le créancier, en se faisant colloquer comme subrogé, crée donc *ipso facto*, au profit de la femme, un droit immédiat à une indemnité qui grève bien, en réalité, l'actif du failli. L'ouverture de ce droit est une conséquence nécessaire, forcée de sa collocation ; or, comme il ne peut prendre naissance dans notre hypothèse, à raison des principes que nous venons d'exposer, le subrogé ne saurait se faire colloquer, et la subrogation doit demeurer absolument nulle [2].

112. On objecte que la validité de l'obligation de la femme, dans ses rapports avec le créancier, n'est pas subordonnée à l'efficacité du recours que la loi lui accorde sur les biens du mari ; que, par suite, la subrogation par elle concédée doit, dans tous les cas et indépendamment de tout recours, produire, sur ses autres reprises, son effet au profit du subrogé ; et que, dans ses rapports avec la faillite, ce recours doit lui être ou non refusé, suivant qu'elle a ou non connu la cessation des paiements. Ainsi, relativement à ce dernier point, on applique le principe de l'article 447 (C. comm.) : l'indemnité n'est pas due, si l'engagement de la femme est entaché *de mauvaise foi*,

---

1. Ortlieb, *Palais*, 1879, 563, sous l'arrêt précité de Nancy.
2. En ce sens, Bédarrides, *Traité des faillites*, I, p. 215.

de fraude [1] ; elle est due dans le cas contraire, selon le droit commun. Cette théorie, qui semble dominer aujourd'hui dans la jurisprudence et que la Cour de cassation vient de consacrer par un récent arrêt du 27 avril 1881 [2], repose sur les idées suivantes : la femme ne pourrait presque jamais intervenir pour sauver son mari de la faillite, si son intervention n'était pas permise lorsque le remboursement de ses avances serait désespéré ; elle est libre de s'obliger, car le sénatus-consulte velléien n'existe plus ; elle ne peut, sans une interprétation arbitraire de sa volonté, être nécessairement présumée ne s'être engagée qu'en vue de l'hypothèque qui devait naître de son engagement ; du reste, elle ne sera pas privée de tout recours, puisqu'il lui sera permis de prendre le dividende acquis au subrogé, et de faire valoir plus tard son hypothèque légale sur les biens que le mari revenu à meilleure fortune pourra acquérir.

113. Faisons d'abord remarquer que l'article 447 n'exige pas la *fraude*, mais la *simple connaissance de la cessation des paiements du débiteur*, chez ceux qui traitent avec lui dans la période suspecte [3]. Or la subrogation requise et concédée pendant cette période sera en général, par elle-même, une preuve suffisante que

1. Dijon, 6 février 1868 ; Cassation, 9 décembre 1868 ; Lyon, 6 janvier 1876 et 11 décembre 1876 ; *Palais*, 69, 275 ; 76, 828 et 77, 1080. Ces arrêts annulent l'hypothèque dans l'intérêt de la masse, sans se préoccuper de l'effet de la subrogation entre la femme et le créancier qui l'a stipulée.

2. *Palais*, 1881, 1025. Dans le même sens, Poitiers, 16 janvier 1860. — Bravard et Demangeat, *Dr. comm.*, V, p. 243. — Aubry et Rau, § 264, *ter*, note 27. — Labbé sous l'arrêt de Cassation de 1881. — Ortlieb, *Palais*, 1879, 563, ainsi que les auteurs et les arrêts cités *ibidem*.

3. C'est ce que fait fort judicieusement observer M. Boistel, *Droit commercial*, page 688. — Dans le même sens : Bravard *Droit comm.*, V, p. 259. — Cassation, 30 décembre 1856 ; *D. P.* 57, I, 203.

les parties avaient cette connaissance au moment du contrat [1]. Ainsi l'article précité, au lieu de constituer une exception pour la femme, tracera à son égard une règle à peu près générale ; et la subrogeante verra presque toujours son hypothèque annulée, de ce chef, au profit de la masse. A ce premier point de vue, l'arrêt précité de la cour suprême renferme une décision qui doit être admise, et qu'on peut même généraliser. Mais nous ne saurions approuver cet arrêt, lorsqu'il décide que la perte de cette hypothèque n'empêche pas la subrogation de produire son effet entre la femme et le subrogé ; à cet égard l'article 447 lui-même doit conduire, nous semble-t-il, à une solution toute différente. En effet, que permet-il d'annuler ? Est-ce la constitution de l'hypothèque légale ? Nullement, car il n'existe pas de constitution pour ces hypothèques qui découlent de la loi. Il ne peut donc autoriser qu'à faire frapper de nullité l'acte d'où l'hypothèque légale tire sa raison d'être, l'acte en vertu duquel elle naît, c'est-à-dire la subrogation. Or, si on annule cet acte, quel sera le titre du subrogé ? Comment pourrait-on détruire une conséquence d'un fait juridique, en laissant subsister ce fait juridique lui-même ? En vertu de quel principe sera-t-il permis de faire disparaître l'hypothèque légale, si l'on conserve la subrogation d'où la loi la fait découler ? Cette hypothèque constitue la condition de l'engagement contracté par la femme ; elle forme avec cet engagement un tout indivisible ; ils doivent avoir le même sort ; si elle disparaît, l'enga-

---

1. La femme doit être considérée comme ayant cette connaissance encore plus que le créancier, car, plus que lui, elle est au courant des affaires de son mari.

gement disparaît avec elle (art. 1431 et 2135 2° C. civ.).

Les considérations que l'on fait valoir à l'appui de la thèse inverse ne peuvent rien contre ces principes; elles sont du reste peu concluantes. Nous laissons à la femme toute liberté pour s'obliger; nous n'allons pas jusqu'à prétendre que, dans sa pensée, l'hypothèque légale qui devait naître en sa faveur a été la cause déterminante de son engagement; et nous estimons qu'au moment où elle s'oblige, elle a surtout en vue la situation de son mari qu'elle veut sauvegarder. Si le but est atteint, le contrat demeure debout avec toutes les conséquences que la loi lui assigne; si, au contraire, la faillite éclate, il n'est pas possible de le déclarer valable au profit du créancier qui a poursuivi une spéculation illicite, et nul vis-à-vis de la femme dont l'espérance légitime ne s'est point réalisée. L'équité est ici d'accord avec les principes pour repousser un pareil résultat. La femme ne sera pas privée, dit-on, de tout recours, puisqu'après avoir pris le dividende auquel avait droit le subrogé, elle pourra ensuite faire valoir son hypothèque légale sur les biens à venir de son mari. Mais, autoriser la femme à faire valoir plus tard son hypothèque légale, c'est évidemment reconnaître que cette hypothèque naît de la subrogation. Or, si elle naît, elle doit produire ses effets à dater du jour du contrat, qui est celui de sa naissance; et la subrogeante doit obtenir collocation au rang qu'elle lui assure, sans pouvoir être écartée au moyen d'un simple dividende.

Ainsi, soit en vertu de l'article 598, soit en vertu de l'article 447, il faut décider que la subrogation consentie dans la période de la faillite est nulle tant à l'égard de la masse que dans les rapports de la femme et du créancier subrogé[1].

114. Arrivons maintenant à l'hypothèse où la femme a subrogé pour une dette personnelle, ou contractée dans son intérêt exclusif. En ce cas, la réalisation de la subrogation, dans la mesure où elle se produit, a pour effet de faire disparaître la créance de la femme, puisque le mari, en désintéressant le subrogé, acquitte la dette de cette dernière. La créance de la subrogeante se trouvant ainsi éteinte, il ne saurait être question, pour elle, d'un recours quelconque à raison de la subrogation réalisée. La perte de sa créance entraîne nécessairement la perte de l'hypothèque légale dans la même proportion.

---

1. En ce sens : Bédarrides, *loc. cit.* — Dijon, 6 février 1863 ; Lyon, 6 janvier 1876 ; Nancy, 4 août 1860 ; 4 mars 1876 et 19 mars 1879 ; *Palais*, 69, 275 ; 76, 828 ; 61, 813 ; 77, 1080 et 79, 563. — Coin-Delisle, *loc. cit.* — Pont, *Priv. et Hypoth.*, n° 447.

DEUXIÈME PARTIE

DES CONTRATS CONCERNANT L'HYPOTHÈQUE LÉGALE DE LA FEMME MARIÉE, EN DEHORS DE LA SUBROGATION EXPRESSE ET DIRECTE

SOMMAIRE

115. Division générale.

115. En dehors de la subrogation expresse et directe spécialement prévue par l'article 9 de la loi du 23 mars 1855, la femme peut prendre, relativement à son hypothèque légale, divers autres engagements que nous allons maintenant examiner. Ces engagements comprennent : la *cession d'antériorité ou de rang*, la *subrogation tacite*, la *promesse d'abstention*, la *renonciation purement extinctive*, la *cession de la créance, considérée comme entraînant la transmission de l'hypothèque légale par voie de conséquence*, enfin le *nantissement appliqué aux reprises de la femme et envisagé au même point de vue*.

La cession d'antériorité et la subrogation tacite ne sont que des faces de la subrogation, et appartiennent dès lors à la catégorie des stipulations translatives de l'hypothèque légale. Nous avons cependant jugé à propos de leur consacrer deux chapitres distincts, afin de mettre en lumière les points qui les rapprochent et ceux qui les séparent de la subrogation elle-même.

La promesse d'abstention et la renonciation extinctive constituent les contrats par lesquels la femme ne cède plus son hypothèque, mais renonce à se prévaloir de ses effets, au profit des divers ayants droit et dans la mesure de l'intérêt de ceux-ci. Nous verrons cependant qu'exceptionnellement et dans un cas déterminé, la première de ces stipulations aboutit, par la force des choses, à faire colloquer le créancier au rang de l'hypothèque légale, comme la cession d'antériorité et la subrogation tacite, sans cependant qu'elle doive, même dans ce cas, leur être complètement assimilée.

La cession de la créance se rattache au système translatif de la subrogation ; toutefois, la femme n'y cède point son hypothèque d'une façon directe et principale, mais accessoirement et par voie de conséquence. Enfin, dans le nantissement, les reprises de cette dernière et l'hypothèque qui en est l'accessoire sont affectées à titre de garantie sans être transmises ; le créancier gagiste ne peut user de cette garantie qu'exceptionnellement et à défaut d'exécution du contrat principal auquel était venu accéder le nantissement.

Nous allons successivement étudier ces divers contrats ; en rechercher avec soin la nature, les conditions et les effets ; et cette étude, nous permettant de reconnaître s'il faut leur attribuer ou non le véritable caractère d'une subrogation, nous amènera à leur appliquer ou non les formalités prescrites par l'article 9 de la loi de 1855.

CHAPITRE PREMIER

DE LA CESSION D'ANTÉRIORITÉ OU DE RANG

SOMMAIRE

116. La cession d'antériorité peut être définie : *le contrat par lequel la femme s'oblige à laisser colloquer à*

*son propre rang, sur le prix des immeubles de son mari,
un créancier hypothécaire qui ne devait obtenir collocation qu'après elle, et consent à n'être colloquée elle-même
qu'au rang de ce créancier.*

Elle constitue donc *un simple échange de rang*, une
interversion de l'ordre hypothécaire, résultant de ce que
la femme a placé son hypothèque après celle du bénéficiaire de la cession. Cet échange s'effectue jusqu'à
concurrence du montant de la créance de celui qui
l'obtient, la femme conservant son rang pour le surplus de ses reprises ; et, d'autre part, il ne peut intervenir que pour l'équivalent des droits de cette dernière,
le créancier devant rester à son rang pour la part de sa
créance qui dépasse ces droits.

Ainsi la femme a droit au premier rang, le créancier
au cinquième ; il est dû à celui-ci 3,000 francs ; les reprises de la femme contre son mari sont de pareille
somme ; l'échange sera ici pur et simple ; le créancier
montera au premier rang, la femme descendra au cinquième, chacun pour la totalité de son droit.

Supposons qu'il soit dû 5,000 francs à la femme ;
le créancier montera au premier rang pour ses
3,000 francs, la femme y restera pour 2,000 et passera
au cinquième pour le surplus, soit pour 3,000 francs.

Enfin, s'il n'est dû que 2,000 francs à la femme, le
créancier montera au premier rang pour ces 2,000 francs,
restera au cinquième pour 1,000, et la femme sera colloquée après lui, pour ses reprises, à ce dernier rang.
Ajoutons que, si le rang du créancier n'est pas utile
dans l'ordre ouvert, la femme sera obligée d'attendre
qu'il le devienne dans les ordres ultérieurs.

117. — Il résulte donc bien des exemples que nous venons de donner que la cession d'antériorité s'analyse, comme nous l'avons affirmé, en un échange de rang entre la femme et le créancier. On a cependant prétendu qu'il ne faut nullement attribuer ce caractère au contrat qui nous occupe ; et que la femme, en l'effectuant, s'engage uniquement à ne pas se prévaloir de son rang hypothécaire, vis-à-vis du créancier, sans que ce dernier puisse jamais monter au rang de l'hypothèque légale. Cette manière de voir, nous le démontrerons bientôt, ne saurait être admise même si la femme ne figurait dans l'ordre qu'avec ce créancier, ou si, étant en présence de plusieurs autres, elle avait droit à une collocation se plaçant immédiatement avant celle de ce même créancier (Voir n° 123). Mais lorsque, entre la femme et celui-ci, nous trouverons un ou plusieurs créanciers, le contrat ainsi entendu nous conduirait à un résultat illusoire et inacceptable. En effet, de quelle utilité sera la cession d'antériorité pour celui qui l'aura obtenue, si, n'ayant pas un rang utile, il peut seulement obliger la femme à s'abstenir, sans avoir le droit de prendre sa place ? Son propre rang ne lui procurera pas collocation, malgré l'abstention de la femme, alors que cette dernière, s'abstenant, améliorera, au contraire, le sort des créanciers intermédiaires, en les laissant tous colloquer avant elle-même. Ainsi nous aurons le résultat suivant : cession inutile pour le créancier qui l'a stipulée, préjudiciable à la femme et, chose singulière, profitable seulement aux créanciers qui étaient demeurés étrangers à la convention ! Si, pour échapper à ces conséquences, l'on décidait que le créancier cessionnaire devra monter au rang de la femme et qu'elle

se placera elle-même immédiatement après lui, puisqu'elle n'a abdiqué ses droits qu'en sa faveur, l'on
arriverait à consacrer une injustice manifeste. La femme
pourrait, en effet, par ce moyen, faire successivement
colloquer tous les créanciers qu'elle voudrait favoriser,
sans jamais rien sacrifier elle-même, pourvu qu'elle
cessât de s'obliger au moment où les fonds seraient encore suffisants pour le remboursement de ses propres
reprises.

Ce système, qui entraîne les conséquences que nous
venons de signaler, ne s'est produit que parce qu'on a
confondu la cession d'antériorité avec la promesse d'abstention [1]. Cette dernière stipulation peu définie, peu
usitée dans la pratique, et dont les effets sont quelquefois
difficiles à analyser, sera l'objet d'une étude spéciale
dans un des chapitres suivants. Nous pourrons alors
nous rendre un compte parfaitement exact des différences qui séparent ces deux opérations juridiques.

Nous maintenons donc que la cession d'antériorité
consiste en un échange de rang entre la femme et
le bénéficiaire du contrat ; qu'elle constitue, dès lors,
dans cette limite, une véritable subrogation à l'hypothèque légale. Mais cette subrogation spéciale et restreinte ne doit pas être confondue avec celle que
nous avons déjà étudiée, car elle est loin de produire
les mêmes résultats.

118. Toutefois ce dernier point a été à son tour contesté, et il a été affirmé que la subrogation expresse et
la cession d'antériorité sont, sous tous les rapports,
absolument semblables ; les dénominations seules chan-

____

1. Bénech, *Nantissement*, page 38.

geraient, mais le fond des choses resterait le même [1]. Les différences que nous allons relever entre les deux stipulations vont démontrer que, si elles ont entre elles une certaine analogie, elles se séparent par des points essentiels.

Dans la subrogation, la femme cède son hypothèque ; dans la cession d'antériorité, elle transmet uniquement le rang que lui assure cette hypothèque. au créancier qui lui cède le sien ; d'où il résulte que, si la subrogation peut, comme on l'a vu, intervenir au profit d'un simple créancier chirographaire, la cession d'antériorité n'est possible qu'en faveur d'un créancier hypothécaire, car ce dernier seul, ayant un rang, peut seul l'échanger contre celui de la femme. Dès lors, si le bénéficiaire de ce dernier contrat perd, pour une cause quelconque, son hypothèque, avant qu'il ait été réalisé, ce contrat s'évanouit avec l'hypothèque elle-même.

La subrogation consentie au profit d'un créancier hypothécaire peut, si la femme manifeste sa volonté à cet égard d'une manière formelle, s'étendre au delà des immeubles affectés ; la cession d'antériorité, permise seulement en faveur de ce créancier, ne saurait recevoir cette extension, puisqu'en dehors du gage elle se trouverait concédée à un simple chirographaire [2].

119. La subrogation, attribuant l'hypothèque, transmet et le droit de préférence et le droit de suite ; la cession d'antériorité, n'ayant trait qu'à la cession du rang, ne confère que le droit de préférence. Ceux qui

1. Mourlon, *Transcription*, n° 945.

2. En ce sens : Bénech, *Nantissement*, page 37. — Rivière et Huguet, *Transcription*, n° 383. — Pont, *Priv. et Hypoth.*, n° 458. — Troplong, *Transcription*, n° 325. — Paris, 24 août 1853, Cassation, 8 août 1853 ; *Palais*, 53, II, 545.

ne voient aucune différence entre les deux contrats, concèdent également le droit de suite au bénéficiaire du second [1], non en vertu du contrat lui-même, mais à raison du principe de l'article 1166 (C. civ.). Ils commencent ainsi par reconnaître que la cession d'antériorité ne le produit pas elle-même. D'un autre côté, il est à peu près généralement admis que le créancier agissant en vertu de cet article représente la masse, et doit partager avec elle l'émolument qu'il réalise. Or, s'il ne peut faire valoir son droit de préférence sur cet émolument, toute l'utilité de la cession d'antériorité disparaît, pour lui, quant aux résultats produits par le droit de suite. L'exercice ainsi entendu de ce dernier droit le rend, dès lors, non seulement inexistant à son égard, mais le met encore en complète contradiction avec les principes du contrat, puisqu'il a pour conséquence de détruire, dans la mesure indiquée, le droit de préférence qui en découle.

Il faut donc admettre que la cession d'antériorité n'entraîne que le droit de préférence, et constater que, par ce côté encore, elle s'écarte de la subrogation. Du reste, cette nouvelle différence résulte de la nature même de la cession d'antériorité, qui, nous l'avons vu, s'analyse en un échange de rang pur et simple, proposition tenue pour constante même par la plupart de ceux qui estiment que la subrogation emporte le transfert de la créance [2].

120. Cependant, M. Bertauld, qui n'admet pas que l'hypothèque soit cessible séparément de la créance,

1. Mourlon, *Transcription*, n° 940.

2. Conf. les opinions de M. Bethmont et de Vatimesnil, citées par M. Bertauld, *Subrog.*, p. 49 et 50. — Bénech, *Nantissement*, p. 38 et suiv.

n'admet pas dávantage que le rang hypothécaire puisse être cédé sans l'hypothèque et partant sans la créance. Nous ne nous arrêterions pas sur un point déjà amplement développé, si l'éminent professeur ne déclarait qu'un grave péril peut résulter de cette dernière cession, qui, d'après lui, aboutirait à un cumul illicite de collocations [1].

Il suppose que Primus, propriétaire des immeubles A et B, après avoir contracté un emprunt pour lequel il a consenti hypothèque sur ces deux immeubles, emprunte une nouvelle somme dans les mêmes conditions. Le second prêteur pourra se croire en parfaite sécurité, car, ayant hypothèque sur les deux immeubles, il sera autorisé à penser que, quel que soit celui sur lequel le premier créancier exercera son droit, il conservera lui-même sa garantie sur l'autre. Mais un troisième emprunt hypothécaire est ensuite contracté, et le premier créancier intervenant au contrat cède son rang sur l'immeuble A au dernier créancier, qui prime ainsi le second sur cet immeuble. Or, celui-ci se trouvant déjà primé sur l'immeuble B par le premier créancier, sera complètement sacrifié quoiqu'il eût pris toutes les précautions nécessaires. La femme, lorsqu'elle sera première créancière, pourra faire le calcul que nous venons d'indiquer, et léser ainsi les droits des créanciers intermédiaires, si l'on ne parvient à déjouer cette combinaison au moyen des principes du droit, principes qui ne permettent pas de séparer l'hypothèque de la créance.

D'après nous, le danger signalé par M. Bertauld n'existe pas, et, dès lors, il n'est pas nécessaire de suivre la voie qu'il indique pour l'éviter. En effet, la femme,

1. Bertauld, *Subrogation*, n° 21.

après avoir cédé son rang sur l'immeuble A au créancier dernier en date, ne pourra elle-même obtenir collocation à ce rang, soit sur cet immeuble, soit sur l'immeuble B, que pour ce qui restera de ses reprises, déduction faite de la créance ayant motivé la cession ; s'il en était autrement, on ferait produire à l'hypothèque légale un double effet pour une valeur égale au montant de cette créance. Les autres reprises ne recevront collocation qu'au rang de l'hypothèque du cessionnaire, ou de la nouvelle hypothèque légale née de l'engagement même contracté par la femme. Ainsi, il ne sera pas possible à cette dernière de primer les créanciers inscrits ayant un droit antérieur à celui que lui confèrent ces deux hypothèques, et, dans l'espèce, le second prêteur de deniers.

121. La cession d'antériorité produisant, au point de vue du droit de préférence, les mêmes effets que la subrogation, il semble naturel de dire qu'en vertu du premier de ces contrats le créancier fait colloquer, comme en vertu du second, sa propre créance au rang de l'hypothèque légale. On a toutefois soutenu qu'il est nécessaire ici de colloquer la femme elle-même, sauf à elle à remettre au créancier le montant de la collocation[1]. Il doit en être ainsi, dit-on, parce que la femme ne s'est pas dépouillée de son hypothèque comme au cas de subrogation. Il est facile de répondre. Sans se dessaisir de la totalité de son hypothèque, la femme a transféré au créancier le droit de préférence qui en dépend ; or ce seul droit est nécessaire à celui-ci pour faire colloquer sa propre créance au rang de cette hypothèque.

---

1. En ce sens : Bénech, *Nantissement*, n° 40. — Rivière et Huguet, *Transcription*, n° 383.

Il n'existe donc aucun motif pour qu'à la suite de la cession d'antériorité, la collocation soit autre que dans la subrogation ; dans les deux cas, elle doit avoir lieu sur la tête du créancier. Nous devons, d'ailleurs, faire remarquer que la collocation au nom de la femme, avec l'obligation indiquée, aurait pour résultat le rétablissement du sous-ordre hypothécaire, lorsqu'on se trouverait en présence de plusieurs cessionnaires.

122. La cession d'antériorité équivalant à une subrogation, en tenant compte des différences déjà signalées, donne naissance aux effets qui découlent de ce dernier contrat et demeure soumise aux mêmes règles.

Ainsi, la femme ne peut, dans la mesure indiquée et conformément aux principes posés, faire disparaître ses reprises au préjudice du créancier, puisqu'elles sont nécessaires comme base de l'hypothèque légale dont celui-ci doit utiliser le rang. Elle pourra elle-même se faire colloquer soit au rang qui lui a été transmis en échange du sien, soit en vertu de la nouvelle hypothèque légale née du jour de son engagement. Ainsi, d'autre part, le créancier, cessionnaire de l'un des avantages résultant de l'hypothèque légale, doit se conformer aux prescriptions de l'article 9 de la loi de 1855. L'authenticité de l'acte est donc requise ; il en est de même de la publicité, qui seule, à l'égard des tiers, saisira les bénéficiaires du droit d'antériorité, et règlera vis-à-vis d'eux-mêmes, aussi bien que de tous créanciers subrogés, l'ordre dans lequel ils devront être colloqués au rang de l'hypothèque légale. Toutefois cette dernière formalité ne sera pas nécessaire au regard des tiers acquéreurs, car la cession d'antériorité est étrangère au droit de suite qui seul les intéresse.

123. L'assimilation que nous venons d'établir, au point de vue des effets et des conditions de validité, entre la cession d'antériorité et la subrogation, se comprend parfaitement dans l'hypothèse où, des créanciers inscrits se trouvant entre la femme et le bénéficiaire de l'antériorité, celui-ci, pour être colloqué, doit remonter au rang de l'hypothèque légale. Le caractère translatif du contrat apparaît, en effet, nettement dans cette hypothèse ; la transmission du droit de préférence est certaine et indispensable, ainsi que nous l'avons démontré, pour que la cession produise son effet.

La même assimilation, croyons-nous, doit encore être établie, lorsque la femme ne figure dans l'ordre qu'avec le créancier bénéficiaire, ou lorsqu'elle se trouve placée immédiatement avant lui. La nature de la convention ne peut changer à raison de ce fait accidentel qu'il n'existait aucun créancier intermédiaire au moment où elle est intervenue. D'autre part, on ne saurait prétendre que la femme n'a ici rien à transmettre au bénéficiaire et qu'elle doit seulement s'effacer pour le laisser colloquer avant elle. Sans doute, c'est bien là le résultat matériel qui sera produit ; mais, pour y aboutir légalement, pour que l'ordre des collocations soit ainsi renversé, il faut évidemment que le créancier se serve de l'hypothèque de la femme et que celle-ci se contente de celle du créancier ; l'opération ne peut être ni autrement entendue, ni autrement exécutée. On doit reconnaître qu'en tout cas le créancier use du droit de préférence qui découle de l'hypothèque légale, puisque, si les fonds manquent sur la femme et si le mari n'a point d'autres immeubles, ce droit aura été définitivement épuisé par la collocation attribuée au bénéficiaire de l'antériorité.

La cession d'antériorité revêt donc, en toute hypothèse, eu égard au droit de préférence, le caractère translatif de la subrogation, et, en toute hypothèse aussi, produisant sur ce point les mêmes effets, demeure soumise aux mêmes prescriptions. Si, au mépris de la stipulation, la femme aliène ses reprises, le bénéficiaire, en l'absence de tout créancier intermédiaire, ne sera pas admis, sans doute, à critiquer les actes qu'elle aura ainsi accomplis. Mais son action, fondée en droit, ne serait repoussée que parce qu'il serait sans intérêt, puisque, dans ce cas, il obtiendra nécessairement collocation en vertu de sa propre hypothèque, celle de la femme ayant disparu avec les reprises qui lui servaient de base.

CHAPITRE II

DE LA SUBROGATION TACITE

SOMMAIRE

124. Difficultés de fait que présente la subrogation tacite. — Importance
de l'étude des principaux cas dans lesquels elle se produit.
125. L'obligation contractée conjointement ou solidairement par la
femme avec son mari, au profit d'un créancier chirographaire, n'emporte point subrogation tacite.
126. Il en est de même lorsque ce créancier obtient un jugement de
condamnation. — La subrogation tacite résulte d'une saisie-arrêt définitivement validée.
127. L'obligation contractée par la femme envers un créancier hypothécaire du mari emporte subrogation tacite à son hypothèque légale.
128. Cette subrogation étant, en réalité, une véritable cession d'antériorité, doit suivre les conditions de ce dernier contrat et en produire
les effets.
129. Il n'est pas nécessaire, pour que la subrogation tacite se produise,
que la femme s'engage dans l'acte même par lequel le mari confère
hypothèque. — Il n'est pas non plus nécessaire que l'affectation hypothécaire soit l'œuvre commune des époux.
130. L'engagement pris par la femme de payer le montant des condamnations prononcées contre son mari emporte subrogation tacite à son
hypothèque légale.
131. Des règles spéciales qui régissent l'hypothèque légale de la femme
au regard des sociétés de crédit foncier.

124. Nous nous sommes occupé jusqu'ici des stipulations par lesquelles la femme cède à un créancier, d'une
façon expresse et directe, la totalité ou seulement le

rang de son hypothèque légale, sans qu'aucun doute puisse s'élever à ce sujet. Mais, dans certains cas, cette cession pourra n'avoir pas été expressément consentie, et se trouver implicitement renfermée dans un acte où la femme aura été partie. Nous aurons alors ce que l'on est convenu d'appeler une *subrogation tacite*. Il faudra, dans cette hypothèse, interpréter le fait juridique duquel on voudra la faire résulter ; et décider si la femme, par la nature même de l'engagement pris, par les effets qu'il doit produire, a suffisamment et nécessairement compris qu'elle abdiquait son hypothèque légale ; si elle a, par suite, tacitement consenti à s'en dessaisir ; si enfin le mari qui doit fournir son autorisation a entendu la donner sur ce point.

La principale difficulté se résout donc ici en une question de fait, puisqu'elle porte sur le point de savoir si la stipulation que nous allons étudier est ou non intervenue dans un acte déterminé. Il semble dès lors que l'on doive, à cet égard, s'en référer purement et simplement à l'appréciation des tribunaux. Nous croyons cependant qu'il importe d'analyser les hypothèses où elle se retrouve en général, car les principes posés dans les applications principales permettront d'arriver facilement à la solution de celles qui n'auraient pas été prévues. Cette analyse aura encore pour résultat de mettre en relief le caractère qu'il convient d'assigner à la subrogation tacite, et déterminera, par là même, à quelles conditions de validité elle demeure assujettie.

125. La femme peut s'engager conjointement ou solidairement avec son mari, dans les obligations que celui-ci contracte. Toute facilité lui est laissée à cet égard, si, étant majeure et capable, elle ne se trouve

pas gênée par les stipulations de son contrat de mariage ; c'est là un point certain. Mais la difficulté commence, quand il s'agit de savoir dans quelles circonstances l'engagement par elle pris emportera subrogation tacite à son hypothèque légale.

Le créancier qui n'a demandé aucune garantie à raison de l'obligation à lui consentie par les époux, qui n'a stipulé aucune hypothèque, qui, en un mot, est simplement chirographaire, est présumé avoir eu pleine confiance en ses débiteurs et s'être contenté de leur solvabilité, ainsi que du gage général et imparfait que lui confèrent les articles 2092 et 2093 (C. civil). Pourra-t-on voir une subrogation tacite à l'hypothèque légale de la femme, dans l'engagement ainsi contracté par cette dernière au profit de ce créancier, si, d'ailleurs, l'acte qui le constate est conçu en la forme authentique, suivant les prescriptions de l'article 9 de la loi de 1855 ?

Une opinion isolée [1] a adopté l'affirmative, et quelques arrêts ont été rendus en ce sens [2]. Pour nous, avec la majorité des auteurs et une jurisprudence aujourd'hui constante, nous croyons que, dans une simple obligation chirographaire de la femme, on ne saurait voir son intention de subroger ; rien ne peut la faire présumer, et c'est, nous semble-t-il, l'intention contraire qui se dégage de l'acte. En effet, un acte authentique est nécessaire, avons-nous dit, pour que la question de subrogation puisse se poser ; en pratique, cet acte sera presque toujours notarié, pour ne pas dire toujours. Le mari

---

1. Mourlon, *Transcription*, n° 986.

2. Limoges, 2 juin 1823 ; Bourges, 4 mars 1831 ; *Dalloz*, 1831, II, 167 ; Lyon, 24 mai 1850 ; *D*. 50, II, 532 ; Cassation, 17 avril 1827 et 24 juin 1829 ; *Palais*, 1827, 352 et 1829, 1171.

pouvait donc y constituer lui-même hypothèque (2127 C. civ.); s'il ne l'a point fait, c'est qu'il n'a voulu contracter qu'une obligation chirographaire, dont le créancier s'est contenté en l'acceptant.

Or l'intervention de la femme dans l'obligation n'en peut évidemment changer la nature; c'est pourtant ce qui arriverait, si la subrogation à l'hypothèque légale se produisait. L'obligation, qui n'était que chirographaire, deviendrait alors hypothécaire vis-à-vis du mari, puisqu'elle serait revêtue, par la subrogation, d'une hypothèque portant sur tous ses biens présents et à venir, hypothèque que le créancier pourrait faire inscrire à sa volonté. Cette subrogation tacite aurait même plus d'effet qu'une subrogation expresse, qui, sauf convention contraire, ne doit pas s'étendre au delà des biens affectés (conf. n° 86), car, aucune affectation hypothécaire n'intervenant, aucune limite ne serait imposée à la subrogation. Ainsi, la nature de l'obligation se trouverait changée et la volonté des parties dénaturée; signaler un pareil résultat, c'est le condamner [1].

Mais, dira-t-on, quelle sera alors l'utilité de l'engagement pris par la femme? Le créancier, en la faisant intervenir, a eu certainement la pensée de retirer un avantage de son intervention. Sans doute; et le bénéfice existera, car, ayant la femme pour débitrice, il pourra non seulement se faire payer sur l'actif de celle-ci, mais encore, par la voie du sous-ordre, participer à

---

1. Dans notre sens : Grenier, *Hypoth.*, tome I, n° 254. — Troplong, *Hypoth.*, tome II, n° 603. — Bertauld, *Subrog.*, n° 69. — Pont, *Priv. et Hypoth.*, n° 463. — Aubry et Rau, *Droit civil*, § 288 *bis*, note 11. — Flandin, *Transcript.*, II, 1551. — Colmet de Santerre, t. IX, p. 158. — Paris, 8 avril 1851 et 6 avril 1853; Orléans, 12 juillet 1854; Amiens, 26 mai 1874; *Palais* ; 1851, II, 231 ; 1856, I, 181 et 185 ; 75, 472.

toutes les collocations auxquelles elle aura droit dans les ordres ouverts au préjudice de son mari, et profiter ainsi indirectement de l'hypothèque légale.

126. Alors même qu'en vertu de l'obligation des époux, il obtiendrait plus tard un jugement de condamnation, emportant de plein droit hypothèque sur tous les biens présents et à venir de ses débiteurs, le créancier n'aboutirait point, par ce moyen, à la subrogation, qui ne peut émaner que du consentement de la femme [1]. Il est cependant un cas où elle pourrait avoir lieu par exception, en dehors de ce consentement. Ce cas se produit lorsque le créancier de la femme pratique, au préjudice de celle-ci, une saisie-arrêt entre les mains du mari. Le jugement de validité devenu définitif opèrera, au profit du saisissant, cession judiciaire des sommes saisies ; et cette cession, comme celle qui est volontairement consentie, conférera à son tour subrogation à l'hypothèque légale, par voie de conséquence .Le créancier sera investi de cette hypothèque, à l'égard des tiers, par l'inscription qu'il prendra en vertu du jugement de validité, inscription qui devra contenir les énonciations nécessaires pour inscrire l'hypothèque de la femme en vue de la subrogation.

Nous concluons donc qu'en s'obligeant chirographairement, la femme n'a ni voulu ni pu subroger tacitement à son hypothèque légale ; qu'elle ne pourra pas néanmoins profiter elle-même des avantages de cette hypo-

---

1. En ce sens, Cassation, 27 novembre 1834 ; Paris, 2 janvier 1836 ; *Sirey*, 1836, II, 149 ; Caen, 15 juillet 1840 ; *Sirey*, 1840, II, 522. — Aubry et Rau, *loc. cit.*, note 12. — Pont, *Priv. et Hypoth.*, n° 463. — Bertauld, *Subrog.*, n° 70. — *Adde*, Cassation, 14 mars 1865 et Orléans, 9 juin 1874 ; *Palais*, 65, 510 et 1874, 1274.

thèque, au détriment de son créancier, si celui-ci emploie contre elle la voie du sous-ordre ; mais qu'elle aura la faculté de disposer de cette même hypothèque, en faveur des tiers, puisqu'elle n'a pris aucun engagement qui puisse l'en empêcher.

127. Mais, si la femme s'oblige conjointement ou solidairement avec son mari, dans un acte où celui-ci a conféré hypothèque au créancier, la situation sera alors bien différente. Ici le créancier a exigé un gage, une garantie ; dès lors la femme, qui est tenue au paiement comme le mari, non seulement ne peut rien faire qui soit nuisible à la garantie accordée, mais encore est obligée de venir à son aide. La connaissance qu'elle a eue de l'hypothèque, le silence qu'elle a gardé quand elle a été concédée impliquent suffisamment qu'elle a consenti à en respecter, à en assurer la réalisation. Son hypothèque légale, loin de pouvoir désormais porter préjudice à cette hypothèque conventionnelle du créancier, devra, au contraire, être considérée comme tacitement transmise à celui-ci dans la mesure de l'intérêt qu'il aura à l'exercer [1]. Or ce créancier, étant lui-même créancier hypothécaire, a voulu évidemment, en faisant intervenir la femme, ou éviter que sa garantie ne fût soit annihilée soit diminuée par les reprises de celleci, ou, s'il se trouvait en présence d'autres créan-

1. En ce sens : Colmet de Santerre, t. IX, p. 158. — Mourlon, *Transcription*, n° 993. — Bertauld, *Subrogation*, n°s 63 à 68 et 72. — Larombière, *Obligations*, sur l'article 1250. — Pont, *Priv. et Hypoth.*, n° 464. — Troplong, II, n°s 603 et suiv. — Aubry et Rau, § 288 *bis*, note 10. — Cassation, 2 avril 1829 ; Lyon, 24 mars 1850 ; Caen, 3 mai 1852 ; Cassation, 8 août 1854 et 26 juin 1855 ; Metz, 22 janvier 1856 ; Lyon, 28 août 1857 ; Amiens, 11 novembre 1858 ; Cassation, 25 février 1862. — *Palais*, 29, 75 ; 52, I, 255 ; 54, I, 152 ; 55, II, 457 ; 56, I, 593 ; 56, I, 377 ; 58, 181 ; 60, 252 et la note ; 62, 669.

ciers, passer avant eux au moyen de la subrogation.

128. Ainsi, intervenant toujours au profit d'un créancier hypothécaire et, d'autre part, produisant à son égard les effets que produit à l'égard de ce même créancier la subrogation ordinaire, la subrogation tacite s'analyse, au fond des choses et sous un nom différent, en une véritable cession d'antériorité. Dès lors, elle doit, comme ce dernier contrat et dans la même mesure, produire les effets et suivre les règles de la subrogation expresse. Par suite, la femme ne pourra aliéner ses reprises au préjudice du créancier et elle aura elle-même, pour les faire colloquer, après le paiement de celui-ci, la double hypothèque attribuée à la subrogeante. L'acte authentique sera toujours indispensable, et la publicité seule saisira le bénéficiaire et déterminera son rang, suivant ce qui a été dit pour la cession d'antériorité (n° 122).

Comme au cas de cession d'antériorité et pour les mêmes motifs, la subrogation tacite produira toujours l'effet translatif de la subrogation, sans que l'on ait à distinguer s'il y a ou non, entre la femme et le bénéficiaire, des créanciers intermédiaires (n° 123).

Mais cet effet translatif se restreint, comme pour la cession d'antériorité, au droit de préférence, les deux contrats s'analysant en un simple échange de rang. Ainsi, pour ce motif, de même que la cession d'antériorité, la subrogation tacite ne pourra s'étendre au delà des immeubles affectés au créancier (n°⁵ 118 et 119).

129. On a soutenu qu'il est nécessaire que la femme s'oblige dans l'acte même qui contient l'obligation hypothécaire de son mari, pour que la subrogation tacite se produise. On a, dès lors, décidé que, si elle intervient

par acte séparé, sans rien promettre relativement à l'hypothèque déjà concédée, elle ne subroge pas tacitement, car elle ne peut être présumée avoir voulu abdiquer sa propre garantie au profit d'une garantie qu'elle ne connaissait pas [1]. Cette exigence nous paraît excessive. Il est probable, il est même sûr qu'il sera donné connaissance à la femme des clauses du contrat auquel elle va adhérer ; dans tous les cas, elle sera censée l'avoir connu, puisqu'elle l'aura ratifié.

On a prétendu, d'un autre côté [2], que la subrogation tacite ne peut être invoquée que si l'affectation hypothécaire consentie au créancier est l'œuvre commune des époux. Cette nouvelle condition n'a aucune portée, lorsque le mari est propriétaire exclusif des immeubles affectés ; dans tous les cas, elle nous semble complètement inutile, car nous avons fait découler la subrogation tacite d'un principe qui ne nécessite, en rien, l'immixtion de la femme dans la concession de l'hypothèque conventionnelle. Quoi qu'il en soit, cette dernière accepte l'acte en tout son contenu, si elle ne fait pas insérer une clause spéciale pour déclarer qu'elle entend demeurer étrangère aux suites de la concession d'hypothèque accordée par le mari [3].

130. L'obligation contractée par la femme, dans un acte authentique, de payer le montant des condamnations prononcées dans un jugement rendu contre son mari, entraînera sans difficulté la subrogation tacite à

1. En ce sens : Bertauld, *Subrogation*, n° 72. — Troplong, *loc. cit.*, n 603.
2. En ce sens : Bénech, *Nantissement*, n° 25. — Gauthier, *Subrogation*, n° 378.
3. En ce sens : Pont, *Priv. et Hypoth.*, n° 464. — Bertauld, *Subrog.*, n° 72. — Conf. les motifs d'un arrêt de Caen du 3 mai 1852 rapporté dans le *Recueil des arrêts de Caen*, 1852, p. 164.

son hypothèque légale, puisque la nature seule du titre révèle qu'il a donné lieu à une hypothèque sur tous les biens présents et à venir du débiteur.

131. Les sociétés de crédit foncier, organisées par le décret des 28 février et 9 avril 1852 modifié par la loi du 10 juin 1853, jouissent de certains privilèges spéciaux, qui aboutissent à des dérogations notables au droit commun en matière de subrogation à l'hypothèque légale de la femme [1].

Le Crédit foncier, sauf dans quelques cas déterminés, ne peut prêter que sur première hypothèque. Cette condition se trouve réalisée, bien qu'il existe des créanciers antérieurement inscrits, pourvu qu'ils soient remboursés au moyen des sommes prêtées. En outre, le législateur a autorisé la purge des hypothèques légales en dehors de toute aliénation. A défaut d'inscription dans les délais de cette purge, qui donne lieu à une procédure spéciale et qui ne profite point aux tiers, le Crédit foncier a la priorité sur les hypothèques purgées et prime ainsi la femme sur l'immeuble objet de la purge. Ce droit de priorité résulte de ce qu'elle ne s'est point inscrite dans les délais fixés et est naturellement opposable aux créanciers antérieurement subrogés, qui n'avaient pas été saisis par la publicité prescrite par l'article 9 de la loi de 1855, car, après les délais de la purge, ils ne peuvent plus inscrire leur subrogation, puisque la femme ne peut plus inscrire son hypothèque légale.

En dehors du régime dotal, ou sous ce régime pour ses reprises aliénables, la femme peut consentir, au profit du Crédit foncier, soit une main-levée contenant

―――――――

1. Voir sur les sociétés de crédit foncier les excellents ouvrages de MM. Josseau, Dessoliers, Rambaud de Laroque et Valdenaire.

désistement de son hypothèque au profit exclusif de la société, soit une subrogation expresse à cette hypothèque, qui s'analyse en une véritable cession d'antériorité. Le Crédit foncier, dans cette dernière hypothèse, fait mention de la subrogation dans l'inscription qu'il prend lui-même à raison du prêt qu'il a consenti. Cette mention doit être opérée conformément à l'article 9 précité, qui naturellement reçoit ici son application.

La subrogation doit être concédée par la femme d'une manière expresse et ne peut résulter, comme dans le droit commun, de sa présence à l'acte de prêt. Son intervention ne dispense pas, en effet, de la purge, et elle a le droit de s'inscrire dans les délais de cette procédure. La loi a voulu laisser à la femme tout son temps pour réfléchir, afin de l'empêcher de céder à un entraînement spontané. On peut se demander si cette décision a bien sa raison d'être, alors qu'elle n'est point générale ; et il est permis d'en douter, quand on remarque que c'est la seule qualité du prêteur qui change ici la condition et l'économie du prêt à l'égard de la femme.

Quoi qu'il en soit, par la subrogation expresse, le Crédit foncier obtient la priorité non seulement sur la femme, mais encore, au moyen de la publicité dont nous avons parlé, sur les subrogés existant déjà, mais non inscrits. Cette subrogation, du reste, ni le droit de priorité résultant du défaut d'inscription dans les délais de la purge, ou la main-levée ne peuvent préjudicier aux créanciers subrogés, s'ils se sont antérieurement inscrits. Ils doivent alors être traités comme tout créancier inscrit et remboursés au moyen des sommes prêtées, que le Crédit foncier est autorisé, à cet effet, à garder entre ses mains à due concurrence.

CHAPITRE III

DE LA PROMESSE D'ABSTENTION

SOMMAIRE

132. Définition et nature de la promesse d'abstention. — En quoi elle diffère de la cession d'antériorité. — Applications pratiques.
133. Dans des hypothèses exceptionnelles, par la force même des choses, la promesse d'abstention produit un effet translatif qui permet au bénéficiaire de remonter au rang de l'hypothèque légale.
134. Interprétations diverses proposées pour éviter ce résultat. — Leur réfutation.
135. Lorsque la promesse d'abstention produit l'effet translatif sus-indiqué, elle doit remplir les conditions requises pour la cession d'antériorité et la subrogation tacite. — Différence profonde par laquelle elle se sépare des contrats précités, même dans cette hypothèse.
136. Quand la promesse d'abstention ne produit pas un effet translatif, les formalités de l'article 9 ne sont pas exigées en ce qui la concerne. — Des conditions qu'elle doit réaliser en tout cas.

132. La promesse d'abstention consiste dans : *l'engagement pris par la femme de ne point porter préjudice aux droits hypothécaires d'un créancier, dans la distribution du prix des immeubles de son mari, par l'exercice de son hypothèque légale.*

La femme ne transmet donc rien ici au créancier, et lui promet seulement de s'abstenir à son profit. Ainsi ce contrat produit, contrairement à ceux que nous venons d'étudier, un résultat purement passif; il constitue une véritable servitude établie sur l'hypothèque légale.

L'abstention imposée à la femme doit se produire tant que l'intérêt du créancier qui l'a stipulée est en jeu, et dans la mesure de cet intérêt. La femme reprend donc sa liberté dès qu'elle peut agir sans nuire à ce créancier.

Cette donnée, qui précise la nature de la promesse d'abstention, met pleinement en vue la différence que nous établissions déjà, au n° 117, entre ce contrat et la cession d'antériorité. Celle-ci implique chez la femme un agissement qui consiste dans la transmission de son droit de préférence ; la promesse d'abstention, au contraire, ne contient en principe aucune transmission. Elle a pour effet, ainsi que l'a fort bien dit un éminent auteur, « de détruire le droit de la femme sous condition ; de paralyser, d'amortir son hypothèque pour une certaine éventualité ; et, si cette éventualité se réalise, il n'y a plus d'hypothèque opposable au bénéficiaire de la promesse [1]. » Sans doute, la promesse d'abstention pourra quelquefois, par la force même des choses, produire un résultat semblable à celui de la cession d'antériorité ; mais ce résultat sera purement accidentel et constituera une exception dans le contrat que nous étudions.

Aucune difficulté ne peut se présenter, s'il n'y a aucun créancier entre la femme et le bénéficiaire de la promesse ; dans ce cas, celui-ci est colloqué avant la femme, puisqu'elle doit s'abstenir en sa faveur, et cette dernière est colloquée après lui. Mais l'exécution du contrat devient plus difficile, lorsqu'il existe des créanciers intermédiaires.

---

1. Bertauld, *Subrogation*, n° 183.

Des exemples vont mettre en lumière les applications pratiques des principes que nous venons de poser.

Une somme de 50,000 francs est mise en distribution ; la femme a droit, en premier rang, à 20,000 francs, un premier créancier hypothécaire à pareille somme, un second à 10,000, un troisième à 20,000 ; une promesse d'abstention a eu lieu au profit de ce dernier. Si la femme s'abstient, les deux premiers créanciers prendront 30,000 francs, et le troisième se trouvera complètement payé avec les 20,000 francs restants. Dans cette hypothèse, la promesse d'abstention devra sortir son plein et entier effet ; aucune difficulté ne saurait s'élever.

Supposons que le prix à distribuer ne soit que de 30,000 francs ; la femme s'abstenant, les deux premiers créanciers prendront l'entier prix, sans que le bénéficiaire de la stipulation reçoive une somme quelconque. Dans cette seconde hypothèse, la femme n'aura pas à s'abstenir. puisque son abstention n'aurait aucune utilité pour le bénéficiaire et tournerait au contraire au profit des autres créanciers.

Enfin le prix en distribution est de 40,000 francs ; si la femme s'abstenait, les deux premiers créanciers prendraient ensemble 30,000 francs, et il resterait 10,000 francs pour le bénéficiaire de la promesse. Dans ce cas, la femme devra s'abstenir à concurrence de ces 10,000 francs qui seront attribués à celui-ci au rang de l'hypothèque légale ; elle prendra elle-même 10,000 francs à ce même rang, et les 20,000 francs restants seront attribués au premier créancier.

133. Ce dernier résultat n'est-il point contraire à la nature d'un contrat qui n'a rien de translatif ? Ne dépasse-t-on point le but que se sont proposé les parties,

en permettant au créancier de monter au rang de l'hypothèque légale et d'user de l'un des avantages qu'elle confère, alors que la femme a seulement promis de ne pas la faire tourner au préjudice de ce créancier ?

Nous ne le pensons pas, et nous estimons au contraire que la solution proposée peut seule concilier l'intérêt de toutes parties, et rendre possible l'exécution du contrat, dans des conditions justes et raisonnables. Décider d'une manière absolue que la femme doit s'abstenir, sans permettre au créancier de monter jamais au rang de cette dernière, c'est retomber dans les inconvénients que nous avons signalés à propos de la cession d'antériorité. En effet, les créanciers intermédiaires profiteraient de l'abstention de la femme, souvent à l'exclusion de celui qui pourtant devait seul en bénéficier. L'exécution de la promesse ainsi entendue servirait les intérêts de ceux à qui elle n'aurait point été faite, serait inutile à celui qui l'avait stipulée, si l'on suppose que son rang ne lui permettra pas d'obtenir collocation dans les ordres ultérieurs, et deviendrait funeste à la femme, qui aurait renoncé à se faire colloquer sans être libérée, pour l'avenir, des suites de son engagement. Dans l'espèce, les 10,000 francs que nous accordons au créancier ayant obtenu la promesse, seraient pris par le second créancier à qui la femme n'avait rien promis.

On pourrait peut-être soutenir que le contrat ne doit recevoir son exécution, que si l'abstention de la femme a pour conséquence de rendre utile le rang du créancier bénéficiaire, sans tourner au profit des autres créanciers. Renfermée dans ces limites, la promesse ne sortirait effet que dans la première hypothèse bien rare, par nous prévue, c'est-à-dire lorsque tous les créan-

ciers intermédiaires se trouvent payés, que la femme
s'abstienne ou non. Mais cette solution arbitraire rendrait
le contrat presque toujours inapplicable, car la condition
exigée ne se réaliserait presque jamais ; elle détruirait,
en outre, complètement sa raison d'être, puisqu'on se
préoccuperait des résultats qu'il pourrait produire vis-
à-vis des créanciers intermédiaires, sans avoir égard
aux droits de celui qui peut 'en exiger l'exécution
chaque fois que son intérêt est en jeu.

134. Pour éviter la contradiction plus haut signalée,
qui semble exister entre le caractère passif de la promesse d'abstention et le résultat translatif que nous
venons de lui attribuer, on a proposé deux interprétations nouvelles destinées à concilier l'effet avec la
cause.

D'après la première, le créancier serait colloqué au
rang de l'hypothèque légale, en vertu de sa propre
hypothèque améliorée par l'abstention de la femme [1].
Mais, en se faisant ainsi colloquer au rang de l'hypothèque légale, le créancier use en réalité du droit de
préférence attaché à cette hypothèque ; dès lors le contrat produit un effet translatif en ce qui concerne la
transmission de ce droit.

D'après la seconde, la femme se ferait colloquer elle-
même au rang de son hypothèque légale, sauf à remettre
au créancier le montant de la collocation. Nous repoussons cette solution, que nous avons déjà rejetée en
traitant de la cession d'antériorité, comme tendant à
rétablir le sous-ordre hypothécaire, lorsque la femme a
consenti plusieurs promesses d'abstention.

---

1. Mourlon, *Transcription*,   946.

135. Il faut donc conclure que, bien que ne donnant naissance en principe qu'à une obligation purement passive de la part de la femme, la promesse d'abstention transfère cependant le droit de préférence attaché à l'hypothèque légale, lorsque, pour profiter du bénéfice qui résulte de son exécution, celui qui l'a obtenue doit primer les créanciers intermédiaires ; elle produit alors un effet analogue à celui de la cession d'antériorité et de la subrogation tacite. Autrement entendu, le contrat ne pourrait presque jamais être exécuté, sans tourner à l'avantage de ces créanciers intermédiaires. Dès lors, dans ce cas, il doit, comme la cession d'antériorité et la subrogation tacite, être assimilé, au point de vue que nous venons de signaler, à la subrogation ordinaire, dont il produit, dans une certaine mesure, le résultat translatif. Mais, par la force même des choses, cette assimilation ne sera jamais aussi complète que par rapport à la cession d'antériorité ou à la subrogation tacite. Ainsi la femme, n'ayant point transmis son hypothèque lors du contrat, ne sera point tenue de conserver ses reprises comme dans les stipulations précitées. La collocation au rang de l'hypothèque légale, se produisant en quelque sorte en dehors de la nature de la promesse, ne sera possible pour le bénéficiaire que si en fait cette hypothèque garantit des créances appartenant à la femme. Par là, se manifeste la différence profonde qui sépare, au point de vue pratique, la promesse d'abstention des contrats qui ont pour but de transférer l'hypothèque légale, et qui seuls obligent, dès lors, la femme à sauvegarder les droits devant servir de base à cette hypothèque quand on voudra l'utiliser.

Dans l'hypothèse où la promesse d'abstention produit accidentellement l'effet d'une subrogation, elle n'est valable qu'en la forme authentique, et les bénéficiaires n'en sont saisis à l'égard des divers ayants droit qu'au moyen de la publicité, ainsi qu'il a été indiqué eu égard à la cession d'antériorité (n° 122). Cependant, il ne faut pas oublier que la promesse d'abstention, dans une hypothèse spéciale et qui lui est propre, doit être considérée comme non avenue. Nous voulons parler du cas où l'abstention de la femme, selon le second exemple fourni au n° 132, n'aurait d'utilité que pour les créanciers intermédiaires absorbant l'entier prix en l'absence de cette dernière. Dans l'espèce, le bénéficiaire de la promesse se conformera en vain à toutes les prescriptions de la loi de 1855; le contrat, par sa nature, ne devra produire aucun effet.

Ainsi, le créancier qui aura obtenu une promesse d'abstention sera dans une complète incertitude touchant son efficacité, car l'effet en demeurera subordonné à la situation hypothécaire qu'avait le mari au moment où elle est intervenue; et cette incertitude est ici la conséquence même du caractère aléatoire et peu précis du contrat qui nous occupe. Il agira donc toujours sagement en se soumettant à la formalité de la publicité, puisqu'à défaut l'effet translatif sus-indiqué, que peut produire, le cas échéant, la promesse d'abstention, ne pourrait se réaliser à son profit, au préjudice des tiers vis-à-vis desquels il ne serait point saisi.

136. Lorsque la promesse d'abstention produit son effet sans que le bénéficiaire soit obligé de remonter au rang de l'hypothèque légale, il suffit, avons-nous dit, que la femme s'abstienne, paralyse son hypothèque,

dans la mesure de l'intérêt du créancier, sans lui rien transmettre. Ce créancier agit alors en vertu de son propre droit hypothécaire, et n'emprunte rien au droit de la femme. Dès lors, il ne saurait être question de lui imposer, en ce cas, l'accomplissement des formalités de l'article 9, qui supposent, ainsi que nous l'avons établi en traitant de la subrogation (n°ˢ 22 et suiv., 45 et 50), la transmission des avantages résultant de l'hypothèque légale. Les motifs qui font que nous dispensons d'une manière absolue, dans cette hypothèse, le bénéficiaire de la promesse de l'authenticité et de la publicité, se retrouveront, du reste, dans le contrat qui va faire l'objet du chapitre suivant : la renonciation purement extinctive consentie au profit d'un tiers acquéreur d'un immeuble du mari. Il nous suffit donc ici de poser le principe, en renvoyant pour les détails à l'étude de ce dernier contrat, où la question sera traitée avec tous les développements qu'elle comporte.

En toute hypothèse, la promesse d'abstention ne pourra intervenir qu'au profit d'un créancier hypothécaire, puisque l'abstention ne peut être utile qu'à celui qui a déjà personnellement droit d'être colloqué dans l'ordre ; pour le même motif, elle ne peut s'étendre au delà des biens grevés de l'hypothèque conventionnelle.

Enfin, nous croyons qu'en tout cas aussi il faut attribuer à la femme la double hypothèque dont est investie la subrogeante. En effet, lorsque la promesse d'abstention se réalise sans effet translatif pour le bénéficiaire, la nouvelle hypothèque légale doit néanmoins naître au profit de la femme, car l'article 2135, 3° la lui accorde à raison de tout engagement par elle contracté au profit de son mari, sans se préoccuper de la nature de cet

engagement. En ce qui concerne l'hypothèque du bénéficiaire, nous croyons que la femme doit aussi y être
légalement subrogée, puisqu'il est vrai de dire que la
dette de celui-ci a été acquittée en réalité aux dépens
de la femme et avec des deniers qu'elle aurait pris
à son défaut (n° 105), ce qui se vérifie surtout lorsque
les fonds viennent à manquer, une fois le bénéficiaire
désintéressé.

CHAPITRE IV

DE LA RENONCIATION PUREMENT EXTINCTIVE
A L'HYPOTHÈQUE LÉGALE

SOMMAIRE

137. En quoi consiste la renonciation purement extinctive. — En quoi elle diffère de la renonciation translative ou *in favorem*.
138. Opinions erronées émises sur la nature de la renonciation extinctive; leur réfutation.
139. Conclusion. — Distinction suivant que la renonciation est consentie par une femme mariée sous un régime libre, ou par une femme soumise au régime dotal. — Différence, dans cette dernière hypothèse, entre la renonciation et la subrogation.
140. Les formalités de la restreinte ne sont point nécessaires pour la renonciation extinctive.
141. Des diverses espèces de renonciations extinctives.
142. Des effets de cette renonciation. — Principes d'interprétation. — Application au cas de donation d'un immeuble du mari à un enfant commun. — Application à l'échange.
143. Application au cas de vente d'un immeuble du mari.
144. La femme peut exercer le droit de préférence qu'elle conserve dans ce dernier cas, bien que l'ordre ne s'ouvre pas dans les trois mois.
145. Le tiers acquéreur a le droit de se libérer par le paiement du prix aux mains du mari.
146. Le droit de préférence ne peut être exercé par la femme, après sa renonciation, que si cet exercice ne préjudicie point au tiers acquéreur.
147. Réfutation de la théorie de M. Mourlon à cet égard.
148. La renonciation purement extinctive n'est soumise ni à l'authenticité ni à la publicité prescrites par l'article 9 de la loi de 1855.
149. Étude de la controverse élevée, à cet égard, à propos de l'authenticité. — Motifs de ceux qui la prescrivent vis-à-vis de la femme.

137. Dans la subrogation expresse, la femme transmet au subrogé et son droit de préférence et son droit de suite. Dans les autres contrats, son engagement ne porte que sur le droit de préférence, qui, nous l'avons vu, doit tantôt être transmis au créancier bénéficiaire et tantôt seulement s'effacer devant lui. La stipulation que nous allons maintenant étudier a pour but non plus de transmettre ou de paralyser l'hypothèque légale, mais de la faire disparaître, de l'anéantir en tout ou en partie, au profit d'un tiers acquéreur d'un immeuble du mari[1]; aussi est-elle appelée : *renonciation purement extinctive*.

1. La renonciation purement extinctive peut encore être consentie par

On a souvent confondu cette renonciation avec la renonciation *in favorem*, équipollant à la cession, et seule visée, comme on l'a déjà vu, par la loi de 1855 en son article 9. Celle-ci intervient au profit d'un créancier ayant intérêt à se prévaloir de l'hypothèque légale ; la renonciation extinctive, au contraire, est consentie à un tiers acquéreur d'un immeuble du mari, qui veut purger cette hypothèque. Correspondant à deux buts opposés, les deux renonciations produisent des effets différents, à raison desquels il importe de les bien distinguer. Nous avons déjà signalé la confusion que l'on a trop souvent établie entre elles, confusion qui a été et qui est encore la source des controverses les plus vives.

Posons d'abord en principe que la renonciation purement extinctive n'a nullement été prévue par le législateur, dans l'article 9 de la loi de 1855 ; qu'elle est dès lors restée sous l'empire du droit commun, et se trouve régie, depuis cette loi comme elle l'était avant, par les principes généraux concernant la capacité de la femme mariée et la théorie des renonciations. Il faudra donc, en l'étudiant, soigneusement examiner si la femme, qui renonce, a capacité pour renoncer ; rechercher quand et comment la renonciation pourra être consentie ; voir dans quels cas la femme renonçante agira efficacement, sans remplir les formalités prescrites par les articles 2144 et 2145 (C. civ.) relatifs à la restreinte de l'hypothèque légale ; déterminer enfin les effets de la renon-

la femme eu égard aux conquêts immeubles de la communauté grevés de son hypothèque légale. (Voir, à cet égard, nᵒˢ 89 et suiv.) Il faudra donc appliquer à la renonciation se produisant de ce chef les solutions que nous allons donner par rapport à celle qui concerne les immeubles du mari.

ciation soit par rapport à celui qui l'a obtenue, soit par rapport aux autres intéressés.

138. Mais ce caractère absolument extinctif que nous assignons, en tout cas, au contrat qui nous occupe, n'a point été accepté sans contestation, et les théories les plus divergentes se sont produites à cet égard.

Suivant un premier système, la renonciation faite au profit d'un tiers acquéreur d'un immeuble du mari est tantôt abdicative et tantôt translative. Elle est abdicative lorsque, sur l'immeuble aliéné, il n'existe aucune hypothèque postérieure en rang à celle de la femme ; elle est translative dans le cas contraire, parce que l'acquéreur, qui, après avoir payé une première fois son prix, se trouve obligé de payer une seconde fois ou de délaisser, pourra, dans l'ordre ouvert sur le mari, exercer les droits hypothécaires de la femme à l'encontre des créanciers ayant rang après cette dernière[1]. Cette distinction, au moyen de laquelle on change ainsi, selon les besoins, la nature du contrat, nous paraît absolument arbitraire. En effet, la renonciation, comme toute stipulation, doit produire le résultat que les parties ont voulu lui attribuer ; nous ne voyons donc pas comment l'acquéreur, après avoir stipulé de la femme une renonciation purement abdicative, pourra ensuite la transformer en une renonciation translative, *in favorem*, en une véritable subrogation, parce qu'il aura payé son prix d'une manière imprudente. En vertu de quel droit cet acquéreur prétendrait-il dépouiller la femme, pour réparer l'erreur qu'il a commise ? Il ne pourra d'ailleurs objecter qu'à raison de sa renonciation, elle doit s'effa-

1. Aubry et Rau, § 288 *bis*, 4o. — Garnier, *Subrog. à l'hyp. lég.*, no 230. — Le Baron, *Étude sur l'hyp. lég.*, no 574.

cer devant lui afin de ne pas lui porter préjudice, puisque les créanciers auxquels on fait allusion viendraient prendre sa place. Pour l'obliger à s'abstenir, il faudrait qu'il pût écarter ces créanciers en utilisant lui-même l'hypothèque légale; ce qui veut dire qu'il aurait dû stipuler non une renonciation abdicative, mais une subrogation formelle et expresse. Il nous paraît donc certain que la renonciation conserve, quoi qu'il arrive, vis-à-vis du tiers acquéreur, le caractère purement extinctif qu'on lui a d'abord donné, car il ne peut dépendre de celui-ci de la transformer à son gré.

Nous devons cependant déclarer que, quels que soient les termes employés, les juges du fait ont une liberté d'appréciation absolue pour décider si, de ces termes eux-mêmes, il résulte que les parties ont voulu donner à la renonciation un caractère translatif. Mais, nous le répétons, nous ne saurions admettre que, sans avoir égard à la pensée qui a inspiré le contrat, l'on puisse lui attribuer ce dernier caractère, uniquement parce que l'acquéreur, après avoir imprudemment payé son prix, aura intérêt à se servir de l'hypothèque légale pour primer les créanciers ayant rang après elle[1].

D'après une seconde opinion, émise par Proudhon[2], la même renonciation serait en tout cas translative[3], tandis que celle qui est consentie au profit d'un créancier n'aurait jamais ce caractère, et s'analyserait toujours en une promesse d'abstention, ne pouvant en aucune hypothèse produire l'effet translatif de la subrogation.

---

1. En ce sens, Bufnoir; 1881, page 1206, à la note, *Journal du Palais*.
2. Proudhon, *Usufruit*, n°s 2337 et suiv.
3. En ce sens, Flandin, *Transcription*, n°s 1552 et suiv. — Rivière et Huguet, *Transcription*, n° 391. — Fons, *Précis*, n°s 82 et 83.

Nous avons déjà repoussé cette théorie, en traitant de la renonciation *in favorem;* nous nous bornerons donc à faire remarquer ici qu'il est peu logique de considérer comme translative la renonciation que demande l'acquéreur pour libérer son immeuble de l'hypothèque légale, et comme abdicative celle que stipule le créancier pour être saisi de cette hypothèque. La raison, nous semble-t-il, doit amener à décider le contraire de ce que décide Proudhon. (Voir pour plus de détails n° 157.)

139. La renonciation consentie au profit d'un tiers acquéreur a donc toujours, sauf intention contraire des parties, un caractère purement extinctif. Sous un régime libre, elle est permise à la femme d'une façon absolue, comme la subrogation. Sous le régime dotal, la femme ne pourra renoncer à son hypothèque légale, que dans le cas où elle aura la libre disposition de la totalité de ses reprises. Dans le cas contraire, la renonciation appliquée aux reprises aliénables ne serait, quoique possible en théorie, d'aucune utilité pratique pour l'acquéreur. En effet, si l'hypothèque légale est inscrite, le conservateur ne peut radier définitivement l'inscription prise, obligé qu'il est de la maintenir, sous sa responsabilité, pour les reprises inaliénables, alors même que la main-levée porterait sur ce point ; si l'inscription n'existe pas, la femme aura toujours le droit de la requérir pour ces mêmes reprises, malgré sa renonciation. Dès lors, dans cette situation, la femme ne saurait jamais s'engager, d'une manière valable, à dégager définitivement l'immeuble aliéné, sauf à reporter ses droits sur les autres. Pour arriver à ce résultat, il faudra recourir aux formalités de la restreinte ; à défaut, l'immeuble

ne sera complètement libéré que par la purge des hypothèques légales non suivie d'inscription. Nous savons que la subrogation est, au contraire, d'une manière générale, permise à la femme dotale; seulement, elle ne produit ensuite son effet qu'en ce qui concerne les reprises dotales aliénables.

140. Dans les cas où la renonciation est permise à la femme, celle-ci, en l'effectuant dans un contrat déterminé, au profit d'un tiers acquéreur d'un immeuble de son mari, n'est pas tenue de se conformer aux formalités requises par les articles 2144 et 2145 du Code civil, qui ne concernent que la restreinte où la renonciation intervient au profit du mari seul [1]. Les motifs que nous avons donnés pour justifier une solution analogue en matière de subrogation, sont ici pleinement applicables. (Voir introduction, n° XVI.)

141. La femme mariée, dûment autorisée de son mari, peut renoncer à son hypothèque légale d'une façon expresse ou tacite [2]. La renonciation est expresse, quand elle est formellement consentie dans un acte ; elle est tacite, lorsque, sans y avoir été exprimée, elle résulte nécessairement de l'intervention de la femme, si, d'ailleurs, la présence de celle-ci à l'acte ne peut avoir aucune autre raison, aucune autre utilité.

Mais la possibilité de la renonciation tacite a été, à tort d'après nous, contestée comme contraire à l'esprit de notre législation moderne [3]. Le Code civil, dit-on, la

---

1. En ce sens : Cassation, 28 juillet 1823 ; Bordeaux, 7 avril 1834 ; Cassation, 30 juillet 1845 et 26 avril 1864 ; Montpellier, 10 décembre 1864 ; *Palais*, 45, II, 667 et 65, 699. Cassation, 26 avril 1864 ; *Palais*, 64, 577.

2. Cette renonciation peut également être concédée par le créancier subrogé ; Cassation, 12 janvier 1868 ; *Palais*, 68, 1061.

3. Duranton, *Droit civil*, t. XX, n° 301.

prohibe en principe, puisque, consacrant sur ce point les dispositions d'une loi de messidor an III, il exige, d'une manière générale, que toutes les renonciations qu'il prévoit se produisent d'une façon expresse. (Voir articles 621, 784, 1338 et 1340.) Il est d'abord facile de répondre qu'il ne peut plus être question de la loi de messidor, dont les dispositions non reproduites par le Code civil se trouvent dès lors abrogées. D'un autre côté, on est fondé à prétendre que le législateur ne défend ordinairement, dans des cas particuliers, que ce qui est permis en thèse générale ; et qu'en se bornant à exclure la renonciation tacite, dans les hypothèses prévues par les textes précités, il en admet la possibilité dans les autres circonstances. L'argument *a contrario* est ici parfaitement légitime, car il ramène à l'application du droit commun, c'est-à-dire à la liberté des conventions. Le Code civil lui-même autorise, du reste, la renonciation tacite d'une manière formelle, ainsi que l'on peut s'en convaincre en lisant l'article 2221 relatif à la renonciation à la prescription.

La législation des sociétés de crédit foncier ne saurait fournir à l'opinion que nous combattons un argument d'analogie, en ce sens qu'elle n'admet pas la subrogation tacite pouvant résulter de la présence de la femme à l'acte par lequel le mari confère hypothèque à la société. Cette législation suit, en effet, des règles particulières qui dérogent au droit commun. (Voir n° 131.)

Le droit romain acceptait les renonciations tacites [1], que reconnaissaient aussi, sauf quelques opinions iso-

---

1. Voir notre introduction, n° V.

lées [1], les auteurs de notre ancien droit [2] ; il n'y a aucune raison qui doive les faire bannir dans le droit moderne. Dès que l'intention de renoncer sera formelle et incontestable, la renonciation aura autant de force que si elle avait été expressément consentie [3]. L'aliénation d'un droit n'est pas soumise, en effet, à une formule sacramentelle ; il suffit qu'aucun doute n'existe en ce qui la concerne ; or aucun doute ne saurait exister dans les diverses hypothèses où la renonciation de la femme, ainsi qu'on va le voir, s'induit nécessairement des circonstances, avec des effets plus ou moins étendus suivant les cas.

142. En renonçant, la femme abdique tantôt le droit de préférence et le droit de suite, tantôt, mais nécessairement dans tous les cas, le droit de suite seul. Les juges devront apprécier souverainement en fait, dans chaque hypothèse, quelle a été son intention à cet égard. Des exemples vont démontrer l'exactitude du principe que nous venons de poser.

Dans le contrat de mariage de leur fille, le père et la mère font donation solidaire à celle-ci d'un immeuble qui est la propriété exclusive du premier ; il n'est point procédé à la purge des hypothèques légales à l'égard de la mère. Plus tard, cet immeuble, qui n'est pas dotal, est d'abord hypothéqué, puis vendu par la fille avec l'autorisation de son mari ; un ordre est ouvert sur le prix, et la mère, qui s'est inscrite depuis, produit et demande collocation pour ses reprises. Elle devra être

---

1. Voir Lamoignon, *Arrêtés*, *Extinction de l'hypothèque*, I, p. 159.
2. En ce sens, notamment Pothier, *Hypothèques*, III, 5.
3. En ce sens, Bertauld, *Subrogation*, n°s 64 et suiv. — Mourlon, *Transcription*, n° 980. — Cassation, 30 juin 1856 ; *Palais*, 57, 1039.

écartée, car, en donnant, elle a tacitement renoncé à son hypothèque, tant pour le droit de suite que pour le droit de préférence. En effet, au point de vue de la validité de la donation elle-même, elle n'avait pas à intervenir, puisqu'elle n'avait aucun droit de copropriété sur l'immeuble donné. Il faut cependant attribuer une signification, une utilité à son intervention ; évidemment elle a voulu garantir et consolider, pour ce qui la concernait, la libéralité de son mari ; or, dans ce but, elle ne pouvait que renoncer, d'une façon absolue, à son hypothèque légale sur le bien qui en faisait l'objet.

Nous avons dit que la femme n'est censée renoncer à son hypothèque, en intervenant dans l'acte, que lorsque son intervention n'a aucune autre raison d'être ; d'où il suit que, si cette intervention peut s'expliquer par tout autre motif, la renonciation ne pourra pas s'en induire nécessairement. Ainsi, la présence de la future au contrat de mariage, nécessaire pour en opérer la validité, ne saurait être interprétée comme entraînant une renonciation tacite à son hypothèque, en faveur de la donation faite par le futur au profit d'un enfant à naître du mariage [1].

La femme qui comparaît dans un acte d'échange consenti par son mari, en se portant garante du contrat, renonce tacitement à son hypothèque sur l'immeuble livré par ce dernier, tant en ce qui concerne le droit de suite que le droit de préférence. Mais elle acquiert une hypothèque légale sur l'immeuble reçu en contre-échange par son mari.

Dans les deux hypothèses de donation et d'échange,

1. Cassation, 30 juin 1856 et 9 février 1859 ; *Palais*, 57, 1039 et 60, 167. — Conf. *Droit romain : Introduction*, V, *in fine*.

le droit de suite est évidemment perdu d'une façon absolue pour la femme. Quant à l'exercice du droit de préférence, il ne se concevrait point en règle générale, puisque l'aliénation, dans les deux cas, ne comporte aucun prix. Mais que faudrait-il décider si le donataire ou le co-échangiste étaient obligés de notifier leur contrat aux créanciers et, par suite, de leur offrir un prix ? Dans cette hypothèse, tout le monde s'accorde à reconnaître que l'hypothèque légale pourrait être ramenée à effet, dans l'ordre ouvert, au préjudice des créanciers, car la renonciation qui n'a point été stipulée par eux ne peut leur profiter. Mais on se divise sur le point de savoir à qui sera attribuée la collocation ainsi obtenue.

D'après certains auteurs, elle devrait être accordée au donataire ou au co-échangiste, car, « l'hypothèque abandonnée ayant été frappée d'une extinction absolue et radicale, personne ne peut leur disputer les sommes auxquelles la renonçante aurait eu droit si elle eût conservé son hypothèque [1]. »

S'il est exact de prétendre qu'en tout cas l'hypothèque légale est absolument et radicalement éteinte dans les deux hypothèses qui nous occupent, comment pourrait-il jamais être question pour le donataire ou le co-échangiste d'exercer le droit de préférence qui en découle ? Ils seront, à cet égard, sans qualité comme la femme ; et finalement l'extinction profitera à ceux qui ne l'auront point stipulée, c'est-à-dire aux créanciers inscrits du chef du mari.

En présence d'un résultat aussi inadmissible, il faut reconnaître que l'hypothèque ne disparaît que tout au-

---

1. Mourlon, *Transcription*, nᵒˢ 962 et 963.

tant que sa disparition est nécessaire pour assurer à ceux qui l'ont stipulée et à leurs ayants cause la propriété franche et libre de l'immeuble aliéné. Ainsi, la femme ne pourrati prétendre à une collocation sur le prix de cet immeuble, s'il s'agissait de le distribuer, après aliénation, entre les créanciers de sa fille donataire ou du co-échangiste ; mais elle conserve son droit de préférence à l'encontre des créanciers du mari, au profit desquels elle ne l'a point abdiqué. Décider le contraire aboutirait à changer l'économie du contrat qu'elle a consenti, à transformer une renonciation purement extinctive en une subrogation véritable, par suite d'événements étrangers à la convention, transformation dont nous avons démontré l'impossibilité dans un cas analogue (n° 138). Ce serait, enfin, permettre de réaliser un gain, un avantage, à raison d'une stipulation qui a eu pour but et qui doit avoir pour effet unique de libérer d'un inconvénient et d'une charge.

143. Examinons maintenant le résultat produit, lorsque la femme intervient dans la vente d'un immeuble de son mari, sur lequel elle n'a aucun droit de propriété. Elle peut ou renoncer purement et simplement à son hypothèque légale sur l'objet vendu, ou vendre solidairement avec son mari, ou garantir l'acquéreur contre tous troubles, évictions, dettes et hypothèques. Son intervention, qui se traduit par une renonciation expresse dans le premier cas, renferme une renonciation tacite dans les deux autres. Dans tous les cas, cette renonciation n'a d'effet qu'au profit de l'acquéreur et n'entraîne, dès lors, que la perte du droit de suite, laissant à la femme son droit de préférence [1].

1. En ce sens, Pont, *Priv. et Hypoth.*, n° 485. — Troplong, *Hypoth.*,

Celle-ci, en effet, s'engage à ne pas rechercher l'acquéreur, relativement au paiement du prix qu'il effectuera, ou à lui garantir la paisible possession de l'immeuble vendu ; mais elle ne promet rien aux créanciers inscrits sur cet immeuble, étrangers au contrat ; son intention ne peut évidemment être interprétée d'une autre manière. Ainsi, elle pourra faire valoir ses droits sur le prix, tant qu'il restera aux mains de l'acquéreur, pourvu que sa demande ne préjudicie en rien à ce dernier.

La renonciation expresse ou tacite de la femme à son hypothèque légale a donc pour effet de purger cette hypothèque, au profit du tiers détenteur, vis-à-vis de cette dernière, et de rendre ainsi inutile la formalité de la purge en ce qui la concerne. Pour éviter d'être recherché à raison du passé, le tiers détenteur devra examiner si l'état hypothécaire, par lui réclamé depuis la renonciation, ne porte aucune inscription ou mention constatant que la femme avait subrogé à son hypothèque. Si une subrogation quelconque se trouve inscrite ou mentionnée, la renonciation fournie sera inefficace, et il devra aviser sans s'y arrêter. Lorsqu'au contraire l'état sera muet à cet égard, il n'aura rien à redouter, car, ainsi que nous le démontrerons plus tard, nul ne peut, au mépris de la renonciation de la femme, ni se faire subroger à son hypothèque légale, ni utilement inscrire la subrogation qu'elle aurait déjà concédée.

144. Mais la femme ne pourra-t-elle exercer le droit

II, n° 600. — Larombière, *Obligations,* sur l'art. 1250. — Flandin, *Transcription,* II, n° 1552. — Amiens, 19 décembre 1846 ; Lyon, 15 mai 1847 ; Cassation, 21 février 1849 ; 26 avril 1852 et 26 août 1862 ; Angers, 17 mai 1864 ; Agen, 14 et 21 mars 1866 ; Cassation, 12 février 1868. *Palais,* 47, II, 99 ; 50, II, 66 ; 63, 62 ; 68, 1061.

de préférence, qu'elle conserve malgré sa renonciation, que si un ordre est ouvert dans les trois mois qui suivent cette renonciation, ainsi que le décide l'article 772 du Code de procédure civile pour celle qui ne s'inscrit pas dans les délais de la purge? Nous ne le pensons pas. On ne peut, en effet, assimiler la renonciation à la purge non suivie d'inscription, qu'à l'égard du tiers détenteur; en ce qui concerne les créanciers, il n'y a eu ni renonciation, puisqu'elle n'est pas intervenue en leur faveur, ni purge. Le droit de la femme reste donc entier vis-à-vis de ces derniers; et elle pourra le faire valoir tant que le tiers détenteur ne se sera pas libéré, ou que le mari n'aura pas définitivement disposé du prix [1].

145. Le droit de préférence, disons-nous, peut être exercé par la femme tant que le mari n'a pas disposé du prix. Nous reconnaissons donc que celui-ci, après la renonciation, est autorisé à percevoir ce prix, sans restriction ni condition, et que le tiers détenteur peut se libérer entre ses mains, si, d'ailleurs, aucun obstacle ne s'oppose à sa libération. Ce dernier en effet ne pouvait être inquiété par la femme qu'à raison du droit de suite; or c'est précisément à ce droit qu'elle a renoncé en sa faveur [2].

Cependant on a soutenu que, nonobstant la renonciation, le tiers détenteur ne peut valablement payer le mari vendeur, car, s'il en était autrement, le droit de préférence conservé par la femme serait trop aléatoire [3].

1. *Contra*, Mourlon, *Transcription*, n° 960.

2. En ce sens, Amiens, 3 mai 1853 ; Metz, 31 décembre 1867 ; Cassation, 12 février 1868 ; *Palais*, 53, I, 691 ; 69, 85 et 68, 1061. Pont, n° 485.

3. Bertauld, *Subrog.*, n° 49. — Amiens, 16 février 1854 : *Palais*, 54, 397.

Cette considération ne saurait modifier en rien les effets du contrat : la femme a abdiqué tout recours contre le tiers détenteur ; elle est donc sans qualité pour le rechercher à raison du paiement qu'il a effectué. Le caractère d'incertitude que revêt le droit resté entre ses mains est la conséquence de la stipulation intervenue.

Dans une autre opinion, on concède au mari le pouvoir de toucher le prix, mais on prétend qu'il faut alors se conformer aux formalités de la restreinte et à celles de l'article 9 de la loi de 1855 [1]. Nous avons déjà décidé, d'une manière générale, que les formalités de la restreinte ne sont point nécessaires pour la renonciation extinctive, et nous verrons bientôt que celles de l'article 9 ne sont pas requises davantage. Or nous ne comprenons pas comment le fait accidentel de la perception du prix par le mari pourrait changer la nature de cette renonciation ; que ce dernier perçoive ou non le prix, elle équivaut toujours à la purge.

146. Nous avons reconnu que la renonciation expresse ou tacite n'intervient qu'au profit du tiers détenteur, et ne produit aucun effet par rapport aux créanciers inscrits. Mais que décider si l'hypothèque légale, mise en mouvement au préjudice de ces derniers, réfléchit par contre sur l'acquéreur et occasionne une éviction en motivant une surenchère du dixième?

Supposons d'abord une simple renonciation consentie par la femme. Si une surenchère du dixième intervient, elle est obligée de renoncer à l'utilité de son hypothèque, lorsqu'elle peut ainsi fournir à l'acquéreur le moyen de faire cesser la menace d'éviction. Ce sacri-

____

1. Mourlon, *Transcription*, nº 1018.

fice est la conséquence naturelle de sa renonciation, et
constitue la seule obligation qui en découle; elle ne doit
pas, directement ou indirectement, par l'exercice de son
droit, nuire à celui au profit de qui elle l'a abdiqué. Mais
elle ne saurait être tenue au delà, puisqu'elle n'a promis
que sa renonciation, et elle ne sera pas forcée de s'abstenir, si, malgré son abstention, la surenchère doit suivre
son cours.

Plaçons-nous maintenant dans l'hypothèse où la
femme a donné à la vente soit son concours solidaire,
soit sa garantie. Nous avons ici non seulement une
renonciation tacite à l'hypothèque légale, mais encore
une garantie formelle fournie à l'acquéreur. La femme
sera, dès lors et dans tous les cas, responsable de toute
éviction vis-à-vis de ce dernier, au même titre que le
mari lui-même.

147. M. Mourlon refuse d'abord à la simple renonciation consentie par la femme la portée que nous lui
donnons et les conséquences que nous venons d'en
déduire. Il suppose l'espèce suivante. La renonçante
est inscrite en première ligne, sur l'immeuble, pour une
somme de 30,000 fr. Deux autres créanciers hypothécaires sont inscrits chacun pour pareille somme. Le
tiers acquéreur offre un prix qui est de 60,000 fr.
Le troisième créancier surenchérit, et il est évident
qu'il n'agirait pas ainsi, si la femme ne devait pas être
colloquée dans l'ordre, puisqu'il aurait alors un rang
utile. D'après M. Mourlon, la femme n'est point obligée
de s'abstenir, car, en renonçant à son hypothèque,
« elle promet seulement son abstention; elle n'inquié-
tera point l'acquéreur; elle n'agira contre lui ni par
voie de délaissement ni par réquisition de surenchère;

mais elle ne s'engage, en aucune façon, à le protéger contre les poursuites dont il pourra être l'objet de la part des créanciers inscrits. »

Sans doute, la femme n'est point tenue, dans l'espèce, de garantir l'acquéreur contre les poursuites des créanciers, quand ces poursuites proviennent d'une cause autre que l'exercice de son hypothèque, car elle n'est point garante; mais nous pensons que, du moment qu'elle a renoncé à cette hypothèque au profit de l'acquéreur, elle ne peut la mettre en mouvement qu'à la condition de ne point lui porter préjudice, et qu'elle doit s'abstenir, dès que ce préjudice se produit, de quelque nature que soit l'abstention qu'on lui demande. La renonciation a pour effet nécessaire de faire disparaître l'hypothèque légale, lorsque les intérêts de l'acquéreur sont en jeu.

M. Mourlon continue : « Nous trouvons dans la loi même (art. 772 Pr. civ.) une analogie qui nous vient en aide. On sait qu'au cas où la femme, restée nantie de son hypothèque, ne l'a pas inscrite dans le délai de l'article 2195 (C. civ.), quoiqu'elle ait été mise en demeure d'agir, elle est légalement réputée y avoir renoncé, non point d'une manière absolue, mais dans l'intérêt particulier de l'acquéreur. Ainsi, quoiqu'elle ne l'ait plus sur l'immeuble, elle la conserve sur le prix. »

Nous ne voyons pas, nous l'avouons, cette analogie dont parle M. Mourlon. La femme qui ne s'inscrit pas dans les délais de la purge ne renonce nullement à son hypothèque au profit de l'acquéreur ; elle se préoccupe surtout des intérêts de son mari auxquels son inscription pourrait nuire. Elle consent donc à perdre son droit de suite et elle garde, sur le prix, son droit de préférence, dont elle usera quel que soit le dommage qu'elle pourra occasionner en l'exerçant. Mais, s'il en est ainsi en vertu de l'article 772 précité, c'est qu'aux yeux du législateur la femme ne saurait être présumée, en ne s'inscrivant pas, avoir contracté un engagement quelconque à l'égard du tiers détenteur. C'est donc à tort que M. Mourlon établit une analogie entre deux situations complètement différentes.

Abordant ensuite l'hypothèse où la femme a déclaré soit vendre solidairement avec son mari, soit garantir la vente qu'il a seul consentie, le même auteur estime que, sans doute, elle sera alors tenue, comme et avec ce dernier, d'arrêter la surenchère ou d'indemniser l'acquéreur si elle ne peut y réussir ; mais il n'ose pousser jusqu'au bout les conséquences du principe qu'il adopte, et il a recours à une sorte de transaction au moyen de laquelle il permet à la femme de laisser consommer l'éviction, sauf à elle à payer une indemnité à l'acquéreur évincé [1]. Cette solution nous semble inadmissible ; la femme qui a garanti la vente est tenue, comme tout garant, de toutes les conséquences de son obligation, conformément aux principes généraux de la garantie, dont l'application seule est possible et en dehors desquels on aboutit à des erreurs certaines.

148. Nous avons posé en principe, au commencement de ce chapitre, que la renonciation extinctive n'a point été prévue par la loi de 1855 ; qu'appelée, en effet, à éteindre un droit et non à le transmettre, à supprimer la prérogative de la femme au lieu de la conférer à autrui, elle ne peut trouver place dans l'article 9, qui règle

---

1. Conf., sur ces divers points, Mourlon, *Transcription*, n°s 958 et suiv.

uniquement la transmission de l'hypothèque légale. La conséquence logique qui se dégage de cet aperçu, c'est qu'on ne saurait lui appliquer les formalités requises pour la subrogation, en la soumettant à un texte qui doit lui demeurer absolument étranger. Dès lors, ni l'authenticité ni la publicité ne sont requises, à notre avis, pour la renonciation extinctive.

Cependant cette opinion est loin d'être acceptée d'une façon unanime ; la controverse la plus vive a constamment régné à cet égard, et elle a même repris, à l'heure où nous écrivons, une recrudescence nouvelle motivée par les récentes décisions de la jurisprudence. La question offre un intérêt considérable dans la pratique, intérêt si grave que l'intervention législative a été maintes fois, comme on le verra, sollicitée pour la trancher. Étudions d'abord ce qui a trait à l'authenticité.

149. Parmi ceux qui l'exigent, les uns la déclarent nécessaire uniquement à l'égard de la femme, les autres à l'égard de celle-ci et des tiers, certains enfin vis-à-vis de ces derniers seulement.

Ceux qui la demandent dans l'intérêt de la femme seule prétendent que la renonciation extinctive doit en être revêtue au même titre que la subrogation elle-même. D'après eux, le législateur, qui a exigé la forme authentique comme devant servir de base à la publicité, quand cette formalité est nécessaire et possible, a dû la prescrire pour un autre motif au cas de renonciation extinctive non soumise à cette même formalité. L'authenticité, disent-ils, servira dans ce cas à prémunir la femme contre les entraînements de l'influence maritale ; l'officier public l'avertira de l'importance de l'acte par lequel elle abdique les sûretés qui sauvegardent sa dot

et ses reprises; il lui ouvrira les yeux en lui démon-
trant toutes les conséquences de sa complaisance, souvent peu raisonnée, pour son mari, et l'empêchera
quelquefois de consentir à sa ruine ! Si donc, ajoutent-
ils, la publicité n'est requise que dans l'intérêt des tiers,
l'authenticité est imposée pour protéger la femme, de
façon que cette dernière formalité sera nécessaire alors
que l'autre sera inutile. Du reste, la renonciation, qu'elle
soit translative ou extinctive, ayant toujours pour résultat de priver la femme de son hypothèque, doit évidemment suivre toujours les mêmes règles. Aussi le
premier alinéa de l'article 9 exige-t-il l'acte authentique
pour toute cession ou renonciation, sans distinguer suivant le caractère de ce dernier acte; le texte est formel,
absolu, impératif; toute opinion qui distingue, lorsque
la loi ne distingue pas, est absolument arbitraire. La
force de l'argument fourni par le premier alinéa de
l'article se corrobore encore de sa comparaison avec le
second, qui n'impose la publicité qu'aux seuls cessionnaires, c'est-à-dire dans la seule hypothèse où l'hypothèque légale est transmise. Sans doute, dans les travaux préparatoires, la nécessité de l'authenticité ne fut
admise que parce qu'elle doit servir de base à une inscription; mais rien ne prouve que le législateur n'a pas été
aussi influencé par l'intérêt de la femme, quoiqu'il n'en
ait pas été question d'une manière expresse.

A l'objection tirée de ce que la loi n'exige point
l'authenticité à peine de nullité, les partisans de ce système répondent qu'il n'est pas nécessaire que cette
nullité soit expressément prononcée ; et que le législateur, en disant que la renonciation doit être authentique,
déclare suffisamment qu'elle ne peut valoir à l'égard de

qui que ce soit, lorsqu'elle se produit par acte sous seing privé. Ainsi, l'article 2127 (C. civ.) ne prononce point la nullité de la concession d'hypothèque à défaut d'acte authentique, et cependant personne ne doute qu'elle ne soit de nul effet à l'égard du constituant. Il en est de même de l'article 477 (même Code), relatif aux formalités de l'émancipation, et l'on pourrait multiplier les exemples [1].

150. Quelque sérieux que puissent paraître les arguments produits dans l'opinion que nous venons d'analyser, nous croyons que la solution inverse doit néanmoins être adoptée.

Commençons par écarter l'objection tirée de ce que l'article 9 n'a pas prescrit l'authenticité à peine de nullité. A notre avis, il y a été répondu d'une façon péremptoire, et il faut dès lors chercher ailleurs les éléments de la décision.

L'article 9 exige, sans doute, l'acte authentique pour la renonciation, sans distinction; mais il faut s'attacher à l'esprit de la loi plutôt qu'à son interprétation judaïque. Il y est question d'une renonciation équivalant à la cession, comme l'indique la conjonction *ou* placée entre les deux termes, d'une renonciation adressée seulement à des cessionnaires *qui en sont saisis* et *exercent les droits de la femme*. Le texte ne s'occupe donc que de la renonciation *in favorem*, ainsi que nous l'avons surabondamment établi en étudiant la nature de la subrogation. Ce n'est point dès lors pour la renonciation extinctive, réglée par l'article 2180 (C. civ.), qu'est

---

1 En ce sens, Aubry et Rau, § 288 *bis*, note 19. — Le Baron, *Étude sur l'hypoth. légale*, n°s 603 et suiv. — Garnier, *Subrog.*, n°s 603 et suiv. — Bertauld, *Subrog.*, n° 83. — Verdier, *Transcript.*, II, n° 754.

exigé l'acte authentique. Sans doute, l'hypothèque légale, si elle a été inscrite, ne sera radiée qu'en vertu d'un acte de cette nature (2158 C. civ.); mais autre chose est l'opération matérielle de la radiation et autre chose la renonciation à l'hypothèque. Le tiers détenteur qui n'aura qu'un acte sous seing privé ne pourra faire disparaître l'inscription et sera obligé d'attendre l'expiration des dix années après lesquelles elle s'évanouira de plein droit.

Le texte, quoi qu'on en dise, se prête donc parfaitement à la distinction ; ajoutons que l'esprit du législateur révélé par les travaux préparatoires de la loi de 1855 lui est complètement favorable. Le projet du conseil d'État, muet sur l'intérêt de la femme, ne se préoccupe de l'acte authentique que comme devant servir de base à la publicité. « L'intérêt des tiers, y est-il dit, réclame une publicité d'hypothèque si nécessaire à la sécurité des transactions; *l'acte de subrogation doit être authentique, puisqu'il doit servir de première base à une inscription qui ne peut se fonder que sur un acte solennel.* » Lors de la discussion de la loi à la Chambre des députés, on s'en rapporta purement et simplement aux motifs donnés par le projet précité. Ainsi, dans les travaux préparatoires, on ne s'est nullement préoccupé de l'intérêt de la femme ; l'authenticité a été reconnue nécessaire uniquement à cause de la publicité; or, ainsi qu'on le verra, la publicité n'étant point requise pour la renonciation extinctive, toute raison d'authenticité disparaît en ce qui la concerne.

L'esprit de la loi de 1855 est sur ce point conforme à la manière de voir des législateurs du Code civil. En effet, bien que l'authenticité ne soit point requise par

eux, en principe, pour la validité de la cession de l'hypothèque, ils n'ont cependant permis de changer le domicile élu dans une inscription aux cessionnaires du
créancier primitif que s'ils étaient porteurs d'un acte
authentique (art. 2152). Mais la condition d'authenticité
n'est nullement exigée eu égard à la renonciation
extinctive; et spécialement l'article 2180, qui s'en
occupe d'une façon directe, n'en fait aucune mention.

151. Il ne faut pas, du reste, exagérer la protection
que l'acte authentique fournirait à la femme. Si le mari
a sur elle l'influence que l'on redoute, ce ne sera point
le conseil donné, au moment du contrat, par le notaire
rédacteur, qui pourra la contre-balancer. Celui-ci sera le
plus souvent fort embarrassé pour formuler une observation quelconque, car l'acte de la femme, bien que
désavantageux en apparence, peut cependant avoir des
conséquences utiles. On aboutit donc uniquement à
créer une voie de nullité contre un acte librement consenti, dont les époux ont parfaitement saisi la portée, et
qu'ils auraient tout aussi bien effectué devant notaire,
si l'acquéreur avait jugé cette formalité nécessaire.
Aussi faut-il reconnaître que la femme respecterait, en
général, l'acte auquel elle a donné son consentement,
si l'initiative n'était prise par un tiers étranger au contrat et ayant intérêt à en faire prononcer la nullité.
Dans le procès qui a donné lieu à l'arrêt de Cassation
de 1880 ci-après analysé (n° 152), la demande fut intro-
duite à la requête d'un subrogé, et la femme fut seulement reçue partie intervenante pour la conservation de
ses droits.

C'est pour aboutir à ce résultat que l'on apporte à
l'article 1582 (C. civ.), rédigé dans un but d'économie

facile à comprendre, une dérogation des plus graves, puisqu'au lieu de pouvoir procéder par acte sous seing privé, les parties seront obligées d'employer la forme authentique dans toute aliénation contenant renonciation de la part de la femme.

La solution que nous repoussons repose donc sur un motif plus apparent que réel : la nécessité de protéger la femme ! Cet argument, trop souvent répété et trop accepté de confiance, sera abandonné le jour où ceux qui l'invoquent en auront pesé le vide. La femme est-elle mieux garantie, quand elle vend un immeuble à elle propre, avec la seule autorisation d'un mari insolvable qui en dissipe le prix? Justinien, lui aussi, voulait protéger la femme outre mesure, et il avait abouti à la constitution *Assiduis !* Le principe est juste et respectable, mais il faut se garder d'en tirer des conséquences trop absolues [1].

152. La jurisprudence ne s'était point prononcée sur la question jusqu'en 1869. A cette époque, intervint un jugement du tribunal de Bourganeuf [2], déclarant que la femme peut exciper de la nullité de la renonciation extinctive qu'elle a consentie par acte sous seing privé. La même thèse a été consacrée, le 6 mars 1880, par la cour de Lyon [3], qui a posé en principe la nécessité de l'acte authentique pour toute renonciation. Il faut remarquer cependant qu'ici les juges avaient reconnu à

---

1. En ce sens, Pont, *Priv. et Hypoth.*, n⁰ 486. — Bufnoir, en note d'un arrêt rapporté au *Journal du Palais*, 1881, 1206 et s. — Berger, *Transcription*, n⁰ 347. — Troplong, *Transcription*, n⁰ˢ 321 et 332. — Mourlon, *Transcription*, n⁰ 1015. — Larombière, *Obligations*, III, p. 251 et 252. — Thézard, *Nantiss. priv. et hyp.*, n⁰ 114.

2. 27 février 1869 ; *Palais*, 69, 364.

3. *Palais*, 1881, page 1212 et suiv.

l'acquéreur le droit de se comporter comme un subrogé, bien qu'en apparence il ne lui eût été consenti qu'une renonciation purement extinctive. La cour a bien affirmé qu'elle aurait exigé l'authenticité dans le cas où elle aurait eu à se prononcer sur une renonciation absolument privative; mais, en fait, elle n'a statué que sur une renonciation translative, et l'autorité de son dispositif ne peut dès lors s'appliquer qu'à celles qui présentent ce dernier caractère. La vérité de cette remarque apparaît bien mieux encore en ce qui concerne la décision de la cour suprême, intervenue sur le pouvoir formé contre l'arrêt de la cour de Lyon [1]. La Cour de cassation n'a point suivi les juges d'appel dans leurs motifs ; elle n'a nullement adopté la thèse de ceux-ci; elle s'est bornée à déclarer que, dans le cas qui lui était soumis, l'authenticité était nécessaire; or il s'agissait d'une renonciation translative, d'où l'on pourrait conclure qu'elle statuerait en sens inverse, si elle avait à apprécier une renonciation véritablement extinctive.

Cependant, M. le conseiller rapporteur a donné comme raison unique de l'authenticité la nécessité de protéger la femme, nécessité qui semble avoir la même raison d'être, que celle-ci se dessaisisse privativement ou pour investir autrui de son hypothèque légale [2]; et la cour a basé aussi sur cet intérêt la décision qu'elle a rendue, décision qui semble dès lors pouvoir s'appliquer à toute renonciation quelle qu'en soit la nature. Quoi qu'il en soit, nous estimons qu'on ne saurait pas plus la revendiquer dans un sens que dans l'autre, car, si, d'un côté, l'on peut invoquer la généralité des motifs, l'on

---

1 et 2. Cassation, 22 novembre 1880 ; *Palais, loc. cit.*

peut opposer, de l'autre, le dispositif qui se restreint de plein droit à l'hypothèse sur laquelle il a statué [1]. En résumé, il est permis d'affirmer que la jurisprudence ne s'est point encore prononcée ; et la Cour de cassation aura bien réellement à juger une question nouvelle, le jour où elle aura à statuer sur une renonciation véritablement extinctive.

153. Il faut, du reste, remarquer que, si l'on veut appliquer l'arrêt que nous venons d'analyser aux renonciations de cette nature, on doit faire une restriction qui en diminue singulièrement la portée. La cour de Lyon avait, en effet, décidé que l'authenticité n'est plus nécessaire, quand la femme figure comme co-venderesse dans l'acte de vente consenti par le mari, car alors, « la loi permettant la vente même par acte sous seing privé, et la vente ayant pour conséquence la garantie de la part du vendeur vis-à-vis de l'acquéreur, l'hypothèque légale ne pourrait plus produire effet au regard de cet acquéreur » ; et la Cour de cassation, adoptant une formule encore plus large, a déclaré que cette authenticité n'est point requise, si la femme comparaît dans l'acte « *pour y contracter les obligations d'une véritable venderesse* ». Mais, si la femme ne peut être absolument réputée co-venderesse que lorsqu'elle est co-propriétaire de l'immeuble vendu par son mari, ne faut-il pas dire qu'en dehors de tout droit de co-propriété, les obligations qu'elle contracte en cette qualité comprennent celle de garantir l'acquéreur ? Ce point ne nous paraît pas douteux, car la garantie rentre nécessairement dans le cadre des obligations du vendeur. Or cette obliga-

---

1. Même remarque pour un arrêt d'Amiens du 26 mai 1874, *Palais*, 75, 472, qui statue sur une hypothèse de renonciation translative.

tion de garantir emporte évidemment à son tour renonciation implicite à l'hypothèque légale, dans la mesure de l'intérêt de l'acquéreur. Aussi, en vertu du principe qui résulte de l'arrêt de la cour suprême, l'acquéreur par acte sous seing privé fera toujours contracter à la femme les obligations d'une venderesse, au lieu de stipuler d'elle la renonciation à son hypothèque légale, si l'on décide que cette renonciation exige la forme authentique. Comme garante, elle sera tenue plus étroitement que si elle avait simplement renoncé ; et la protection qu'on prétend lui accorder se retournera ainsi contre elle. En réalité, il faut voir ce qu'il y a au fond des choses ; qu'elle vende ou qu'elle renonce, la femme ne peut argumenter du défaut d'authenticité, car l'authenticité n'est point requise par l'article 9 dans le cas qui nous occupe.

154. Nous avons dit qu'une seconde opinion estime que le défaut d'authenticité peut être invoqué tant par les tiers que par la femme, et qu'une troisième concède cette faculté auxt iers seulement. Dans l'une, on soutient que toute renonciation sans exception doit revêtir la forme authentique et que l'article 9 ne fait à dessein aucune distinction, parce que l'authenticité, est requise tant dans l'intérêt des tiers que dans celui de la femme [1]. Dans l'autre, on déclare que l'authenticité n'a pas pour but de protéger la femme, mais qu'elle doit seulement servir de base à la publicité, qui serait nécessaire pour toute renonciation [2].

1. En ce sens: Aubry et Rau, § 288 *bis*, note 19. — Bertauld, *Subrog.*, n° 83. — Barafort, *Frag. sur le régime hypothécaire*, n° 89. — Ducruet, *Transcrip.*, n° 42. — Verdier, *Transcription*, n° 670.

2. Rivière et Huguet, *Transcrip.*, n° 390. — Rivière et François, *Transcrip.*, n° 138 *quater*.

Nous avons suffisamment réfuté chacun de ces points de vue, dans la discussion précédente, pour n'y pas insister davantage, et nous passons immédiatement à la condition de publicité, en décidant qu'en aucune hypothèse, selon nous, la validité de la renonciation purement extinctive n'est soumise à la condition d'authenticité [1].

155. La publicité prescrite par l'article 9 ne peut être basée que sur un acte authentique. Or, puisque nous venons de reconnaître que l'authenticité n'est pas nécessaire pour la renonciation extinctive, nous devons, par voie de conséquence, décider que le tiers acquéreur n'est tenu, quand cette renonciation lui a été concédée, ni d'inscrire l'hypothèque légale à son profit, ni d'opérer la mention en marge de l'inscription préexistante ; cette formalité n'est imposée qu'aux bénéficiaires de la transmission de l'hypothèque, aux subrogés.

156. On a cependant soutenu que l'acquéreur doit nécessairement recourir à l'inscription ou à la mention, absolument comme dans la subrogation, pour pouvoir opposer aux tiers la renonciation extinctive ; et qu'en cas de conflit entre celui-ci et un subrogé, la préférence appartient à celui qui le premier a rempli la formalité de l'article 9. « L'extinction définitive s'inscrit, dit un éminent auteur, afin que le néant ne garde pas la valeur de la réalité, afin que la mort ne se déguise pas sous l'apparence de la vie, afin que la femme, en un mot, ne trafique point de ce qu'elle n'a plus [2]. » Dépouillons la thèse de

---

1. C'est en ce sens que s'est prononcée la cour de Dijon dans les motifs de son arrêt du 4 août 1880, dont il sera ultérieurement question voir n° 160.

2. Bertauld, *Subrogation*, n° 93.

ces brillants artifices de langage, et voyons ce qu'elle vaut en réalité.

Comme pour l'authenticité, on prétend que la publicité est requise par l'art. 9, d'une manière générale, à l'égard de toute cession ou renonciation, car il n'est pas permis de distinguer quand la loi ne distingue pas. En décidant le contraire, dit-on, on priverait les tiers de toute garantie contre les fraudes de la femme, qui pourrait concéder des subrogations sur des immeubles déjà affranchis de son hypothèque par une renonciation dont rien ne viendrait révéler l'existence. Du reste, ajouett-on, la renonciation, quoi qu'on en dise, est, en tout cas, translative. Elle a assurément ce caractère dans le système de ceux qui estiment que l'acquéreur forcé de payer une seconde fois son prix ou de délaisser peut exercer, dans l'ordre ouvert contre le mari, le droit de préférence de la femme, à l'encontre des créanciers postérieurs en rang (voir n° 138). Mais elle l'a aussi dans l'opinion de ceux qui croient que la femme, en renonçant, abdique son droit de suite et s'oblige, en outre, à ne point se prévaloir de son droit de préférence, lorsque, par l'exercice de ce dernier droit, elle nuit au bénéficiaire de la renonciation ; celui-ci, en effet, est saisi de ces droits, le cas échéant, puisque la renonçante ne peut plus les exercer. Enfin, elle doit l'avoir aux yeux de tous, car, si elle était purement extinctive, il faudrait, pour la réaliser, recourir aux formalités de la restreinte, le mari seul bénéficiant d'un avantage quelconque ; or on reconnaît, en général, que ces formalités ne sont pas nécessaires en ce qui la concerne.

Ainsi l'acquéreur bénéficierait des avantages de l'hypothèque légale comme un véritable subrogé ; il serait

investi d'une renonciation *in favorem* et devrait, à ce
titre, se conformer à la condition de publicité.

157. Il n'y a, ainsi que nous l'avons déjà fait remarquer, aucune analogie à établir entre la renonciation
consentie au tiers acquéreur et celle qui est effectuée en
faveur d'un créancier. Sans doute, elles interviennent
bien toutes les deux *au profit* d'un tiers, car toute renonciation à un droit a, par la force même des choses,
pour effet indirect de procurer un avantage à quelqu'un ;
tel est, par exemple, le cas de la renonciation à la
prescription prévue par l'art. 2221. (C. civ.) Mais un
point capital les sépare, un résultat opposé les caractérise : la seconde investit le bénéficiaire d'un droit, la
première fait disparaître ce droit dans l'intérêt de celui-ci.
Le créancier seul est donc cessionnaire, seul il *est saisi*,
seul il *exerce* les droits hypothécaires de la femme.
L'acquéreur, loin de prétendre à ces droits, les veut au
contraire anéantir ; il en est le sujet passif, tandis que
le créancier en est le sujet actif. Il ne saurait donc être
question de les conserver, au moyen de la publicité, que
pour ce dernier seulement ; à son égard cette formalité
a sa raison d'être ; on n'en conçoit même pas la possibilité à l'égard de l'acquéreur.

Dès qu'une acquisition a eu lieu, l'acquéreur ne peut
avoir qu'un but : rendre son immeuble libre de toute
hypothèque. Pour le réaliser, il a un moyen facile que
la loi met à sa disposition, et qui consiste dans la purge
des hypothèques légales et des hypothèques inscrites.
Si, pour les unes comme pour les autres, tous les ayants
droit, d'ailleurs capables, viennent fournir leur renonciation ou leur main-levée, la purge devient évidemment
sans objet. L'acquéreur, en stipulant la renonciation de

la femme, a donc voulu, par cette voie plus simple, plus économique et plus expéditive, se débarrasser de l'hypothèque de cette dernière, sans être obligé de purger.

Mais, loin de pouvoir faire disparaître cette hypothèque, selon son intention, il va être obligé de l'inscrire lui-même, de la surveiller avec soin, d'en opérer le renouvellement de dix ans en dix ans, tant qu'il sera propriétaire de l'immeuble qui a été l'objet de la renonciation !

Ce n'est pas tout ; supposons le prix payé comptant, la renonciation de la femme évidente, formelle dans le sens de l'extinction de son hypothèque, qu'inscrira dans ce cas le conservateur ? absolument rien, puisqu'il n'y aura rien à inscrire en vertu du titre qui lui sera représenté. Il pourra donc résister à la demande de l'acquéreur, car une inscription a pour but de mentionner qu'une charge grève un bien, et non qu'un bien est libre d'une charge ; qu'un immeuble est affecté et non libéré d'une hypothèque. Il faudrait plutôt permettre à l'acquéreur de faire radier l'hypothèque que l'obliger à l'inscrire !

Mais continuons : l'immeuble est revendu plusieurs fois et toujours acheté par des hommes mariés ; il faudra chaque fois une nouvelle inscription d'hypothèque légale ; le dernier acquéreur, à toutes subrogé, sera obligé de les conserver toutes ; ce sera bientôt un dédale dans lequel on ne pourra plus se reconnaître ; les registres du conservateur suffiront à peine à un pareil travail. Quel résultat imprévu pour l'acquéreur ! Pour se soustraire à cette situation, il sera forcé de recourir à la purge qu'il avait d'abord voulu éviter en obtenant la renonciation.

158. Les considérations économiques nous fournissent

un dernier et puissant argument, pour ne pas imposer la publicité de l'article 9 à l'acquéreur.

Rappelons d'abord, ainsi que nous l'avons déjà fait remarquer à propos de l'authenticité, qu'il ne sera plus possible, contrairement à la règle générale de l'article 1582 (C. civ.), d'effectuer les ventes par acte sous seing privé, lorsqu'on voudra y insérer les renonciations de la femme si usuelles en pratique, puisque cet acte ne pourrait pas servir de base à l'inscription.

D'un autre côté, obligé d'inscrire et de conserver indéfiniment l'inscription prise, l'acquéreur souvent aimera mieux purger. Ainsi, aux frais de l'acte authentique viendront se joindre, suivant les cas, ceux d'inscription et de renouvellement ou ceux de purge. Or M. le sénateur de Casabianca, dans un rapport présenté le 8 mars 1855 à propos de la loi sur la transcription, constata que, sur douze cent mille ventes immobilières qui ont lieu chaque année en France, les deux tiers ou huit cent mille sont consenties pour un prix moyen de deux cents francs environ ; et que, d'après le calcul qui a été fait, les frais de purge joints à ceux de transcription représentent la moitié de ce prix !

159. Mais si, à raison de l'inquiétude qu'il éprouve touchant la validité du paiement qu'il doit effectuer, ou pour tout autre motif, il veut se réserver les garanties de l'hypothèque légale, l'acquéreur stipulera alors non une renonciation extinctive, mais une renonciation translative, une cession qui lui donnera tous les droits d'un créancier subrogé et qui tombera, par suite, sous l'application de l'article 9 de la loi de 1855. Dans ce cas, il sera obligé d'inscrire la subrogation comme un subrogé ordinaire ; il ne sera saisi que par cette formalité, et il

ne prendra rang que du jour où elle aura été accomplie.

Il en serait de même dans le cas où, tenu de payer une seconde fois son prix à raison de l'hypothèque légale de la femme contre laquelle il n'aurait à invoquer ni renonciation ni purge ni restreinte, il demeurerait, de plein droit, subrogé à cette hypothèque en vertu de l'article 1251 (C. civ.). Le paiement, dans cette hypothèse, et l'acte de subrogation, dans le cas précédent, devraient naturellement être effectués en la forme authentique.

160. Les idées que nous venons d'émettre ont été pleinement adoptées par deux arrêts, l'un de la cour de Lyon, l'autre de la Cour suprême [1], que nos adversaires revendiquent à tort. Ces arrêts ont en effet décidé que l'acquéreur aurait dû remplir la formalité de la publicité, parce qu'il avait entendu agir non en qualité de bénéficiaire d'une renonciation extinctive, mais comme cessionnaire d'une renonciation translative, pour obtenir collocation dans l'ordre, au rang de l'hypothèque légale, par préférence à des créanciers subrogés. Or les premiers juges, après avoir reconnu que ce droit résultait pour lui des termes du contrat, avaient admis la collocation en l'absence de toute inscription ou mention à cet égard. C'est pour ce motif seulement que leur décision a été réformée, sans que la cour de Lyon et la Cour de cassation aient entendu le moins du monde décider qu'une renonciation vraiment extinctive demeure soumise à la publicité. On est, au contraire, autorisé à conclure qu'elles auraient consacré le principe opposé, si

---

1. Lyon, 22 décembre 1863, et Cassation, 29 août 1866 ; *Palais*, 64, 231 et 67, 11. Si on lit attentivement ces deux arrêts, on verra que la nécessité de l'inscription n'y est proclamée que pour la renonciation translative.

la question leur avait été soumise, puisque cette formalité n'a été jugée nécessaire qu'à raison du caractère translatif du contrat.

Depuis, la jurisprudence s'est prononcée de la façon la plus formelle, et, par des décisions nombreuses, elle a consacré l'opinion que nous avons adoptée. Ainsi la publicité a été jugée inutile, pour la renonciation extinctive, le 16 février 1874 par le tribunal d'Autun, le 17 juillet 1877 par celui de Dinan, le 26 août 1878 par celui de la Flèche, le 28 août 1879 par celui de Beaune, le 28 janvier 1880 par celui du Mans.

Le 6 septembre 1879, le tribunal de Charolles avait jugé le contraire ; mais sa décision a été infirmée par un arrêt de la cour de Dijon du 4 août 1880. Cet arrêt est le dernier document juridique sur la question; il déclare, de la façon la plus formelle, que la renonciation extinctive n'est point soumise à la nécessité de l'inscription [1].

161. La Cour de cassation n'a pas eu à se prononcer. On invoque quelquefois, dans le sens de la publicité, son arrêt du 30 mars 1869 [2]. Mais cet arrêt n'a nullement trait à la question, car il se borne à déclarer que le concours de la femme à l'acte de vente d'un immeuble du mari emporte renonciation extinctive à son hypothèque légale, sans décider si l'acquéreur est ou non tenu d'inscrire la renonciation. D'un autre côté, l'arrêt de 1880, déjà par nous analysé (nᵒˢ 152 et 153), laisse également la question intacte, puisque la cour n'y a consacré la nécessité de l'acte authentique qu'au regard des

---

1. Les diverses décisions indiquées au texte sont rapportées au *Journal du Palais*, 1880, pages 697 et suiv. et 1224.

2. Conf., *Journal des Notaires*, t. CXII, année 1881, page 271.

renonciations translatives. Si l'on voulait aller jusqu'à
prétendre qu'il a décidé que toute renonciation doit
être authentique, on ne saurait, même en l'interprétant
ainsi, y puiser un argument en faveur de la publicité ;
il se base, en effet, sur le seul intérêt de la femme ; or,
si vis-à-vis de celle-ci l'authenticité est exigée par quel-
ques-uns, la publicité n'est à coup sûr réclamée par
personne [1].

162. La doctrine est fort divisée sur la question. Mais
on remarquera que les auteurs qui adoptent l'opinion
contraire à la nôtre, arrivent en général à ce résultat,
parce qu'ils ne font point la distinction fondamentale et
indispensable entre le cas où le tiers acquéreur stipule
une renonciation purement extinctive, et celui, au contraire, où il demande une vraie subrogation. M. Bertauld, par exemple, ne paraît frappé, dans les raisons
qu'il invoque en faveur de la publicité, que de ce côté
utile et translatif, et il assimile ainsi la renonciation *in
favorem* à la renonciation extinctive [2]. D'autres, tout en
reconnaissant que la renonciation peut être purement
extinctive, l'assujettissent cependant à la publicité à raison de la prétendue généralité des termes de l'article 9 [3].

Mais la pratique se prononce généralement pour le
système que nous avons défendu. Il a pour lui la grande
majorité des notaires et des conservateurs des hypothèques, ainsi que le démontrent les avis et consultations
contenus dans divers recueils pratiques [4]. La jurispru-

1. En ce sens, Labbé, *Revue critique*, 1881, X, p. 340.

2. Bertauld, *Subrog.*, n° 99. De même MM. Rivière et Huguet (*Transcription*, n° 391), exigent en tout cas la publicité, parce que, pour eux,
la renonciation au profit de l'acquéreur est toujours translative.

3. En ce sens, notamment Aubry et Rau, § 288 *bis*, note 18.

4. Conf. *Dictionnaire du Notariat*, v° *Subrogation*, n° 215. — *Journal*

dence, en le repoussant, jetterait dans les affaires le désarroi le plus complet, puisque la publicité qu'elle imposerait ne pourrait être réalisée par ceux des tiers acquéreurs qui ont cru, conformément à une saine interprétation de la loi, se mettre à l'abri, en stipulant une renonciation par acte sous seing privé[1].

163. Ceux qui exigent que l'acquéreur réalise la publicité prescrite par l'article 9, déclarent que cette publicité est nécessaire pour avertir les tiers qu'un immeuble du mari est sorti des mains de ce dernier, affranchi de l'hypothèque légale de la femme. Les tiers, répon-

du Notariat, 1881, 5e cahier, page 272. — Voir, dans le même sens, une consultation rédigée par les notaires de l'arrondissement de Beaune et rapportée au *Journal du Palais*, 1881, page 698. — *Adde : Comité des Notaires*, circul. du 19 novembre 1879. — *Journal des Notaires*, art. 7940, 18992, 21969, 22099, 22215, 22216, 22333.

1. Dans notre sens : Pont, *Priv. et Hypoth.*, n° 486; Journal *le Droit*, 8 mars 1868 et *Revue du Notariat*, t. VII, p. 829. — Amiaud, *Renonciation à l'hypothèque légale par la femme du vendeur*. — Mourlon, *Transcription*, n°s 1106 et suiv. — Labbé, *Journal du Palais*, 1864, 231 à la note. — Duchesneau, *Revue critique*, 1857, II, p. 188. — Berger, *Transcription*, n°s 344, 346 et suiv. — Coin-Delisle, *Consultation, Comité des Notaires*, n° 75, p. 325. — Boileux, *Code civil*, t. VII, p. 442. — Gide, *Condition de la femme*, p. 500. — Grosse, *Explication* de la loi de 1855, n° 253. — Larombière, *Obligations*, III, p. 251 et 252, n° 61. — Bufnoir, *Journal du Palais*, 1881, p. 1206 et suiv. — Boulanger, *Des radiations hypothécaires*, n° 112. — Thiercelin, D. P.; 1864, II, 175. — Lefébure, *Journal du Notariat*, n° 1092. — Paultre, *Revue du Notariat*, art. 2015. — Carret, *Thèse de doctorat*, p. 266 et suiv. — Thézard, *Nantiss. priv. et hypoth.*, n 114. — Conf. opinion conforme de M. le sénateur de Casabianca, *rapporteur de la loi de* 1855, à propos d'une pétition de notaires adressée au Sénat en 1862.

Contra : Ducruet, *Transcription*, n° 42. — Hervieu, *Journal des conservateurs*, II, p. 296. — Leroux, *Contrôleur de l'enregistrement*, art. 10689. — Rivière et Huguet, *Transcription*, n° 391. — Verdier, *Renonciation à l'hypothèque légale précitée* et *Transcription*, II, n°s 661 et 662. — Bertauld, *Subrogation*, n° 80. — Moreau, *Journal du Palais*, 1867, 11. — Aubry et Rau, § 288 *bis*, note 18. — Garnier, *Subrogation à l'hypothèque légale*, n°s 349 et 350. — Le Baron, *Hypothèque légale de la femme*, n° 627. — Daniel de Folleville, journal *la Loi* du 13 juillet 1881.

dent certains auteurs, ont un avertissement infaillible dans le registre des transcriptions, qui leur donne la copie littérale de l'acte de vente, et partant de la renonciation qu'il contient ; ainsi, ajoutent-ils, soumettre l'acquéreur à la formalité de l'inscription, c'est lui imposer une publicité qui fait double emploi avec celle résultant de la transcription. Dans ce dernier système, la transcription serait donc, en tout cas, indispensable pour faire produire ses effets à la renonciation, et arrêter, après elle, le cours des inscriptions ou mentions de subrogation [1].

Sans doute, nous reconnaissons qu'en fait la renonciation sera le plus souvent rendue publique par la transcription, car, formant ordinairement une des conditions de la vente, elle figurera naturellement dans le contrat, qui sera lui-même presque toujours transcrit, puisque la transcription est nécessaire pour assurer la propriété incommutable de l'immeuble vendu [2]. Mais, si la renonciation est ainsi rendue publique, ce n'est que par un pur accident, un cas fortuit, parce qu'elle est contenue dans un acte qui doit être rendu public en son entier ; en elle-même, elle n'est pas plus soumise à la publicité

1. En ce sens, M. Thiercelin, dont l'opinion est rapportée par M. Verdier, *Renonciation à l'hpothèque légale*, p. 296 et 297. — *Adde*, Thézard, *Nantiss.*, *priv. et hypoth.*, n° 114, p. 160 et 161.

2. Les jugements et arrêts qui dispensent la renonciation extinctive de la publicité prescrite par l'article 9 de la loi de 1855, se bornent à constater en fait que cette publicité est inutile en présence de celle qui résulte de la transcription ; mais ils ne se prononcent pas sur le point de savoir si cette dernière formalité est nécessaire pour que la renonciation produise ses effets. On ne peut dès lors affirmer que la jurisprudence exige la transcription pour la validité de la renonciation extinctive, puisqu'elle n'a eu à statuer, à notre connaissance, ni sur des hypothèses où l'acte contenant la renonciation n'avait pas été transcrit, ni sur des cas où la renonciation ne figurait pas dans l'acte.

provenant de la transcription qu'à celle qui résulte de l'inscription.

En effet, la renonciation est stipulée pour éviter et remplacer la purge; or, en dehors de toute question de transcription, la purge de l'hypothèque légale arrête, après l'expiration des délais impartis, le cours des inscriptions de subrogation. Ainsi, si l'acquéreur avait purgé, aucune publicité n'aurait averti les tiers; il en aurait été de même, si l'immeuble aliéné avait été affranchi par une restreinte; cependant rien n'imposait une formalité plutôt qu'une autre. Pourquoi, dès lors, soumettre à des conditions différentes des actes destinés à produire un effet identique? Si l'on est d'avis que les tiers n'ont pas droit à la publicité dans un cas, comment jugerait-on qu'ils y ont droit dans un autre? Leur situation ne peut changer, parce que l'acquéreur aura choisi tel ou tel moyen de faire disparaître l'hypothèque légale. En réalité, la renonciation étant, comme la purge, comme la restreinte, spéciale à l'immeuble qui en est l'objet, les tiers qui stipulent la concession ou la cession d'une hypothèque, sur les biens d'un homme marié, sont tenus de savoir si ceux qui doivent leur être affectés peuvent ou non devenir leur gage. Or le seul fait de la vente doit leur donner l'éveil; et il n'est pas raisonnable de dire qu'ils ont pu compter sur les immeubles aliénés ,soit parce qu'ils ont ignoré l'aliénation, soit parce qu'ils auront pensé que les acquéreurs ne s'étaient pas valablement libérés.

En vertu de quelle loi, du reste, imposerait-on au tiers acquéreur la nécessité de la transcription, pour valider la renonciation qu'il a obtenue? Nous comprenons que ceux qui considèrent cette renonciation comme translative exigent l'inscription; ils se fondent à tort, sans doute, sur l'article 9 de la loi de 1855, mais ils peuvent, du moins, invoquer un texte. Cette loi, au contraire, ne peut, en aucune façon, venir en aide à ceux qui exigent la transcription en matière de renonciation extinctive. Son article 1ᵉʳ ne soumettant à la transcription que les renonciations portant sur des droits de propriété immobilière, ou sur des droits réels susceptibles d'hypothèque, ne saurait évidemment s'appliquer à celles qui ont pour objet l'hypothèque légale. Ainsi, la renonciation contenue dans un acte que l'acquéreur ne juge pas à propos de faire transcrire, ou concédée par acte distinct, ne demeure soumise à aucune publicité. Elle échappe, en effet, soit à l'inscription qui vivifie les seules subrogations, soit à la transcription instituée pour des renonciations d'une autre nature.

164. De tout ce qui précède il résulte que l'interprétation exacte de l'article 9 de la loi de 1855, les principes généraux de la matière hypothécaire, les considérations pratiques enfin, amènent aux déductions suivantes.

La renonciation purement extinctive, étrangère à l'article précité et régie exclusivement par l'article 2180 (C. civ.), n'est, par sa nature, soumise ni à l'authenticité ni à la publicité. Dès qu'elle intervient, soit dans l'acte de vente, soit postérieurement, elle a pour effet immédiat d'arrêter le cours des inscriptions de subrogation, pourvu qu'elle ait acquis date certaine, selon le droit commun, lorsqu'elle a été concédée par acte sous seing privé. Si la transcription la fait, le plus souvent, connaître aux tiers qu'elle intéresse, ce n'est point parce qu'elle est soumise, en elle-même, à une publicité quelconque, mais à raison de ce fait accidentel, qu'elle se trouve relatée dans un acte destiné à être rendu public en son entier. Aussi, dans le cas où elle est postérieure à cet acte, ne saurait-il être question, en ce qui la concerne, de remplacer, par une formalité quelconque, la publicité qu'elle ne puise plus dans la transcription [1].

Le tiers détenteur, par le seul fait de la renonciation de la femme concédée dans le contrat d'acquisition, est donc à l'abri du recours des subrogés, lorsqu'aucune subrogation n'avait été antérieurementrendue publique. A défaut de renonciation, il devra remplir les formalités de la purge des hypothèques légales, à moins que la femme ne renonce postérieurement ; mais, dans ce dernier cas, la renonciation demeurerait inefficace si, avant qu'elle eût été consentie, des subrogations avaient été inscrites ou mentionnées.

---

1. De ce qui vient d'être dit au texte, il résulte qu'on ne saurait astreindre l'acquéreur à faire mention de la renonciation en marge de l'acte transcrit, exigence que contient un projet de loi actuellement déposé à la Chambre des députés et dont l'examen figurera dans notre conclusion.

CHAPITRE V

DE LA TRANSMISSION DE L'HYPOTHÈQUE LÉGALE DE LA FEMME
MARIÉE PAR VOIE DE CESSION DE CRÉANCE, DE SUBROGATION
CONVENTIONNELLE OU LÉGALE ET DE NANTISSEMENT.

SOMMAIRE

165. La loi de 1855 n'a pas interdit à la femme la cession de sa créance.
— Cette cession faite seulement en conformité des dispositions du
Code civil n'emporte pas subrogation à l'hypothèque légale.
166. Objections contre ce système. — Leur réfutation. — Les formalités
de l'article 9 sont nécessaires pour que le cessionnaire soit subrogé à
l'hypothèque légale.
167. Différences à établir entre le subrogé proprement dit et le cessionnaire, relativement à l'exercice des droits hypothécaires de la femme.
— Concours de plusieurs cessionnaires.
168. Du cas de cession de deux créances avec clause de garantie de la
solvabilité du mari en faveur de celle qui est postérieure en rang.
169. De la cession pure et simple d'une fraction de créance. — De la
même cession avec la clause ci-dessus indiquée.
170. Les formalités prescrites par l'article 9 de la loi de 1855 ne sont
requises que lorsque le cessionnaire est obligé de mettre en mouvement l'hypothèque légale. — En dehors de toute question hypothécaire, les principes du Code civil doivent reprendre leur empire.
171. Erreur de ceux qui ont méconnu ces principes. — Conclusion.
172. Avantage spécial conféré au cessionnaire en cas de sous-ordre.
173. De la transmission de l'hypothèque légale par voie de subrogation
conventionnelle.
174. Cette subrogation doit, comme la cession, être conforme aux règles de l'article 9 pour conférer l'hypothèque légale. — Analogie
entre la subrogation conventionnelle et la cession.
175. De la restriction apportée à la règle de priorité établie par l'article 9, en matière de subrogation conventionnelle, à raison du principe posé par l'article 1252 du Code civil.

165. Après avoir étudié les diverses stipulations dans lesquelles la femme mariée traite de son hypothèque légale, envisagée d'une manière principale et directe, nous devons parler d'un contrat qui, sans avoir pour but spécial la transmission de cette hypothèque, pourra l'entraîner par voie de conséquence. Ce contrat se réalise lorsque la femme cède sa créance, contre son mari, soit à un créancier de ce dernier, soit à son propre créancier, soit à un tiers non créancier.

Cette cession paraît parfaitement licite, et il semble qu'on ne puisse invoquer aucun argument contre sa validité. Cependant un auteur a prétendu que la loi de 1855, en ne parlant que de la cession de l'hypothèque, a, par là même, interdit à la femme celle de la créance. La cession des reprises matrimoniales, dit-il, était fort connue des rédacteurs de la loi, et, s'ils l'ont passée sous silence, c'est qu'ils ont voulu l'exclure [1]. Comment cet auteur pourra-t-il se mettre d'accord avec ceux qui décident que la femme ne peut céder son hypothèque, sans transmettre en même temps sa créance ? En réalité, la capacité constituant le droit commun et l'incapacité, l'exception, il faudrait un texte formel défendant la cession de créance à la femme qui traite dans la plénitude de ses droits, pour qu'elle fût incapable de l'effectuer. On doit donc reconnaître que la loi

---

1. Grosse, *Explication au point de vue pratique de la loi du* 23 mars 1855, n° 274.

de 1855 n'a entendu réglementer que la cession de l'hypothèque, laissant celle de la créance sous l'empire du droit commun [1].

Cette dernière cession, prévue par les articles 1689 et 1690 du Code civil, peut être effectuée par acte authentique ou sous seing privé (argument tiré par analogie de l'art. 1582 2° du même Code) ; il suffit qu'elle ait été notifiée au débiteur, ou acceptée par lui dans un acte authentique, pour qu'elle soit parfaite et opposable aux tiers. Ainsi, avec les formalités prescrites par le Code civil, la cession de la créance consentie par la femme mariée, capable, autorisée de son mari ou de justice, et traitant d'un droit aliénable, sera complète, et le cessionnaire pourra exiger le paiement de la créance cédée à l'époque où la cédante aurait pu l'exiger, plus tôt même, dans le cas spécial prévu par l'article 1446 du Code civil. Cette cession, toujours en suivant les mêmes règles, sera valablement effectuée sur un tiers, si un autre que le mari est débiteur, et, dans ce cas, elle comprendra de plein droit l'hypothèque conventionnelle ou judiciaire qui peut garantir la créance cédée (1692 C. civ.).

Mais faut-il dire, avec certains auteurs [2], qu'une cession faite par la femme dans ces seules conditions emporte, en même temps, à l'égard des tiers, dans le sens de l'article 9 de la loi de 1855, subrogation à l'hypothèque légale garantissant la créance cédée ? Nous ne saurions le décider ainsi, car ce serait, à notre avis, bien mal comprendre l'esprit de cette loi et les sages dispositions

1. Pont, *Privilèges et Hypothèques*, n° 457.
2. Rivière et Huguet, *Transcription*, n°s 393 et suiv. — Rivière et François, *Transcription*, n° 139.

qu'elle a voulu établir relativement à la cession de cette hypothèque. En vertu d'une pareille cession, le cessionnaire n'aura pas le droit de se faire colloquer, au rang de la femme, dans un ordre ouvert sur le mari, à l'encontre des créanciers inscrits, subrogés ou non ; il ne pourra pas davantage exercer le droit de suite contre un tiers détenteur. Un pareil cessionnaire n'est pas *saisi* de l'hypothèque légale vis-à-vis des tiers, il ne peut dès lors s'en prévaloir à leur préjudice [1]

166. On objecte : qui peut le plus peut le moins ; celui qui a le droit de céder la créance peut, à plus forte raison, en céder les accessoires ; bien mieux, ces accessoires sont transmis de plein droit, c'est la loi elle-même qui le déclare dans l'article 1692 ; du reste, que ferait la femme de son hypothèque lorsqu'elle n'a plus sa créance ? Ces raisons ne peuvent rien contre le principe que nous venions de poser ; l'opinion qui les invoque n'a été soutenue, que parce qu'on n'a point remarqué que l'article 9 de la loi de 1855 a dérogé aux dispositions du Code civil, en ce qui concerne l'hypothèque légale de la femme mariée, lorsque cette hypothèque, directement ou indirectement, peu importe, passe de ses mains en celles d'un créancier qui veut s'en prévaloir contre les tiers. La cession des créances est restée sous l'empire des règles ordinaires, tandis que celle de l'hypothèque légale de la femme se trouve aujourd'hui régie par la loi nouvelle.

Nous concluons donc que la cession de la créance de la femme mariée, pour opérer en même temps, à l'é-

---

1. En ce sens : Troplong, *Transcript.*, n°s 334 et suiv. — Pont, *Priv. et Hypoth.*, n° 469. — Mourlon, *Transcript.*, n° 1104. — Bertauld, *Subrog.*, n° 93.

gard des tiers, le transfert de l'hypothèque légale qui garantit la créance cédée, doit, comme la subrogation à cette hypothèque, se produire par acte authentique et être rendue publique, conformément aux prescriptions de la loi précitée. S'il en était autrement, cette loi serait lettre morte, puisque, sous la forme d'une cession de créance, on pourrait constamment l'éluder et faire ainsi revivre les subrogations occultes qu'elle a voulu désormais prohiber. Que l'hypothèque légale soit cédée d'une manière principale ou d'une manière indirecte, les mêmes effets sont produits dans les deux cas; or ces mêmes effets ne sauraient se produire sans la même cause, c'est-à-dire sans l'observation des mêmes formalités.

167. Mais le rang du cessionnaire de la créance sera-t-il toujours et d'une façon absolue, comme celui du subrogé, déterminé par la date de l'inscription de l'hypothèque légale prise à son profit, ou de la mention en marge de l'inscription préexistante? Nous devons répondre négativement et établir une différence entre la cession qui, par sa nature, n'a droit qu'au seul rang revenant à la créance cédée, et la subrogation qui confère tous les rangs de l'hypothèque légale.

Ainsi le cessionnaire, fût-il premier en date, pourra seulement prétendre au rang que lui donne la créance cédée, et il sera primé à ce rang par un subrogé qui aura rempli avant lui la formalité de la publicité. Un subrogé et un cessionnaire ayant rempli cette formalité le même jour devront être colloqués au marc le franc, au rang de la créance cédée. Ainsi encore, tandis que le subrogé peut obtenir collocation, dans l'ordre, jusqu'à ce que toutes les subrogations ou cessions antérieurement colloquées représentent la totalité des reprises de la femme, le cessionnaire, dès que le rang qui lui appartient a été utilisé par un subrogé inscrit avant lui, n'a plus le droit d'user de l'hypothèque légale qui garantissait sa créance. En décidant le contraire, on ferait découler, au détriment des créanciers inscrits, une double collocation, au même rang, d'une même créance de la femme : celle du subrogé et celle du cessionnaire. Toutefois celui-ci, comme représentant la cédante, aura, pour se faire colloquer ultérieurement, la double hypothèque que nous avons concédée à la femme, lorsque la subrogation se trouve réalisée (conf. n°ˢ 105 et suivants). Enfin, entre deux cessionnaires également saisis de la même créance, celui qui se sera inscrit le premier sera préféré à l'autre ; et, entre deux cessionnaires de créances différentes, la date de la publicité sera complètement indifférente, car la nature du titre concédé à chacun écarte toute idée de concours entre eux.

Ces résultats divers sont contestés par les auteurs qui, ramenant la subrogation à une véritable cession de la créance, confondent ainsi les deux contrats en un seul. D'après eux, chaque subrogé ou cessionnaire n'a droit qu'au rang appartenant à la créance qui lui a été cédée lors de la subrogation ou cession, et doit être primé par un autre subrogé ou cessionnaire investi d'une créance conférant un rang antérieur, sans qu'on doive tenir compte de la question de publicité. La priorité d'inscription ne saurait être une base de préférence entre ceux qui acquièrent non un droit d'hypothèque, mais un droit de propriété sur la créance[1]. Dans ce

---

1. Bertauld, *Subrogation*, n° 171.

système les dates des inscriptions ou des mentions ne pourraient déterminer l'ordre de préférence qu'entre plusieurs cessionnaires d'une même créance se trouvant en présence. En dehors de cette hypothèse, la règle établie à cet égard par la loi de 1855 devient inapplicable ; on en revient absolument aux principes édictés par le Code civil en matière de cession de créance.

Il ne saurait être question, d'après nous, d'assigner au subrogé un rang spécial appartenant à une créance déterminée, puisqu'aucune créance ne lui a été cédée ; investi de toute l'hypothèque légale, il a droit à tous les rangs auxquels elle permet de prétendre. On oublie, d'autre part, ainsi que nous l'avons déjà fait remarquer, que, depuis la loi de 1855, le cessionnaire ne fait plus passer cette hypothèque sur sa tête, par le seul fait de la cession, avec la créance elle-même ; qu'il n'en est saisi à l'égard des tiers que par la publicité prescrite par l'article 9 de cette loi ; et qu'il ne prend rang, parmi ceux qui peuvent exercer les droits hypothécaires de la femme, qu'à la date de cette publicité.

168. Que faudrait-il décider dans le cas où la femme, après avoir cédé, avec garantie de la solvabilité de son mari, une créance ayant droit à un rang hypothécaire inférieur, céderait ensuite une autre créance conférant un rang antérieur ? On a répondu que le premier cessionnaire, malgré l'infériorité de son rang, devrait être colloqué avant le second, car, par la clause de garantie, la cédante est censée avoir tacitement renoncé, en faveur de ce premier cessionnaire, à l'hypothèque légale garantissant le surplus de ses reprises[1].

---

1. Mourlon, *Transcription*, nᵒˢ 897 et 899.

Cette solution n'est pas exacte. En effet, chaque cessionnaire, après avoir rempli les formalités imposées par l'article 1690 du Code civil, se trouve saisi à l'égard des tiers de la créance qui lui a été cédée; la clause de garantie, qui obligera, sans doute, la femme d'une façon plus étroite, ne saurait donc empêcher le second cessionnaire de devenir propriétaire de la créance qui le concerne, et d'acquérir sur elle un droit indépendant. Or, chaque créance devant être colloquée au rang qui lui est propre, s'il lui a été acquis par la publicité, la seconde obtiendra nécessairement collocation avant la première, en vertu de l'antériorité de son rang. Le premier cessionnaire, pour primer le second, devrait exciper non d'une clause de garantie, mais d'une véritable subrogation jointe à sa cession, subrogation qui, soumise à la publicité avant la seconde cession, rendrait celle-ci non existante à son égard, en lui conférant tous les rangs de l'hypothèque légale. (Voir Effets de la subrogation, n° 76.)

169. Lorsque la femme cède une partie d'une créance déterminée, le concours, au rang de l'hypothèque légale, peut-il s'établir entre elle et le cessionnaire? Doit-il avoir lieu entre les deux cessionnaires, si elle cède plus tard l'autre partie de la même créance? Il nous paraît, d'abord, que tout concours est impossible entre la femme et le cessionnaire; elle doit être nécessairement primée par celui-ci, car elle est obligée de respecter le contrat qu'elle a consenti. On n'a pas besoin de supposer de sa part une promesse d'abstention ou une clause de garantie; il suffit de la ramener purement et simplement à l'exécution de son engagement[1]. En effet, le

---

1. En ce sens, Troplong, *Priv. et Hypoth.*, II, 367. — Grenier, *Priv.*

cédant, bien qu'il ne soit garant, de plein droit, aux termes de l'article 1693 du Code civil, que de l'existence de la créance cédée, est néanmoins toujours tenu de la garantie de ses faits personnels, et doit, à ce titre, renoncer à tout concours avec son cessionnaire. Entre les deux cessionnaires, le concours n'existera que s'ils ont, le même jour, rempli la formalité de la publicité; dans le cas contraire, la date de cette publicité déterminera l'ordre des collocations, conformément aux dispositions de l'article 9 de la loi de 1855.

Les solutions seraient les mêmes, si le premier cessionnaire avait obtenu une promesse de garantie de la solvabilité du mari. Dans ce cas, la femme pourrait encore moins concourir avec ce cessionnaire, puisqu'elle serait plus strictement tenue à son égard. Entre celui-ci et le second cessionnaire, la question de préférence controversée sous l'empire du Code civil[1] devrait aujourd'hui être également tranchée par l'article précité.

170. Ces principes et les conséquences qui en découlent ne doivent recevoir leur application que lorsque le cessionnaire, pour être payé de la créance qui lui a été cédée, est obligé de mettre en mouvement l'hypothèque légale de la femme, et de s'en prévaloir afin d'obtenir collocation avant d'autres créanciers inscrits qui le primeraient et absorberaient, à son détriment, le prix en distribution. Les règles du transport-cession ne sont nullement ici en question; il s'agit uniquement du rang que doit procurer l'hypothèque dont nous par-

---

et Hypoth., I, 93. — Mourlon, *Subrog. personn.*, p. 21. — *Contra :* Bertauld, *Subrog.*, nᵒˢ 166 et suiv. — Pont, *Priv. et Hypoth.*, nᵒ 239.

1. Conf., à cet égard, Pont, *Priv. et Hypoth.*, nᵒ 239 et les auteurs et arrêts cités par lui.

lons à ceux à qui elle a été cédée. Or, à cet égard, le Code civil ne peut rien nous apprendre; c'est la loi de 1855 qui seule doit nous éclairer, qui seule régit la situation, et qui seule, par conséquent, doit être appliquée.

Mais il en serait autrement si le mari, parfaitement solvable, avait à payer les créances de sa femme aux cessionnaires de celle-ci, en dehors de toute question d'ordre et de rang hypothécaire à revendiquer. Dans ce cas, les principes concernant la cession des créances reprendraient toute leur force et devraient recevoir leur entière application.

171. Les auteurs qui n'admettent point les théories que nous venons de formuler ont eu le tort de faire abstraction de la loi de 1855, et de ne considérer la cession des créances qu'au point de vue du Code civil. C'est ainsi, par exemple, que M. Bénech[1] déclare que, l'obligation personnelle qui empêchait la femme de concourir avec son cessionnaire ne passant pas aux cessionnaires ultérieurs, divers cessionnaires d'une même créance devront être colloqués, dans l'ordre, au marc le franc entre eux, sans qu'on doive tenir compte de la publicité. M. Larombière[2] fait très bien observer qu'ils doivent tous être soumis aux effets de la loi de 1855, et que la préférence entre eux doit dépendre non de la volonté de la femme, mais du degré de leur diligence. Le cessionnaire premier saisi n'est pas celui avec lequel la femme a traité en premier lieu, mais celui qui le premier a donné à sa cession la publicité de l'article 9.

1. Bénech, *Nantissement*, p. 103 et suiv.
2. Larombière, *Obligations*, III, p. 255.

En résumé, chaque fois qu'il s'agira de la cession de la créance de la femme, abstraction faite de l'hypothèque légale, il faudra appliquer uniquement les règles du Code civil. Met-elle, au contraire, en mouvement cette hypothèque, la cession équivaut, en ce cas, à une subrogation, et en produit les effets dans la mesure que nous avons indiquée; elle doit alors être, en outre, conforme aux prescriptions de l'article 9 de la loi de 1855.

172. Le cessionnaire qui n'aura pas rempli la formalité de la publicité aura sur le subrogé, créancier du mari, se trouvant dans la même situation, un avantage considérable résultant de ce qu'il pourra exercer, en vertu de l'article 1166 du Code civil, les droits et actions de la cédante, relativement à la créance cédée. Il aura donc la faculté, si l'hypothèque légale a été inscrite, de se porter opposant avant la clôture de l'ordre, et, par la voie du sous-ordre, de prendre sa part sur la collocation qui pourra intervenir au profit de la femme, conformément aux dispositions de l'article 775 (Pr. civ.)[1].

Ainsi, lorsque tous les subrogés ou autres ayants droit légalement saisis de l'hypothèque légale auront été colloqués au rang de la femme, sans avoir épuisé ses droits, la collocation attribuée ensuite à cette dernière sera distribuée, au marc le franc, entre ses divers créanciers prenant part au sous-ordre. Aucune différence n'existera entre eux, car ceux qui auront requis inscription pour elle auront agi au nom et pour le compte de la masse.

Toutefois le cessionnaire aura droit, sur la colloca-

---

1. Il faut faire ici, au point de vue pratique, la même observation que nous avons déjà présentée en cas de subrogation. (Voir n° 7.)

tion obtenue, à une fraction égale à celle pour laquelle la créance qui lui a été cédée sera entrée dans la composition des reprises en vertu desquelles la femme aura été colloquée. Ainsi supposons que les reprises de celle-ci s'élèvent à 20,000 francs, que la créance cédée y figure pour 5,000, et que la collocation se porte à 4,000; le cessionnaire prendra 1,000 francs représentant le quart de cette collocation, puisque sa créance représente le quart des sommes qui lui ont servi de base. Cette solution nous paraît aussi juste que juridique. En effet, le cessionnaire agit non comme créancier, mais comme propriétaire d'une fraction des reprises de la femme; il doit donc prélever, en cette qualité, la part de la collocation qui correspond à son droit de propriété; d'où il suit qu'il aurait droit à l'entière somme allouée, si toutes les reprises lui avaient été cédées.

173. A côté de la cession de créance, se place un autre fait juridique qui, sous un nom différent, constitue, en réalité et au fond des choses, une véritable cession; nous voulons parler de la subrogation conventionnelle prévue par l'article 1250 du Code civil. Cette subrogation se produit, aux termes du premier alinéa de cet article, lorsque la femme, recevant paiement de sa créance contre son mari de la part d'une tierce personne, subroge cette dernière dans tous ses droits, actions, privilèges et hypothèques. Elle peut encore intervenir, aux termes du second alinéa du même article, si le mari débiteur emprunte une somme à l'effet de payer une créance de sa femme, et subroge le prêteur dans les droits de cette dernière.

Dans les deux cas, le tiers, dont les deniers ont servi à payer la créance de la femme, devient cessionnaire de la créance payée ainsi que de l'hypothèque qui la garantit. Nous croyons, en effet, que cette créance ne se trouve nullement éteinte et remplacée par une autre, mais qu'elle survit sur la tête du nouveau créancier. S'il en était autrement, certains avantages appartenant exclusivement à la créance payée, tels que l'exécution par voie parée (et le droit à la contrainte par corps avant la loi du 22 juillet 1867), ne pourraient passer à la créance nouvelle, malgré la généralité des termes de l'article 1250 précité. L'article 1236 (C. civ.) ne déclare, d'ailleurs, l'obligation *acquittée*, c'est-à-dire éteinte par le paiement émané d'un tiers, que lorsque ce dernier n'est point subrogé aux droits du créancier ; ce qui indique bien que le paiement fait avec subrogation n'est pas extinctif [1].

174. Si la cession est parfaite par l'accomplissement des formalités de l'article 1690, sous l'empire du Code civil, la subrogation conventionnelle l'est également, au regard du même Code, lorsque les conditions prévues par l'article 1250 ont été remplies. Mais, comme le cessionnaire proprement dit, le cessionnaire par voie de subrogation doit en outre se soumettre à la règle de l'article 9, pour pouvoir, depuis la loi de 1855, utiliser, vis-à-vis des tiers, l'hypothèque légale qui lui a été transmise [2]. Ses droits seront alors ceux d'un véritable cessionnaire ; nous renvoyons donc, à cet égard, à ce que nous avons déjà dit concernant ce dernier.

175. Nous devons cependant signaler une différence

---

1. Voir sur cette question, dont la discussion étendue excéderait les bornes de notre sujet : Marcadé, sur l'art. 1236. — Aubry et Rau, t. IV, p. 168 et 169. — Demolombe, *Contrats*, IV, p. 257 et suiv. — Larombière, *Oblig.*, sur l'art. 1252.

2. *Contra :* Larombière, *Obligations*, III, p. 254.

importante qui existe entre la cession de la créance et le paiement par subrogation. En effet, la femme qui cède une partie de sa créance est primée par le cessionnaire pour la partie cédée, ainsi que nous l'avons établi; tandis que celle qui est payée par un tiers, à concurrence d'une fraction, prime celui-ci pour la fraction non payée, en vertu de l'article 1252 (C. civ.), qui déclare que la subrogation ne peut nuire au créancier lorsqu'il n'a été payé qu'en partie. Dès lors, dans ce dernier cas, la femme devra obtenir dans l'ordre, pour la partie non payée, collocation avant le tiers dont les deniers ont servi à payer l'autre partie, pourvu évidemment qu'elle puisse exercer encore son droit de préférence.

Si, par une cession ou un nouveau paiement avec subrogation, elle reçoit d'un tiers la partie non payée, celui-ci mis à son lieu et place devra bénéficier, comme elle, des avantages de l'article précité et primer le premier bailleur de fonds. Mais, entre eux, la priorité d'inscription ou de mention demeurera sans effet, puisque ce premier bailleur de fonds, né avant le second, pourrait toujours remplir avant celui-ci la formalité de la publicité, et le priver ainsi du bénéfice que la loi lui concède. Ce dernier aura, nous semble-t-il, le droit de procéder à cette formalité tant que la femme pourra s'inscrire elle-même; mais il sera tenu de l'effectuer dans cette période, pour être saisi, au regard du premier bailleur de fonds, du bénéfice dont nous parlons aussi bien que de l'hypothèque légale qui lui sert de base.

Celui qui a payé la première fraction de la créance sera néanmoins préféré à celui qui effectue plus tard le paiement de la seconde, si, avec la subrogation conventionnelle, il a stipulé, en outre, une véritable subrogation à l'hypothèque légale. Dans ce cas, cette subrogation produira un résultat identique à celui que nous avons déjà signalé plus haut à propos de la cession.

176. Enfin, la subrogation, sans être stipulée, se produit, de plein droit et par la seule volonté de la loi, en faveur de celui qui paye une créance de la femme, dans les diverses hypothèses prévues par l'article 1251 (C. civ.). Le bénéficiaire de la subrogation légale devra, pour pouvoir exercer dans un ordre les droits hypothécaires de la femme, se conformer, comme au cas de subrogation conventionnelle, aux formalités prescrites par l'article 9 de la loi de 1855 [1].

177. Il nous reste à étudier, pour compléter notre programme, un contrat peu usité en pratique eu égard aux créances de la femme, mais qui peut cependant se réaliser et sur lequel il importe dès lors d'avoir une donnée précise.

Au lieu de céder son hypothèque soit directement soit indirectement, ou accessoirement par voie de cession de créance, la femme peut concéder un nantissement à son propre créancier ou à un créancier de son mari (2077 C. civ.). Le nantissement, qui prend le nom de gage quand il porte sur une chose mobilière (2072 C. civ.), constitue une garantie accessoire affectée à l'acquittement d'une obligation principale ; par suite, il n'emporte cession ni de la créance ni de l'hypothèque dont la femme conserve la propriété (2079 C. civ.).

Le gage confère seulement au créancier un privilège, en vertu duquel celui-ci peut se faire attribuer le mon-

---

1. *Contra :* Larombière, *loc. cit.*

tant de la collocation procurée par la créance engagée, jusqu'à concurrence de la somme qui lui est due. Ce privilège n'existe qu'aux conditions suivantes : le créancier est tenu de l'établir par un acte public ou sous seing privé enregistré et signifié au mari débiteur ; et la femme doit remettre aux mains du gagiste ou d'un tiers convenu entre les parties les titres des créances données en gage (art. 2075 et 2076 C. civ.). Il suit de là que le contrat ne peut porter que sur des créances déjà nées et déterminées.

Nous avons suffisamment indiqué ailleurs comment, à raison même des formalités que nécessite le gage, il est impossible d'attribuer le caractère de ce contrat à la subrogation à l'hypothèque légale (n° 11). Nous allons donc nous borner ici à déterminer quel effet il peut produire, le cas échéant, sur cette hypothèque, et à quelles conditions le créancier gagiste sera *saisi* des droits hypothécaires de la femme.

Il faut nécessairement supposer que le créancier n'étant pas désintéressé veut obtenir paiement au moyen du gage qui lui a été donné. Dans ce cas, il aura le droit de faire colloquer, au rang que lui assure l'hypothèque légale, la créance qui lui a été livrée en gage, afin d'exercer son privilège sur la collocation à concurrence du montant de sa propre créance. Mais ce droit ne lui sera concédé que si le contrat de gage a été consenti en la forme authentique et s'il a réalisé la publicité prescrite par l'article 9 [1]. Nous ferons ici la même observation que pour la cession de créance ; le nantissement est régulier au point de vue du Code civil, quand

----

1. En ce sens, Larombière, *loc. cit.*, p. 253 *in fine*.

les formalités prévues par les articles 2075 et 2076 ont été observées ; mais le créancier ne peut faire valoir, à l'égard des tiers, l'hypothèque légale qui garantit la créance donnée en gage, que lorsqu'il s'est soumis aux conditions imposées par la loi nouvelle.

Pour l'exercice du droit conféré par cette hypothèque, le créancier gagiste qui a rempli les formalités de l'article 9 doit être assimilé au cessionnaire. Nous renvoyons donc à l'application des principes que nous avons développés en traitant de la cession de la créance.

178. Que la créance garantie par l'hypothèque légale soit cédée ou livrée en gage, l'exercice de cette hypothèque par le bénéficiaire du contrat produit, à l'égard de la femme, les effets que nous avons constatés au cas de subrogation. Il ne faut pas oublier que ces effets varient, d'une façon absolue, suivant que la femme a contracté dans l'intérêt exclusif de son mari, ou dans son propre intérêt. (Voir Ire partie, chapitre ive, section IIe.)

CONCLUSION

Les difficultés pratiques qui naissent du conflit des intérêts privés sont innombrables, et il est impossible, en étudiant une institution juridique, d'aborder toutes les questions de détail qu'elle soulève. L'on doit, dès lors, se borner à mettre en lumière les règles constitu- tives de la matière et les véritables principes, grâce auxquels seront ensuite facilitées les solutions des litiges soumis chaque jour à la décision des magistrats. Les travaux remarquables déjà publiés sur la subrogation ont beaucoup contribué à faciliter notre tâche; mais c'est surtout sur la jurisprudence que nous avons cru devoir nous appuyer, dans un sujet qui appelle si souvent son intervention par son caractère éminemment pratique. Si ses décisions sont toujours importantes et complètent la théorie qu'elles éclairent, il doit en être surtout ainsi dans une matière créée par les praticiens, et pour laquelle semble si bien fait cet aphorisme de Théophraste : *les affaires ne se font pas en vue des lois, mais les lois se font en vue des affaires.*

Maintenant une dernière question se pose, dont la

solution sera, comme nous le disions dans notre introduction, la conclusion naturelle de notre œuvre. Une loi
nouvelle est-elle nécessaire pour organiser l'institution
que nous venons d'étudier ? Cette loi était déjà demandée,
en 1843, par quelques cours et tribunaux, lors de l'en-
quête législative faite à cette époque, et de bons esprits
la réclament encore de nos jours.

On peut envisager la nécessité de cette loi à un double point de vue, suivant que l'on croira seulement utile
de trancher certaines questions de détail par des réformes ou des additions apportées au texte de l'article 9,
ou bien qu'on jugera, au contraire, indispensable de demander au législateur soit une transformation, soit une
organisation complète de la subrogation à l'hypothèque
légale de la femme. Quel que soit le point de vue que
l'on adopte, nous croyons que l'on doit tenir compte, de
la façon la plus absolue, des deux principes suivants, qui
sont la base nécessaire de toute codification utile. La loi
doit poser des principes et laisser la solution des difficultés d'application aux jurisconsultes et à la jurisprudence. Elle doit, en outre, donner, autant que possible,
une latitude absolue aux conventions des parties, afin de
ne pas renfermer dans un cadre trop étroit les manifes-
tations diverses et variées par lesquelles toute convention est susceptible de se produire.

Examinons successivement, en tenant compte du
double principe que nous venons de poser, les deux
côtés par lesquels l'utilité d'une loi nouvelle peut être
envisagée.

Parmi les réformes de détail nous mettrons, tout d'a-
bord, à l'écart celles qui ont pour but soit de faire produire aux diverses stipulations relatives à l'hypothèque

légale un effet toujours uniforme, quelle qu'ait été la forme employée, soit d'exiger pour leur perfection des garanties autres que l'autorisation maritale, en les soumettant, par exemple, aux formalités de la restreinte ou à la nécessité de l'intervention de la justice. Nous avons, en effet, déjà suffisamment insisté ailleurs sur ces deux points et démontré leur côté défectueux. Mais nous devons examiner avec soin, comme constituant la réforme partielle la plus importante, le projet qui a pour but de faire dispenser de la nécessité de l'inscription, par une disposition législative, les renonciations purement extinctives consenties par la femme au profit des tiers acquéreurs d'immeubles propres du mari, ou dépendant de la communauté.

En 1862, une première pétition fut adressée dans ce sens au Sénat. Dans un rapport du 2 juin de la même année, M. de Casabianca fut d'avis que la saine interprétation de l'article 9 de la loi de 1855 conduisait à la solution demandée par le pétitionnaire, et le Sénat adopta ces conclusions.

En 1865, une pétition nouvelle lui fut présentée dans le même sens. Le rapporteur M. Bonjean ne répondit pas à la demande d'une façon directe ; il se borna à faire remarquer, dans la séance du 1er mai 1865, qu'en fait les tiers acquéreurs sont à l'abri de toute inquiétude. Si l'acquisition est d'une importance considérable, ils se libèrent après avoir fait procéder à la purge, dont les frais sont, en ce cas, relativement peu élevés. Dans les ventes minimes, au contraire, qui ont lieu presque toujours entre voisins se connaissant respectivement, ils regardent, en général, comme inutile de remplir non seulement cette formalité, mais même celle de la transcription. Le Sénat, partageant la manière de voir du rapporteur, passa à l'ordre du jour.

A la suite d'un arrêt de la Cour suprême, dont la fausse interprétation (voir n° 160) causa dans le monde des affaires des appréhensions sérieuses, une troisième pétition fut adressée au pouvoir législatif, toujours dans le même sens. Le rapporteur M. Lacaze, méconnaissant toute distinction entre la renonciation *in favorem* et la renonciation extinctive, fut d'avis que toutes deux sont soumises à la publicité.

Enfin la Chambre a été saisie récemment d'une dernière pétition proposant l'addition suivante à l'article 9 : « *le concours de la femme à l'aliénation consentie par le mari d'un immeuble propre ou conquêt de leur communauté emporte extinction de l'hypothèque légale de la femme sur l'immeuble aliéné*, erga omnes, *à partir du jour de la transcription de l'aliénation. La renonciation par la femme à son hypothèque légale en faveur du nouveau propriétaire, si elle a lieu par acte séparé, n'est opposable aux tiers qu'à partir du jour où la mention de cette renonciation a été opérée au bureau des hypothèques, en marge de la transcription qui constate l'aliénation.* » Cette pétition a pour but, comme les précédentes, de dispenser le tiers acquéreur d'inscrire la renonciation qui lui a été consentie par la femme, la transcription de son titre où elle se trouve relatée devant être suffisante pour avertir les tiers. Dans le cas où cette renonciation sera postérieure à l'acte de vente, les pétitionnaires estiment qu'il faut une publicité spéciale, résultant non de la transcription de la renonciation ellemême, car on ne transcrit point un désistement d'hypothèque, mais de sa mention en marge du contrat auquel elle se réfère ; cette disposition constitue une innovation sur les pétitions précédentes.

Le rapport sur cette dernière pétition, présenté au nom de la vingt-sixième commission parlementaire par M. le député Plessier, expose que la loi de 1855 soumet *indubitablement* à la publicité de l'art. 9 tant les tiers acquéreurs que les créanciers subrogés. C'est là, comme on l'a fait judicieusement observer [1], une affirmation bien absolue, quand la doctrine et la jurisprudence discutent depuis si longtemps sur la question sans avoir encore pu se mettre d'accord. Après cette déclaration, le rapport conclut que, par la nature même des choses, la renonciation stipulée par le tiers acquéreur doit être considérée comme *absolument extinctive,* et il admet la première partie de la rédaction proposée par les pétitionnaires qui consacre cette extinction complète. Mais il condamne la seconde comme étant en opposition avec la première, en ce sens que la renonciation y serait considérée comme translative à raison des mots : *en faveur du nouveau propriétaire.* Ce reproche n'est pas fondé, car toute renonciation à l'hypothèque légale, bien qu'abdicative de sa nature, est nécessairement faite en faveur d'un tiers acquéreur ; on sait, en effet, qu'elle devrait être conforme aux règles de la restreinte, si elle intervenait au profit du mari seul. En résumé, la rédaction que le rapport substitue à celle de la pétition porte que le concours de la femme à l'acte d'aliénation d'un immeuble propre au mari ou conquêt de la communauté

---

1. Voir, en ce sens, les observations de M. Amiaud, auteur de la pétition au sujet de laquelle est intervenu le rapport de M. Plessier : *Journal des notaires et des avocats;* année 1881, 5e cahier, t. CXXII, article 22489.

emporte *désistement et extinction* de l'hypothèque légale sur l'immeuble aliéné, et que la transcription de l'acte de vente contenant cette renonciation est nécessaire pour arrêter le cours des inscriptions et mentions de subrogation.

Nous croyons qu'il est impossible d'admettre que la renonciation stipulée par le tiers acquéreur emporte extinction *absolue* de l'hypothèque, puisque nous avons vu que la femme, en l'effectuant, ne renonce pas à son droit de préférence vis-à-vis des créanciers. Il faudrait, tout au moins, déclarer que l'extinction doit seulement se produire lorsque l'intérêt de l'acquéreur l'exige, car la renonciation stipulée par lui seul ne peut tourner au profit des créanciers, tiers au contrat et auxquels, dès lors, ce contrat ne peut ni profiter ni porter préjudice. Toutefois, même avec cette restriction, la disposition proposée aurait le défaut grave de ramener à un effet unique des stipulations qui peuvent, en pratique, avoir été effectuées avec des intentions différentes. Mais nous n'insistons pas davantage sur ce point, car nous nous réservons, en étudiant ci-après un projet de loi qui porte une disposition en vertu de laquelle la renonciation à l'hypothèque légale vaut *seulement purge* au profit du tiers acquéreur, d'exposer, d'une façon complète, pourquoi nous croyons devoir bannir toute formule législative attribuant à la renonciation consentie par la femme un effet uniforme et absolu. Nous faisons, pour le même motif, la même réserve en ce qui concerne la nécessité de la transcription imposée pour arrêter le cours des inscriptions ou mentions de subrogation, qui figure dans le projet des pétitionnaires et dans celui de la commission.

L'innovation que contient, sur les pétitions précédentes, la pétition dont nous nous occupons, et aux
termes de laquelle : « la renonciation en faveur du
nouveau propriétaire, si elle a lieu par acte séparé, n'est
opposable aux tiers qu'à partir du jour où la mention
de cette renonciation a été opérée en marge de la transcription qui constate l'aliénation, » a été repoussée par
la commission. Selon le rapport, elle complique inutilement la question, car, « lorsque l'acquéreur n'a pas,
dès le principe, exigé le concours de la femme, il ne
peut se plaindre d'en supporter les conséquences en se
résignant à la purge légale, telle qu'elle est prescrite
par l'art. 2194 du Code civil. »

Si l'acquéreur stipulant une renonciation postérieure
à la vente devait procéder, en outre, à la purge des
hypothèques légales, on pourrait se demander avec
raison pour quel motif il ferait consentir cette renonciation par la femme et quelle en serait l'utilité. En la
stipulant, il a eu précisément pour but de se soustraire
à l'obligation de purger ; or, l'art. 2180 (C. civ.) permettant de l'obtenir sans se préoccuper du moment où
elle intervient, elle doit toujours suppléer la purge
pour produire l'effet que toutes parties ont entendu lui
assigner.

Ainsi, la fin de non-recevoir opposée par la commission ne saurait être acceptée ; mais, à notre avis, il
faut repousser l'obligation de mentionner en marge la
renonciation concédée postérieurement à l'acte de
vente, comme procédant d'une fausse interprétation du
rôle que doit jouer la transcription. Ici encore nous
renvoyons à l'étude du projet de loi qui oblige aussi

l'acquéreur à faire mention de la renonciation postérieure au contrat d'aliénation [1].

La pétition à la suite de laquelle est intervenu le rapport de M. Plessier a été renvoyée à l'examen du garde
des sceaux, qui a été invité à présenter un projet de loi
sur la matière. A raison de ce renvoi, M. Cazot, alors
ministre de la justice, a déposé récemment, sur le bureau de la Chambre, un projet de loi ayant pour but, dit
l'exposé des motifs, de : « fixer définitivement la situation des acquéreurs auxquels sont consenties des
renonciations d'hypothèque légale, et de leur éviter
les procédures coûteuses que la prudence leur impose
actuellement, à raison même des controverses soulevées [2]. »

Ce document, auquel nous avons fait allusion dans
les développements qui précèdent, est le plus important
de tous ceux qui ont jusqu'ici fixé notre attention, car il
est le résumé des recherches et des travaux considérables dont les pétitions que nous venons de passer en
revue étaient l'expression ; il importe donc de l'examiner avec soin. L'exposé des motifs qui le précède
constate d'abord que l'art. 9 de la loi de 1855, si on
analyse avec soin les termes dont le législateur s'est
servi, ne doit réellement s'appliquer, comme nous l'a-
vons déclaré, qu'aux cessions et renonciations translatives ; que cependant des jurisconsultes autorisés soutiennent que, ces termes étant généraux et absolus, tout

---

1. Voir, relativement aux pétitions que nous avons examinées au
texte, le *Journal des notaires et des avocats*, à l'article cité à la note
de la page 291.

2. Voir : *Officiel* 1881, *Documents parlementaires*, Chambre, page 1837.
Voir également: *Gazette des Tribunaux*, du 8 décembre 1881. — *Gazette
de l'enregistrement et des domaines*, article 21754.

acquéreur doit non seulement faire transcrire son titre, mais encore faire inscrire l'hypothèque légale à laquelle la femme du vendeur a renoncé à son profit, s'il veut opposer la renonciation aux tiers qui prétendront droit sur l'immeuble vendu ; et que cette manière de voir a été consacrée par deux arrêts, l'un de la cour de Lyon du 22 décembre 1863, l'autre de la Cour de cassation du 29 août 1866, dont le dernier a servi de base : « à une doctrine d'après laquelle, postérieurement à la transcription du contrat de vente, la femme peut, au mépris de sa renonciation, consentir sur les biens aliénés une ou plusieurs subrogations à son hypothèque légale que les subrogés peuvent faire inscrire utilement sur ces mêmes biens. » Il ajoute que cette doctrine méconnaît le principe même de la loi de 1855, en décidant que la transcription ne rend pas inefficaces les inscriptions ultérieures des subrogations ; qu'en effet, l'article 6 de cette loi, bien qu'il ne les vise pas spécialement, s'applique cependant aux hypothèques légales dès qu'elles sont transmises aux mains d'un tiers, puisque, soumises à dater de ce jour à la nécessité de l'inscription, elles doivent, dès lors, quant aux modes de conservation, être assimilées aux hypothèques conventionnelles et judiciaires ; que cette même doctrine amène à conclure que l'acquéreur, pour se prémunir contre les inscriptions ultérieures des subrogés, sera toujours obligé ou de purger ou d'inscrire sa renonciation ; mais que la purge, à raison des frais qu'elle nécessite, est inapplicable dans les cas où il s'agit d'aliénations de peu d'importance, et que l'inscription de la renonciation est impuissante à protéger l'acquéreur contre le droit de suite que confère la subrogation, car « il n'est pas douteux que

la femme, d'après l'interprétation adoptée de la loi de
1855, ne puisse, malgré sa renonciation, céder le droit
de suite en même temps que le droit de préférence...... »
« Il est facile de comprendre, continue l'exposé, quel em-
barras une pareille doctrine apporte dans la pratique ;
elle décrète, en quelque sorte, l'hypothèque générale et
indéfinie de toute la petite propriété. C'est le trouble jeté
dans les mutations immobilières, c'est l'exploitation de
l'acquéreur par les vendeurs de mauvaise foi, c'est la
purge légale rendue inévitable, même pour les ventes
les plus minimes, l'ordre et la consignation en perma-
nence ; l'acquéreur ne peut payer à l'amiable un vendeur qui ne peut dégrever l'immeuble. — Il suffit de
signaler ces résultats pour montrer que le principe
même de la loi de 1855, d'après lequel la transcription
arrête le cours des inscriptions, est méconnu......... »
L'exposé conclut, enfin, que la proposition de loi, maintenant l'authenticité pour toutes les renonciations de la
femme à son hypothèque légale et consacrant pour
toutes la publicité qui résulte de la transcription, met la
loi de 1855 plus en harmonie avec les dispositions an-
térieures de notre législation civile, avec les principes
que le législateur de 1855 lui-même avait consacrés, et
concilie l'intérêt de l'acquéreur et de la femme avec
celui des tiers.

Le projet de loi est ainsi conçu :

ARTICLE UNIQUE.

Il sera ajouté à l'article 9 de la loi du 23 mars 1855
une disposition ainsi conçue :

« La renonciation à son hypothèque légale consentie

par la femme au profit de l'acquéreur d'un immeuble propre à son mari ou dépendant de la communauté, emporte extinction de cette hypothèque légale. — « Elle vaut purge pour l'acquéreur et est opposable aux créanciers subrogés par la femme dans ses droits hypothécaires, lorsqu'ils n'ont pas fait inscrire la subrogation antérieurement à la transcription du contrat de vente, si la renonciation a été consentie dans ce contrat, ou à la mention de la renonciation en marge du contrat de vente transcrit, si cette renonciation a été consentie par acte authentique distinct. »

Avant de passer à l'examen détaillé de la proposition de loi, nous croyons devoir faire quelques réserves sur l'exposé des motifs qui la précède.

Tout d'abord, nous devons rappeler que les arrêts, relevés à l'appui du système qui exige de l'acquéreur bénéficiaire d'une renonciation purement extinctive la publicité de l'article 9, ne sauraient être invoqués comme l'ayant consacré. Nous avons vu, en effet, qu'ils s'appliquent à une hypothèse de renonciation translative: (Voir n° 160.) D'un autre côté, si l'on admet, avec l'exposé des motifs, que la transcription doit, produisant son effet ordinaire, arrêter, par elle seule, le cours des inscriptions de subrogation, de même qu'elle arrête celui des inscriptions des hypothèques conventionnelles et judiciaires, pourquoi faire une loi qui exige que cette transcription se corrobore d'une renonciation? Enfin, si l'on est d'accord avec l'exposé que l'inscription imposée au tiers acquéreur ne le met pas à l'abri du droit de suite résultant de subrogations inscrites ultérieurement, on dénie, par là même, toute utilité à cette inscription, surtout dans le système de ceux qui estiment

que la renonciation ne porte jamais que sur le droit de
suite, puisque, nonobstant cette renonciation, l'acquéreur serait toujours obligé de purger ce droit [1]. Il nous
paraît donc que l'opinion des auteurs qui exigent l'inscription ne doit point être poussée jusqu'à cette conséquence extrême qui enlèverait toute raison d'être à la
formalité requise, et qu'on doit reconnaître que cette
formalité a pour effet, suivant eux, de libérer l'acquéreur
du droit de suite, lorsqu'aucune inscription de subrogation n'a été préalablement effectuée.

Sous le bénéfice de ces observations, examinons, en
lui-même, le texte de loi que l'on propose d'ajouter à
l'article 9.

Il peut se décomposer en deux parties. La première,
qui est la partie théorique, analyse la portée de la renonciation en une extinction de l'hypothèque légale
limitée à l'intérêt du seul acquéreur. A la différence de
la pétition précédente, qui attribuait à cette renonciation un effet absolu évidemment inadmissible, le projet
dit *qu'elle vaut seulement purge*. La seconde partie a
une portée pratique. Elle prescrit, pour toute renonciation extinctive, la condition d'authenticité et lui impose, en toute hypothèse aussi, la publicité qui résulte
de la transcription.

Il nous semble que la première partie devrait disparaître, comme ne contenant qu'une pure déclaration de
principes inutile en présence de la décision renfermée
dans la seconde, et que celle-ci toute seule serait suffisante.

---

1. Cette conséquence se trouve également indiquée dans un arrêt de
Dijon du 4 août 1880, qui se prononce, ainsi qu'on l'a vu au n° 160,
contre le système de l'inscription.

Mais, d'un autre côté, nous reprochons à cette première partie de gêner la liberté des conventions, en imposant aux renonciations une portée unique, en leur attribuant un résultat toujours uniforme, alors qu'elles peuvent avoir été effectuées avec des intentions diverses ; déclarer qu'elles vaudront purge, c'est leur assigner toujours un effet nécessairement extinctif vis-à-vis des acquéreurs. Or ceux-ci peuvent vouloir leur attribuer une portée translative, bien qu'aucune mention ne figure à cet égard dans l'acte, et les juges du fait doivent toujours être maîtres de rechercher si, sous l'apparence des mots, ne se cache point une intention qu'ils semblent d'abord exclure. Nous trouvons une preuve convaincante de ce que nous avançons, dans la décision rendue en 1866 par la Cour suprême, qui, après avoir reconnu que l'acquéreur dont il était question avait eu le droit d'agir comme subrogé, quoique ne pouvant invoquer qu'une *renonciation* consentie par la femme dans son contrat d'acquisition, dut l'écarter parce qu'il n'avait point rempli la formalité de la publicité nécessaire pour vivifier la subrogation. (Voir l'analyse de cet arrêt au n° 160.) D'autre part, le deuxième paragraphe de l'article 2180 (C. civ.) suffit pour assurer à la renonciation, lorsqu'il est bien certain qu'elle est extinctive, la portée que lui assigne la première partie du projet, qui est ainsi suppléé par le droit commun.

La seconde partie soumet à la formalité de l'authenticité la renonciation consentie au tiers acquéreur ; or cette formalité nous paraît, en tout cas, inutile. Nous avons établi, les travaux préparatoires de la loi de 1855 en main, qu'elle n'est requise que comme base de la publicité résultant de l'inscription, et qu'elle n'a sa raison d'être que lorsque l'inscription elle-même est exigée. Cette argumentation garde toute son autorité, en présence du projet de loi qui conserve l'article 9 tout entier, et qui le conserve, par suite, avec sa manière d'être, son esprit et son interprétation la plus autorisée puisqu'elle émane du législateur lui-même. Ainsi, le projet n'est pas d'accord avec l'article qu'il doit compléter, la partie additionnelle heurte le sens du texte auquel on l'impose, sans légitimer elle-même la condition qu'elle prescrit. La disposition qui impose l'authenticité est, d'autre part, en opposition avec le Code civil lui-même, ainsi que nous l'avons établi ailleurs en comparant l'un à l'autre ses articles 2152 et 2180, (Voir n° 150, *in fine*.) Elle est enfin incompatible avec la déclaration du projet assimilant la renonciation à la purge, puisqu'il n'a jamais été question d'exiger l'authenticité de la part d'un acquéreur qui veut purger.

Au point de vue économique, la condition d'authenticité est funeste à la petite propriété, en empêchant les renonciations de se produire dans les ventes sous seing privé qu'autorise l'article 1582 (C. civ.). Si l'on trouve, avec raison, les frais de purge trop élevés pour les aliénations de peu d'importance, pourquoi, d'autre part, grever ces aliénations de ceux de l'acte authentique? Pourquoi les en grever surtout sans nécessité, puisqu'on ne saurait prendre au sérieux le seul motif que l'on invoque pour prescrire l'authenticité : la prétendue protection qui en résulte pour la femme?

Le projet impose, en outre, à la renonciation une publicité résultant soit de la transcription de l'acte de vente qui la contient, soit de la mention qui en est faite

en marge de cette transcription, si la femme renonce
par acte séparé. Ainsi, en tout cas, l'acquéreur devrait
faire figurer la renonciation sur le registre des transcriptions pour que le cours des inscriptions de subrogation
fût par elle arrêté.

Nous avons démontré que la renonciation extinctive
ne saurait être soumise à une publicité quelconque, pas
plus à celle provenant de l'inscription qu'à celle qui
résulte de la transcription. Nous avons en effet établi
qu'équivalant à la purge, elle ne doit pas subir une formalité dont cette procédure se trouve dispensée. (Voir
n°s 155 et suiv. et 163.) Dès lors on relève une contradiction évidente dans le projet, qui, assimilant lui-même
la renonciation à la purge, exige, pour la première, la
transcription à laquelle la seconde demeure complètement
étrangère. Ainsi on ne peut législativement établir que la
transcription du contrat est nécessaire pour la validité
de la renonciation qu'il contient. Sans doute, en fait,
cette transcription sera presque toujours effectuée, parce
que l'acquéreur aura intérêt à agir ainsi ; mais, concernant uniquement la mutation de propriété, elle sera
indifférente pour la renonciation rendue publique seulement à raison de ce fait accidentel qu'elle sera contenue dans un acte destiné à être transcrit en entier.
D'autre part, puisque la transcription est inutile en ce
qui concerne la renonciation, on ne saurait imposer la
mention de celle-ci, consentie par acte séparé, en marge
de la transcription de l'acte de vente, car cette mention
constituerait pour elle une publicité principale et directe
qui n'aurait aucune raison d'être. Du reste, quand un
acquéreur stipule une renonciation à une hypothèque
ordinaire, aucune trace de cette renonciation ne figure

sur les registres publics ; pourquoi en serait-il autrement lorsqu'il s'agit d'une renonciation à une hypothèque légale? Il faut donc rejeter la seconde partie du projet comme la première, puisque la raison d'être et le but de la renonciation extinctive résistent à toute idée de publicité.

Au surplus, nous croyons qu'une réforme législative concernant la renonciation extinctive doit, pour être utile, établir non que cette renonciation revêt tel ou tel caractère ou demeure soumise à telle ou telle forme, mais plutôt qu'elle ne tombe pas sous l'application de l'article 9 de la loi de 1855. En effet, ce point élucidé, les principes généraux suffisent pour déterminer les conditions exigées pour sa validité.

Ainsi ramenée sur son terrain véritable, la nécessité de la réforme législative sera jugée inutile par tous ceux qui estiment avec nous que l'article précité, sainement interprété, ne s'applique pas aux renonciations extinctives. Cependant, pour si évidente que nous paraisse la doctrine que nous avons émise à cet égard, il nous semble que les préoccupations des hommes d'affaires, en présence de la persistance de l'opinion qui impose à tout acquéreur la formalité de la publicité, sont assez graves pour qu'on essaye de leur donner satisfaction, alors surtout qu'il serait facile d'arriver à ce résultat, sans détruire en rien l'harmonie des principes qui régissent l'article 9, et sans ajouter une disposition nouvelle à son texte.

Les formules législatives les plus simples sont toujours les meilleures, et c'est une bonne fortune pour le législateur que de rencontrer, dans 'a langue juridique, des mots dont le sens parfaitement reçu et défini lui épargne des périphrases, des redites et des longueurs. Ici, spécialement, on est d'accord pour admettre que, si l'on peut trouver un terme indiquant d'une façon certaine que l'article 9 n'exige les formalités qu'il prescrit que pour les renonciations translatives, il ne sera plus nécessaire de s'occuper de celles qui ont un caractère extinctif. Or ce terme est tout trouvé ; depuis longtemps, en effet, la pratique, la doctrine et la jurisprudence ont défini le mot *subrogation*, et établi qu'il ne comprend que les cessions et renonciations *in favorem* à l'hypothèque légale. Il suffirait donc de remplacer les mots *céder* ou *renoncer*, dont se sert l'article 9, par le mot générique *subroger*, et de commencer l'article ainsi : « *dans le cas où les femmes peuvent subroger à leur hypothèque légale.....* »

Il ne pourrait plus, dès lors, être question d'appliquer à la renonciation extinctive, équivalant à la purge, des formalités prescrites par un texte de loi relatif seulement à la cession ou à la renonciation translative. Le léger changement que nous proposons d'apporter à l'article 9 rendrait donc inutile tout remaniement législatif, eu égard au moins aux renonciations extinctives.

Après avoir examiné les réformes partielles qui ont été successivement proposées, voyons maintenant s'il faut demander au législateur soit la transformation, soit une organisation générale de la subrogation à l'hypothèque légale.

C'est dans le premier sens que s'est prononcé l'un de nos plus savants jurisconsultes, M. Beudant. Après avoir étudié le sous-ordre hypothécaire et l'avoir comparé à la subrogation, il arrive à cette conclusion : que la pratique des affaires, en organisant cette dernière institution, a, en réalité, rétabli le sous-ordre prohibé, et que, « pareille à certain notaire du théâtre contemporain, elle a respecté la loi en la tournant. » Il ajoute « qu'une tendance si tenace, qui trouve en dépit de tous, même de la loi, le moyen de se satisfaire, mérite qu'on compte avec elle et répond évidemment à quelque besoin réel et sérieux. » Il est d'avis qu'à la subrogation à l'hypothèque légale on devrait substituer l'affectation de l'hypothèque, qu'autoriserait un paragraphe ajouté en ce sens à l'article 2118 (C. civ.), et rétablir ainsi le sous-ordre hypothécaire, en abrogeant, d'autre part, l'article 775 du Code de procédure civile. De cette manière, l'institution nouvelle, tout en réalisant le même effet que la subrogation, ne procéderait plus, comme elle, « d'un principe équivoque et extra-légal »; dès lors, disparaîtraient toutes les incertitudes et toutes les difficultés, la règle concordant désormais avec les faits. D'un autre côté, contrairement à ce qui se produit pour la subrogation, qui ne peut émaner que d'une affectation spéciale, l'affectation des garanties hypothécaires résulterait de la loi et des jugements aussi bien que de la convention[1].

Nous avons démontré, dans notre introduction, qu'il existe entre le sous-ordre hypothécaire et la subrogation des différences essentielles, et qu'ainsi la seconde institution n'a pas été créée pour rétablir la première. Il nous paraît difficile, d'autre part, de soutenir que la subogation procède d'un principe équivoque et extra-légal; elle est, en effet, législativement consacrée par l'article 9 de la loi de 1855 et, constituant la cession

---

1. Beudant, *Revue critique*, 1866, t. XXVIII, p. 57 et 246 et suivantes.

d'une hypothèque, elle ne blesse nullement l'article 2118 (C. civ.), qui prohibe seulement la constitution d'une hypothèque sur une autre hypothèque. Il faut, du reste, remarquer que, dans le système qui demande la substitution de la sous-hypothèque à la subrogation, on fait valoir, comme principal argument, que, si l'affectation de l'hypothèque était permise, elle pourrait résulter des jugements et de la loi aussi bien que de la convention, et qu'ainsi on ferait entrer dans le cadre des hypothèques générales un élément considérable de la fortune du débiteur. La réforme proposée interviendrait donc moins pour remédier aux inconvénients de la subrogation, que pour autoriser, d'une manière générale, l'hypothèque de l'hypothèque, en la comprenant sous une dénomination uniforme, qu'elle procédât de la loi, des jugements ou de la convention. Ainsi, ce n'est point la suppression de la subrogation que l'on a spécialement et directement en vue, mais plutôt l'établissement du système général des sous-hypothèques, dont cette suppression serait la conséquence, puisque la subrogation serait remplacée par la sous-hypothèque conventionnelle.

Dans une *législation* où *l'hypothèque générale* est la règle et résulte, comme dans notre ancien droit, de toute obligation contractée par acte notarié, on comprend parfaitement que l'on étende, autant que possible, le cadre des biens grevés de cette hypothèque. On favorise ainsi les transactions, en augmentant la garantie qui en est la conséquence ordinaire ; et on agrandit, en même temps, dans la mesure de cette augmentation, le crédit du débiteur, puisque les créanciers qui traitent avec celui-ci savent qu'à leur propre hypothèque vient s'ajouter le droit de se faire colloquer hypothécairement sur les biens qui lui ont été hypothéqués. C'est par ce motif d'utilité pratique que se justifiait, ainsi que nous l'avons vu, la jurisprudence du parlement de Paris relative au sous-ordre hypothécaire. (Voir introduction, n° XII.)

Dans notre droit moderne, le point de vue a changé. La convention notariée n'emporte plus hypothèque de plein droit et ne peut donner lieu qu'à une hypothèque spéciale [1]. D'un autre côté, l'hypothèque générale ne se produit que dans des cas limitativement prévus par le législateur; et, même dans ces cas spéciaux, elle a été et elle est encore l'objet de vives critiques, comme grevant pour des créances parfois minimes un patrimoine souvent considérable, comme conférant une garantie presque toujours en disproportion avec le droit garanti. Voilà pourquoi notre Code civil, sans en consacrer la suppression à l'exemple de certaines législations étrangères, a dû, tout au moins, le cas échéant, en permettre la restriction. Il semble donc que l'on dût plutôt restreindre qu'étendre les biens sur lesquels elle porte, puisque, ne se produisant plus comme suite et conséquence des conventions, elle n'a plus aujourd'hui pour effet de les favoriser, et n'a d'autre résultat que de diminuer, d'une façon sensible et sans compensation aucune, le crédit du débiteur. Dès lors, les principes de

---

1. Lorsque le débiteur constitue une hypothèque sur ses biens présents et à venir, en cas d'insuffisance des biens présents (art. 2130 C. civ.), cette hypothèque grève bien, comme l'hypothèque générale, l'ensemble des immeubles ; mais, à la différence de celle-ci, elle ne prend rang sur chacun d'eux que du jour de l'inscription. L'hypothèque conventionnelle est donc, de nos jours, toujours spéciale. Conf, Aubry et Rau, § 273.

notre organisation hypothécaire s'opposent à ce que la sous-hypothèque dérive de la loi ou des jugements [1]. On ne pourrait l'admettre que dans les cas où elle serait concédée comme garantie d'une obligation, et elle devrait alors être conventionnelle et spéciale.

Ainsi restreinte, la réforme proposée aboutirait purement et simplement à remplacer le terme de subrogation

---

1. La proposition formulée au texte nous semble incontestable en ce qui concerne les hypothèques légales dispensées d'inscription. En effet, les hypothèques légales de la femme et du mineur, desquelles on doit surtout se préoccuper, constituent pour le crédit du mari et du tuteur un obstacle considérable que ceux même qui veulent la conservation de ces hypothèques ne peuvent méconnaître. Dès lors, si l'on croit impossible de les supprimer ou de prescrire l'évaluation des créances qu'elles garantissent, il ne saurait, tout au moins, être question d'augmenter les biens qu'elles grèvent. La question est plus délicate en ce qui concerne les hypothèques judiciaires qui garantissent, en règle générale sinon toujours, des créances dont le *quantum* est parfaitement déterminé. Cependant, le principe même de l'hypothèque judiciaire a été vivement critiqué. Certains auteurs ne voient en elle qu'un vestige de la règle ancienne qui faisait résulter une hypothèque générale de tout acte notarié, vestige qui aurait dû, suivant eux, disparaître avec la règle même d'où découlait l'institution. Ils lui reprochent de gêner le crédit du débiteur sans nécessité aucune et de créer, entre les créanciers, une préférence qui est, en quelque sorte, le prix de la course et qui change à leur gré, sans l'assentiment du débiteur, la nature du titre qui leur avait été consenti. (Voir notamm. Aubry et Rau, § 265, note 2.) Sous l'influence de ces critiques, la loi belge du 16 décembre 1851 a supprimé l'hypothèque judiciaire. Cette suppression comptait, en France, de nombreux partisans, lors des projets de réforme hypothécaire de 1841, 1849, 1851 et en compte encore aujourd'hui. Sans aller jusqu'à cette suppression, si on juge l'hypothèque judiciaire nécessaire à raison de l'intérêt d'ordre public qui est attaché à l'exécution des décisions de la justice (en ce sens notamm. : Pont, *Priv. et Hypoth.*, n⁰ˢ 567 et suiv. et Colmet de Santerre, t. IX, p. 164 et 165), on pourrait, peut-être, décider qu'elle devrait être spéciale, au lieu de frapper tous les biens présents et à venir du débiteur ; tel était le système de la loi du 11 brumaire an VII. En tout cas, en lui conservant son caractère de généralité, faut-il, comme pour l'hypothèque légale dispensée d'inscription, restreindre, au lieu de les étendre, les biens sur lesquels elle porte.

par celui de sous-hypothèque, l'effet de l'opération
juridique restant le même. S'il était possible d'affirmer
avec certitude que la substitution de la sous-hypothèque

la subrogation ferait disparaître les controverses
auxquelles celle-ci donne lieu, nous l'adopterions volon-
tiers ; mais nous hésitons à le croire et nous nous de-
mandons notamment si le système nouveau donnerait
la clef du problème le plus délicat que la subrogation
soulève : quels sont les droits du subrogé sur la créance
de la femme ? Si l'on suppose que celle-ci hypothèque
son hypothèque au lieu de la céder, elle restera toujours
nantie de sa créance ; et, dès lors, le droit du bénéficiaire
de la stipulation portant exclusivement sur la garantie
engagée, on verra renaître les controverses soulevées
au cas de subrogation sur le point de savoir quel est,
eu égard à ses reprises, l'effet des actes accomplis par
la femme. Pourquoi, donc, les inconvénients devant
rester les mêmes, substituer un contrat nouveau à la
subrogation, qui a, sur celui-ci, l'avantage de constituer
une institution fonctionnant en pratique depuis déjà
bien des années et ayant à ce titre, à côté de ses points
douteux, ses règles et ses déductions précises et acceptées, fruit d'une longue expérience et des efforts réunis
de la pratique, de la doctrine et de la jurisprudence ?

Il faut, du reste, remarquer que, dans l'affectation de
l'hypothèque, on retrouve, en réalité, une véritable
cession de cette garantie. On a, en effet, fait observer
avec raison que : « l'hypothèque constituée sur une autre
hypothèque n'a pas, pour ainsi dire, d'existence propre ;
que son objet pris isolément, distinct de la chose engagée
au créancier principal, n'est pas dans la circulation....
que le sous-créancier ne peut se trouver en lutte avec

un tiers détenteur.... [1]. » Dès lors, ce créancier, quand il veut ramener à effet le droit qui lui a été attribué, exerce, dans la mesure de la convention, les droits hypothécaires du créancier primitif ; la sous-hypothèque, pour avoir un but, une utilité, doit emporter la cession des droits hypothécaires sur lesquels elle a été constituée. Au fond des choses, elle entraîne une vraie subrogation.

Ainsi, maintenir la subrogation à l'hypothèque légale nous paraît le parti le plus sage. Mais, cette solution étant adoptée, faut-il demander au législateur une organisation complète de cette institution ? Une semblable exigence semblera bien difficile à réaliser, si l'on se souvient que la matière touche, par bien des côtés, à notre droit civil, et qu'elle met notamment en jeu le contrat de mariage, la vente et les hypothèques ! Nous estimons, en ce qui nous concerne, que l'article 9 est parfaitement suffisant pour qui sait se rendre un compte exact de la théorie complète qu'il énonce en quelques mots et des conséquences qui en découlent.

Il tranche, en effet, le point capital du problème, celui qui a trait à la nature même de la subrogation, en décidant qu'elle opère le transfert pur et simple de l'hypothèque légale, qui de la créance de la femme passe à celle du subrogé. Celui-ci fait donc colloquer sa propre créance au rang de cette hypothèque, mais seulement pour une somme égale aux reprises qu'elle garantit, reprises que la femme ne pourra plus dès lors, sauf dans certains cas exceptionnels, ni éteindre ni amoindrir au préjudice de la subrogation. La cession de l'hypothèque légale constitue ainsi la raison d'être et le

____

1. En ce sens, Beudant, *loc. cit.*, p. 53, n° 35.

but du contrat; le droit qu'a le créancier de se servir de l'hypothèque cédée et l'obligation désormais imposée à la subrogeante de maintenir sa créance sont les conséquences qui en découlent. Toutefois cette cession ne produira un effet utile, que si le subrogé se soumet aux conditions d'authenticité et de publicité imposées. Le législateur s'est exprimé à cet égard d'une manière précise et formelle; il faudra donc, pour obéir à sa volonté, remplir ces formalités chaque fois que l'hypothèque légale sera transmise directement ou indirectement, mais dans cette hypothèse seulement.

Ainsi la loi actuelle, avec la légère modification plus haut indiquée, est suffisante pour résoudre les diverses questions que soulève la matière. Mais l'on doit regretter que l'article 9 n'ait pas été édicté pour régir toute cession d'hypothèque ou de privilège. La convention de subrogation à l'hypothèque n'a rien en effet de particulièrement spécial à l'hypothèque légale de la femme; et les tiers sont intéressés à connaître le transfert de la garantie attachée à toute créance. Si le législateur n'a parlé que de la subrogation à l'hypothèque légale, c'est qu'elle était la plus importante et la plus usuelle; mais, en passant les autres sous silence, il n'a nullement entendu les proscrire; et elles sont demeurées parfaitement licites, conformément au droit commun et à la liberté des conventions. Or, étant régies par le droit commun, elles échappent aux formalités prescrites par l'article précité. Sans doute, les bénéficiaires de ces dernières subrogations ont intérêt à les mentionner en marge de l'inscription cédée, afin de recevoir personnellement les notifications auxquelles elle donne lieu, et d'empêcher que le subrogeant n'en donne main-levée à leur préjudice ; mais ils sont *saisis* à l'égard des tiers en dehors de toute publicité, et entre eux le rang s'établit encore par la date de chaque subrogation ; il y a là une lacune regrettable au point de vue du crédit. La loi de 1855, destinée à assurer la publicité partout où ce résultat pouvait être atteint, n'a donc rempli qu'une partie de son but en ne généralisant pas la règle de l'article 9[1].

En résumé, la substitution du mot subroger à la double expression : céder ou renoncer, et l'extension des formalités prescrites pour la cession de l'hypothèque légale de la femme à toute transmission d'hypothèque ou de privilège inscrit[2] nous semblent constituer la réforme à la fois nécessaire et suffisante. Enfin on pourrait, sans le moindre inconvénient, dégager la formule nouvelle de l'article 9 des mots : « *dans le cas où les femmes mariées peuvent*......... », qui contiennent un renvoi pur et simple au droit commun sur la capacité de la subrogeante, renvoi qui est de droit et n'a nul besoin d'être mentionné.

Ces diverses observations nous amènent à conclure que l'on pourrait donner à l'article 9 de la loi de 1855 modifié et généralisé la rédaction suivante :

« *Toute subrogation à un droit d'hypothèque ou de privilège inscrit doit être faite par acte authentique, et*

---

1. Voir en ce sens la réforme de la loi belge hypothécaire du 16 décembre 1851, art. 5. Conf., Laurent, *Dr. c.*, XXIX, p. 267.

2. Nous ne parlons que des privilèges inscrits, car pour ceux que la loi dispense de toute inscription eu égard à leur constitution même, il ne saurait être question de cette formalité pour leur transmission. Du reste le peu d'importance des privilèges non inscrits fait que les tiers n'ont pas grand intérêt à connaître soit leur naissance, soit leur transmission.

les subrogés n'en sont saisis à l'égard des tiers que par l'inscription de l'hypothèque ou du privilège prise à leur profit, ou par la mention de la subrogation en marge de l'inscription préexistante. — Les dates des inscriptions ou mentions déterminent l'ordre dans lequel les subrogés exercent les droits d'hypothèque ou de privilège qui leur ont été cédés. »

Ainsi, conformément à l'esprit de la loi de 1855, toute transmission d'un droit d'hypothèque ou de privilège inscrit serait soumise à l'authenticité et à la publicité; et toute sécurité serait donnée aux tiers, puisque la transmission de ces droits nécessiterait les mêmes formalités que leur constitution.

FIN.

TABLE DES MATIÈRES

EXPOSÉ DES PRINCIPES GÉNÉRAUX CONCERNANT L'HYPOTHÈQUE LÉGALE DE LA FEMME MARIÉE........................... 45

Sommaire.

PREMIÈRE PARTIE

CHAPITRE PREMIER

Sommaire.

CHAPITRE II

Dans quels cas la femme peut subroger..................... 80

Sommaire.

CHAPITRE III

Formalités de la subrogation............................. 93

Sommaire.

CHAPITRE IV

Sommaire.

75. Rappel des principes généraux sur la nature de la subro-

DEUXIÈME PARTIE

Sommaire.

CHAPITRE PREMIER

Sommaire.

CHAPITRE IV

De la renonciation purement extinctive à l'hypothèque légale

Sommaire.

CHAPITRE V

De la transmission de l'hypothèque légale de la femme mariée par voie de cession de créance, de subrogation conventionnelle ou légale et de nantissement......... 269

Sommaire.

165. La loi de 1855 n'a pas interdit à la femme la cession de sa